教育評鑑

標準的發展與探索

林劭仁　著

作者簡介

林劭仁

學歷：國立政治大學教育學博士

經歷：私立育達商業技術學院幼保系兼任助理教授

國立政治大學夜間輔導學分班兼任講師

國立政治大學暑期教育學分班兼任講師

台北市立中正高級中學教學組長、輔導教師、國文教師

現職：國立台北藝術大學師資培育中心暨藝術與人文教育研究
所助理教授

作者序

　　十二月窗外的細雨飄不停，牆上溫度計的紅線停在「12」已有一陣子了，外頭濕冷的天氣似乎在展示這季節應有的面貌，但無形中卻也助長了伏案時孤寂的情緒。不知歷經了多少這樣的日子，研究室的燈光常捨不得熄滅，辦公桌上經常是找不到桌面，電腦則像老牛拖車般的辛苦，不過完成此書甜美的代價，比起那氣候的冷冽與埋首的孤獨，自然就顯得渺小而微不足道。

　　這些年常常在思考，如果將國內近年諸多教育制度的變革與議題列成清單，再來詢問不同對象對於這些變革影響重要程度的排序，我們應可推測出，就學生立場而言，九年一貫課程與一綱多本改變傳統學習的內涵，排序必然名列前茅；就家長角度而言，多元入學與高中大學擴增，改變單一聯招方式與入學機會，影響層面也必定深廣；而若就教師等學校工作者來說，各種教育評鑑所帶來的工作負荷與壓力，相信絕對不是簡單幾句話就可以敘述完畢的。

　　也正因為教育評鑑蔚為教育研究與實務的「顯學」，身為教育工作者，就不得不認真思考潛藏及衍生出的諸多問題。從基本評鑑的價值意義到最終後設評鑑推動實務，每個評鑑階段都會浮現出值得思索與辯證的結果。評鑑標準是諸多複雜議題之一，卻也扮演著評鑑過程中引導及催化的重要角色，並附有實踐評鑑工作結構化、系統化與客觀化的重要價值。環顧國內，雖有不少評鑑相關研究與書籍都論及了評鑑標準，不過專門探討評鑑標準的專書就幾乎未見，評鑑標準的歷史、意義與定位，以及發展的來龍去脈等，都還有許多待整理與探討

的議題等著持續發掘。

　　本書聚焦於教育評鑑標準的發展共分三大篇，從第一章介紹教育評鑑取向模式與國內教育評鑑重要議題開始，第二、三、四章為「理論篇」，詳述評鑑標準的定義與發展，以及與評鑑指標間的差異等基本概念；第五、六章則為「方法論篇」，探討的重點在於評鑑標準的建構方法，以及其信、效度的分析；第七、八、九章屬於「實務篇」，透過介紹一般領域與特定領域現有的評鑑標準，加深讀者對評鑑標準建構與運用實務的了解；第十章為結語，總結性的提出對建構評鑑標準的建議與展望。期望透過這十章的內容，能具體而微的呈現評鑑標準的概覽，提供後續研究者及實務工作者熟悉此一領域，讓國內教育評鑑工作能推動得更順利而有效率。

　　撰寫此書的過程雖秉持兢兢業業的態度，但畢竟能力與經驗有限，加上時間緊促，許多疏漏與思慮不及之處還望各界先進能不吝指正，一同促使國內評鑑標準的專業發展能更趨完備。很感謝心理出版社林敬堯總編輯的允諾出版與執行編輯林怡倩的辛勞；謝謝我摯愛的父母與家人，特別是內人美瑩對我無後顧之憂的幕後支持；也謝謝這些年來一路上提攜與鼓勵我的前輩與朋友，由於你們的慷慨協助，讓我總是獲得的比付出的多很多。如果說人生四十進入不惑之年，那麼此書的出版期望能多少象徵我達到不惑境界一個最起碼的「標準」吧！

林劭仁　謹誌

2007 年 12 月於關渡台北藝術大學

壹、理論篇

貳、方法論篇

作者簡介

壹、
理論篇

第一章

教育評鑑導論

專業化的服務在近代人類文明發展的過程中，一直扮演著促使生活品質不斷提升的重要推手。而為了使提供專業化服務的組織或團體能持續改良及維持其服務水準，一些來自社會期許的標準，適度地給予專業性組織或團體在提供服務時的努力方向及成效評估的依據。本世紀初以來，社會科學的專家學者開始發揚「評鑑」的概念，並自 1930 年後蓬勃的發展起來，除了發展出許多合理實用的評鑑模式與方法外，並確定了評鑑在專業服務上所帶來的積極意義。很明顯的，為了確保社會方案的服務品質及執行效率，專業性組織或團體必須能夠從評鑑結果中獲得正向及負向的回饋。這種回饋及省思的過程包括：探討其服務對象的需求、規劃設計所能使用的各種實施途徑、監控服務實施的過程、評估立即及長期可能產生的效果，以及尋求結果改進之道等（林劭仁，2001）。當然，此種評鑑觀念的發展亦發生於教育領域中。為改進教育問題產生的一連串弊病以提升教育品質，評鑑這個名詞與概念在教育界也已被廣泛的使用，特別是近年來在教育改革與績效責任的需求下，教育行政機關與學校行政的主管人員普遍強調評鑑工作的重要，藉以提供教育組織或學校辦學績效的判斷，教育評鑑的研究及地位益顯重要。

回顧教育評鑑的發展歷史，Stufflebeam 與 Madaus（2000）曾將方案評鑑的歷史劃分成七個階段（請參考第二章），至今，教育評鑑理論的發展已趨於專業及成熟（Madaus, Scriven, & Stufflebeam, 1983）。在現今績效責任與品質管制不斷被提及之時，教育評鑑的研究已成為全世界教育工作者

3

共同關心的焦點，教育工作者也勢必熟知教育評鑑理論的脈絡，並隨實務推動適應其發展。本章重點首在介紹教育評鑑的定義、取向與模式，並對近年來國內、外教育評鑑上的重要議題略加探討，協助釐清並確認現今教育評鑑理論與實務的時代意義。

第一節　教育評鑑的定義

在明確的定義教育評鑑之前，我們其實應該先釐清一些相關名詞上的概念。像是「方案評鑑」（program evaluation）此一名詞，在美國教育界應用甚廣，常常是指針對重大的教育政策或計畫所進行的評鑑，幾乎就和教育評鑑的意義畫上等號。而傳統以來，教育、教學、課程三者的意義很容易混淆，評鑑用於此三領域就容易招致誤解。英國的教育評鑑則常以「課程評鑑」為名，很多英國的教育評鑑其實進行的就是課程評鑑。在我國，由於近年來教育主管機關推動各級學校的校務評鑑不遺餘力，故有時會把學校的校務評鑑單純地視為教育評鑑（郭昭佑，2006；黃政傑，2000；潘慧玲，2003；Bennett, 2003）。這些不同說法反映出因不同國家、不同時空發展脈絡的差異，而產生對教育評鑑內涵上不同的認知與型態。所以，我們姑且不論是擴充或窄化了教育評鑑的內涵，教育評鑑廣義的定義至少都應包含這些重要的概念，只是我們不能把它們混為一談，以免造成理念上與實際推動上的困擾。

事實上，要明確定義「教育評鑑」並不是一件容易的事，主要原因在於人們會依據其自身經驗與專業取向，或是切入點不同，慣於偏重於某一層面的意涵，如此一來，就不容易產生一個能獲得評鑑領域專家學者一致同意的定義。若我們從一個比較廣義的角度切入，做一個較全面性的描述，那麼一個較為中庸的教育評鑑定義就比較容易產生。廣義來說，教育評鑑就是將「評鑑」應用至「教育」領域，因此「教育」及「評鑑」兩個名詞定義上的交集，以及所有相關的用語在某種程度上多少都可用來說明教育評鑑。評鑑的英文字是 "evaluate"，其字幹中有 "value" 的意涵，而

"value"代表「價值」，因此評鑑和事物的價值可說是息息相關，脫離不了價值判斷的意義。Schalock 與 Thornton（1988）就認為評鑑是透過比較與對照而來的，不論是和單位、和時期、和人或是和目標的比較與對照，評鑑必須經由「結構性的比較」（structured comparison）來產生價值判斷。當代評鑑大師 Stake（2004）也曾為評鑑下一個很明確的見解，他認為評鑑就是對品質的認定，並將認定後的證據對人們做出報告。House（1993）則提出評鑑為一個獲取資訊、形成判斷，並做出決定的過程。另一位評鑑大師 Stufflebeam 也認為，評鑑是一個規劃、蒐集並提供闡述性與判斷性資訊的過程，這些資訊含括評鑑的目標、設計、實施與結果，主要目的在增進對受評者的了解，做出有關績效的價值判斷，協助政策的決定（Stufflebeam & Shinkfield, 1985）。國內、外教育評鑑領域許多專家學者都曾經對教育評鑑下過定義，Bennett（2003）曾整理諸多學者對教育評鑑的定義，如表 1-1 所示（引自郭昭佑，2006）。

Bennett 經歸納上述定義後，提出他對教育評鑑定義的看法，包括以下數點：

㈠教育評鑑的重點在介紹新的教學方案。

㈡蒐集與分析經驗性的資料。

㈢彙整並探討資料分析的結論。

㈣將評鑑發現傳達給利害關係人。

㈤運用評鑑結果協助教育政策的制訂。

Bennett 的定義傳達出教育評鑑諸多意涵與面向，包括教育評鑑適用及服務的對象、資訊蒐集歷程、結果的運用等等，並且是傾向比較整體與中庸的看法，不會偏向某單一取向或派別。不過，為了更豐富教育評鑑定義的內涵，我們再看看國內學者對教育評鑑的定義，諸如：

吳清山與林天佑（1999）指出教育評鑑係指對教育現象或活動，透過有系統與客觀的方法來蒐集、整理、組織和分析各項教育資料，並進行解釋與價值判斷，作為改進教育缺失，並謀求教育健全發展的歷程。

表 1-1　教育評鑑的相關定義

是一個決定學校課程與教學達成教育目標程度的過程（Tyler, 1949, p. 105-106）。
蒐集並使用資訊來決定教育的課程（Cronbach, 1963, p. 672）。
目的在評估學校課程是否達成目標或正朝著目標努力（Kerr, 1968, p. 21）。
評鑑主要在獲取教學具體目標上是否有成就的證據（Bloom, 1970, p. 28）。
教育評鑑的過程就在於衡量教學方法的價值（Hamilton, 1976, p. 4）。
教育評鑑在闡釋所蒐集的有效資料，以便提供決策時的參考（Jenkins, 1976, p. 6）。
評鑑就是對內容加以解釋與描述（Parlett & Hamilton, 1976, p. 84）。
評鑑是有系統地檢驗當前的教學方案與事件，主要目的在協助改善受檢驗的教學方案或其他同性質的教學方案（Cronbach et al., 1980, p. 14）。
評鑑是評估績效與價值的機制（Nevo, 1986, p. 16）。
教育評鑑提供方法以實踐教育理念，並監督及加強課程發展（Hopkin, 1989, p. 3）。
教育評鑑與社會規劃、社會控制關係密切（Norris, 1990, p. 16）。
教育評鑑是在釐清某些變項的影響，而這些變項改變了原來應有的結果（Davis et al., 2000, p. 253）。

資料來源：Evaluation method in research, by Bennett, J., 2003, p. 5.

秦夢群（2000）認為教育評鑑是「對於教育現象或活動，透過蒐集、組織、分析資料，加以描述與價值判斷的歷程」，並提出四點注意事項，包括：

㈠教育評鑑包括價值判斷因素：評鑑者的任務不僅止於呈現資料，還須加以判斷詮釋。學生測驗後的分數如果沒有說明與價值判斷，則僅是一種測量行為，不能稱之為評鑑。

㈡教育評鑑包括量與質的探究：教育評鑑除了蒐集較客觀的量化資料外，

還必須在檢閱資料後做出較主觀的評斷，所以評鑑過程中必須量化與質化探究兼容並蓄，並視情況調整兩者之比例。

㈢教育評鑑可為事前或事後之檢驗：教育評鑑不僅只重視教育行為的事後評估，必須能對計畫實施的行政方案也做事先評估，其判斷對實施與否的決定有重大影響。而事後之成果檢驗，其判斷也可為下次再實施之參考，具有循環回饋的功效。

㈣教育評鑑之對象包括所有的教育現象或活動：教育評鑑服務之對象不僅是課程與教學，對象應遍及個人、機構、制度所形成的教育現象與活動。

　　蘇錦麗（2003）綜合中外學者意見，認為「教育評鑑是有系統地採用各種有效方法，蒐集屬質與屬量的資料，對照評鑑準則（標準），以判斷任一教育對象之價值或優缺點的過程，並將其結果作為教育決策之參考」，這樣的定義有五項要點：

㈠強調評鑑係採用系統化、科學化的各種方法，以蒐集資料的過程。

㈡評鑑資料應自多方面廣泛地蒐集，且質量並重。

㈢評鑑必須依據準則（標準），進行價值或優缺點的判斷。

㈣強調評鑑結果應作為相關決策與行動的參考依據；換言之，此觀點視評鑑為一種應用研究，係以解決教育政策與教育實務之問題為導向。

㈤教育評鑑對象非常廣泛，包括：國家教育目標、政策、課程、教材、學生學習成就、學校校務、教育計畫、教育方案、後設評鑑，以及校長、教師，教育／學校行政人員，除教育政策方案、各級學校層級的評鑑外，亦有人事（personnel）評鑑，而學生學習成就評量也可算是教育評鑑的範疇。

　　郭昭佑（2006）則將教育評鑑定義為：「教育評鑑係應用方法蒐集與分析教育客體資料，並評估其功績與價值，以提供相關資訊予決策參考的歷程。」而此歷程中有幾項要素：

㈠方法應用的必要性，用以提升判斷的真實性。

㈡評鑑客體為教育客體。可分成教育組織、教育人事、教育方案三大部分。

㈢描述與判斷的評鑑本質。除描述分析資料外，亦重功績與價值判斷的本質，提供資訊以為決策的歷程。

綜合上述多位學者的觀點，一個完整而中庸的教育評鑑定義應可界定為：「教育評鑑即有系統的對教育活動，採用各種有效的科學方法與技術，蒐集質與量的資訊，對照預定之評鑑標準，來判斷教育對象之價值與優缺點的過程，結果並作為教育決策之參考」，其特徵則包括以下五點：

㈠根據既定標準進行價值判斷的歷程。

㈡含括質與量的資料蒐集及分析。

㈢兼重過程（形成性）與結果（總結性）的評估。

㈣評鑑結果應作為實務上相關決策之參考。

㈤評鑑對象包括所有教育活動。

第二節　教育評鑑的取向與模式

由於評鑑這件「事」或「概念」在日常生活中隨時可能發生，一般社會大眾也常在不知不覺中就運用了評鑑，所以評鑑可說是和人類生活息息相關，教育評鑑工作也因此會充滿了實務導向的特性。為了讓實務取向的評鑑工作也能具有理論的基礎，提升評鑑邁向專業化的境界，近年來在教育評鑑領域許多專家學者莫不致力於評鑑取向與模式的探索，也因而累積許多研究成果，並產生許多著名的評鑑取向與模式。本節即簡單介紹近代教育評鑑領域一些重要的評鑑取向與模式，主要是期待讀者日後在推動教育評鑑相關工作，或是發展評鑑標準時，都能夠先有明確的中心思想與理論架構，確實根據評鑑的主要問題及現況來選用合適的取向與模式，並熟悉取向模式的哲學理念與原則規範。評鑑工作若能有系統而務實獲得所關切的資訊，所有評鑑利害關係人就容易降低對評鑑知識與技術的疏離感，也避免在缺乏評鑑專業認知的情形下，誤解取向與模式的意涵，抓不到重點，避重就輕，徒增評鑑推動的負面用途與價值。

一、評鑑取向與模式的分類

　　就如同一般教育研究一樣，教育評鑑取向與模式在發展上脫離不了典範轉移的現象。大抵而言，在教育評鑑取向與模式的研究崛起之初，最常運用的取向，是傳承自 R.W. Tyler 在 50 年代所提出「行為目標」的概念。此概念強調方案評鑑的主要過程乃在檢視既定的行為目標與成果間的差異。但隨著時代進步以及評鑑逐步的邁向專業化，80 年代以後，方案評鑑也開始重視評鑑過程中，評鑑相關人員的觀點與角色，亦即「人」的因素在方案評鑑中，其重要性也變得不容忽視。此外，早期實證主義主導了教育評鑑的取向與模式，隨後詮釋與批判主義的觀點逐步引入，也就是說，隨著現代化步伐與社會科學典範的轉移，教育評鑑取向與模式的發展也隨之趨向多元與複雜，從目標導向、實驗設計與量化研究，逐步發展到參與者導向、賦權增能（empowerment evaluation），與質化研究。不同的理念主導著不同的關切焦點與發展方向，也使得教育評鑑取向模式的分類變得困難。

　　為使評鑑取向與模式能有一統整性的概述，曾淑惠（2004）歸納現今評鑑領域常用的分類方式，分別是依照「模式的本質」、「探究內涵的真實性」、「評鑑的取向」，以及「評鑑的客體」等四種，其中從模式的本質來看，可分成較為詳細具體的規範性模式，以及較為概念概括性的描述性模式兩種；若從探究內涵的真實性來看，則可分成假評鑑（政治導向）、準評鑑（問題導向）、真評鑑（價值導向）三類；若從評鑑的取向來分，則可分成像是目標取向、消費者取向、參與取向、專家取向、管理取向、績效責任取向、成本效益分析取向等等；若從評鑑的客體來看，則可分成一般的方案評鑑模式、學校評鑑模式、訓練評鑑模式等等。這些不同的分類方式各有其關切的焦點及其立論基礎，我們實在沒有辦法，也沒有必要歸納出唯一一個最具權威性的取向模式。重點應是如何在推動評鑑實務時能以合適的評鑑取向與模式為基礎，並融合多個取向與模式的特性，打造出適應所需特定教育情境的評鑑工作。

9

二、Stufflebeam 對評鑑取向與模式的分類

談到近代教育評鑑取向與模式，就不得不介紹由評鑑大師 Stufflebeam 所做的整理與分類，Stufflebeam（2000a）曾詳細提出其對近代評鑑取向與模式在分類上的看法，他將美國從 1960 年左右開始至 1999 年間，諸多評鑑領域專家學者所發展出之評鑑取向與模式共二十二種，逐一分析探討，並依其屬性整理分成四大類。曾淑惠（2004）將其歸納為「探究內涵的真實性」的分類取向，分別是：

(一)「假評鑑」取向

方案評鑑難免涉及政治上的意圖或需求，委託人或評鑑者有時選擇性地公開評鑑結果，甚至企圖掩飾及偽造評鑑發現，都會使得評鑑結果喪失真實性，降低社會大眾對評鑑專業的信賴。當評鑑無法向有權知道的利害關係人報告有關優、缺點及價值的有效評估結果時，我們就稱此種評鑑為「假評鑑」（pseudo evaluations），受到政治力與公關力的控制，屬於政治導向的評鑑。又可包含兩種取向模式：

1. 公共關係研究（public relation-inspired studies）。

2. 政治操控研究（politically controlled studies）。

假評鑑透過散布不完整或不真實的資訊，塑造有心人士或方案美好的圖像，違反大眾知的權力，可以說是以評鑑之名達成政治或公關目的之實，因此稱之為假評鑑。要能了解某一評鑑結果是否為假評鑑，評鑑者或利害關係人必須仔細觀察評鑑的執行過程，最好可以透過安排獨立的後設評鑑，來檢視評鑑歷程及結果的真實性。

(二)「問題／方法導向評鑑」取向

問題／方法導向評鑑（questions/methods-oriented evaluation）取向著重在針對方案明確問題的解決，以及運用特定方法的探究。為了能達成「對症下藥」的評鑑目的，遂發展出許多務實而具體的評鑑設計，像是操作型

目標、標準化測驗、成本分析、專家判斷、個案分析、資訊管理系統、實驗設計，以及質量混合設計等多種模式，亦即，強調以技術性的方式回應特定的問題。現存多種評鑑取向與模式因重視特定實務問題的解決，故多屬此種取向，歸於此類的取向模式將近有十三種，整理如下：

1. 目標本位研究（objectives-based studies）。即 Ralph Tyler 所倡導，重視明確具體目標及其達成程度。

2. 績效責任研究（特指依結果獲得報酬者）（accountability, particularly payment by results studies）。藉由績效責任系統提升服務提供者的工作責任，為成果負責以確保服務品質。

3. 客觀測驗方案（objective testing programs）。即透過標準化測驗的結果來了解學生學習成效，並作為評估特定計畫方案的依據。

4. 以結果評鑑評量附加價值（outcomes evaluation as value-added assessment）。主要是利用標準化測驗的結果延伸出更複雜的分析或比較，即附加價值的評估。

5. 表現測驗（performance testing）。重視真實評量的結果，使評量符合教學與學習的真實生活情境。

6. 實驗研究（experimental studies）。將方案問題設計成實驗處理，以實驗或準實驗研究考驗方案的實施成效。

7. 管理資訊系統（management information systems）。主要在提供管理者在計畫、指揮、管控及說明方案所需的相關資訊。

8. 成本效益分析取向（benefit-cost analysis approach）。透過量化的計算程序了解方案的成本及成本效益分析。

9. 澄清聽證會（clarification hearing）。透過辯論方案內容的方式，確保資訊與證據的平衡。

10. 個案研究評鑑（case study evaluations）。係運用個案分析法，針對特定方案提供個別的、更深入的，以及更聚焦的探索與分析。

11. 批判與鑑賞研究（criticism and connoisseurship）。此即運用藝術與文學批評的途徑，透過鑑賞家或專家的專業知覺，提供具有深刻理解力的分析。

12.方案理論本位評鑑（program theory-based evaluation）。利用既存且適當的理論協助方案解決問題。

13.綜合方法研究（mixed-method studies）。同時使用質化與量化的研究方法，希望各個方案問題皆能有可靠的回饋。

上述十三種取向模式傾向於解決問題與提出方法，因此有時為了著眼於問題的焦點，會縮小調查的範圍，也因此多少會對整體方案價值與優點產生顧此失彼的評估結果，所以此類研究也稱之為「準評鑑研究」（quasi-evaluation studies），和評鑑的本質仍有一些差距。

(三)「改進／績效導向評鑑」取向

相較於問題／方法導向評鑑，此類評鑑取向的範圍則較為廣博，並且廣泛蒐集評估方案價值的資訊。包括重視評鑑利害關係人的需求、尋求評估整體方案計畫與運作的規準，以及探索除方案既定目標外相關的所有成果。在方法上則多元的使用質化與量化方法，並對研究發現進行交互檢測。因此，改進／績效導向評鑑（improvement/accountability-oriented evaluation）取向主要在探討與評估方案整體的優點與價值，協助利害關係人了解評鑑的結果，頗符合評鑑的定義。而歸類於此分類的取向模式則包含下列三種。

1.決策、績效導向研究（decision/accountability-oriented studies）。強調方案評鑑對做決策者提供一個理性判斷的基礎，並確保符合成本效益的服務。

2.消費者導向研究（consumer-oriented studies）。評鑑者應協助消費者（學生、家長、教師、納稅人）確認方案及結果的優點和價值，站在消費者立場保護消費者不會受到劣質方案的誤導。

3.認可、資格認定取向（accreditation/certification approach）。運用專家組成認可審查團體來實施專業服務，確認方案、人員是否符合最低標準，以及如何改進他們的表現。

此種分類及三種取向模式，重視的是方案的優點與價值評估，就其內容看來最符合評鑑的定義。

(四)「社會程序導向／倡導」取向

社會程序導向／倡導（social agenda-directed/advocacy）取向模式目的在確保社會各層面所受到教育及社會的機會與服務，都能受到公平的評估，並強調方案評鑑必須提供弱勢團體支持性的行動及優先待遇。此類取向模式在描述、調查與判斷時會採用利害關係人和專家的觀點，傾向建構主義與質化方法，避免尋找正確或最佳答案以反應後現代的哲學思維。強調文化的多元性，重視民主平等與務實的程序，讓所有利害關係人都能夠參與。主要包含四種取向模式：

1. 當事人中心研究（或反應式評鑑）（client-centered studies, or respon-sive evaluation）。當事人中心主張評鑑者必須和當事人團體一起工作，透過多方資訊來源及技術，描繪方案的多元性與複雜性，不設限共識與具體目標，而在持續性的溝通互動中發現方向。
2. 建構式評鑑（constructivist evaluation）。運用建構主義的哲學觀點於方案評鑑，評鑑者應尊重並提升利害關係人的知識意念，協助其建構開放與多元的看法。
3. 民主審議式評鑑（deliberative democratic evaluation）。評鑑者利用和利害關係人的對話討論，透過民主參與程序，決定評鑑的問題與價值。
4. 實用為焦點的評鑑（utilization-focused evaluation）。此取向屬於實用導向，用以確保方案評鑑可以產生影響。採用所有正當途徑進行評鑑，並去除任何可能妨礙實際運用的部分。不過此評鑑並不必然提供社會性的議題，和前述三種取向略顯差異。

社會程序導向／倡導評鑑取向希望評鑑能夠實現社會正義，積極協助利害關係人參與，重視評鑑的實用性、公正性，及多元性。不過，此類評鑑取向必須重視其預防措施，以防為了過於強調達到社會任務，做出不適當的配合妥協，而誤入假評鑑的陷阱。

13

三、最佳評鑑取向與模式

在提出上述的取向與模式分類後，Stufflebeam 更進一步地以「美國教育評鑑標準聯合委員會」（Joint Committee on Standards for Educational Evaluation）的「方案評鑑標準」（Program Evaluation Standards）為參考基準，逐一檢視並評等此二十二種評鑑取向模式，最後提出九種最有前景、最具權威的，也最有希望在二十一世紀持續發展應用的取向模式。如表 1-2 所示。

由表 1-2 中可看出此九種取向模式含括了三種分類取向，其中第三項「問題／方法導向評鑑」的十三個取向模式中僅有兩個出線，第一項「改進／績效導向評鑑」的三個取向與第二項「社會程序導向／倡導」的四個取向模式，則都是全部獲得青睞，顯示後兩類的評鑑取向較符合 Stufflebeam 對方案評鑑模式的期待，如此多少可看出評鑑取向模式應重視方案整體價值評估，符合評鑑定義，以及利害關係人參與的重要性。至於最差的取向模式則包括政治操控、公共關係（以上屬假評鑑）、績效責任研究（特指依結果獲得報酬者）、澄清聽證會，以及方案理論本位評鑑等。其餘則皆落於中間的評等。

另外，從表 1-2 中的「整體優點圖示」一欄中也可看出，此九種取向模式除了「認可制度」在五等量尺中獲得第三等的「好」外，其餘八種取向模式都至少獲得第四等「很好」的評分等第。為何在美國廣受運用的認可制度評分僅為第三等的「好」？根據 Stufflebeam 的說法，主要是因為認可制度在經費和人力的使用都過於龐大；而且也容易受到利益衝突的影響；也太倚重自我評鑑報告與實地訪視，甚且容易產生狹隘的心態並抗拒後設評鑑。所以建議後續在運用認可制度時，應可適度援用其他取向模式的概念，並參考這些評估結果修正現存的缺失，強化認可制度的實用價值。由於我國近年大學系所評鑑皆會參考認可制度，故這些評論也可提供相關單位規劃評鑑時之參考。

表 1-2　Stufflebeam 對方案評鑑取向模式的評等

評鑑取向	整體優點圖示					整體分數	效用性	可行性	適切性	精確性
	差	普通	好	很好	特優					
改進／績效導向										
決策／績效導向						92（很好）	90（很好）	92（很好）	88（很好）	98（特優）
消費者導向						81（很好）	81（很好）	75（很好）	91（很好）	81（很好）
認可制度						60（好）	71（很好）	58（好）	59（好）	50（好）
社會程序導向／倡導										
實用為焦點						87（很好）	96（特優）	92（很好）	81（很好）	79（很好）
當事人中心						87（很好）	93（特優）	92（很好）	75（很好）	88（很好）
民主審議						83（很好）	96（特優）	92（很好）	75（很好）	69（很好）
建構主義						80（很好）	82（很好）	67（好）	88（很好）	83（很好）
問題／方法導向										
個案研究						80（很好）	68（很好）	83（很好）	78（很好）	92（很好）
結果監控／附加價值						72（很好）	71（很好）	92（很好）	69（很好）	56（好）

（整體優點圖示欄位標示 0 至 100 刻度）

資料來源：Foundational models for 21st century program evaluation. In D. L. Stufflebeam., G. F. Madaus, & T. Kellaghan. (Eds.). *Evaluation models: Viewpoints on educational and human services evaluation.* (2nd)., by Stufflebeam, D. L., 2000a, p. 82.

　　Stufflebeam 對評鑑取向模式的歸納與分類可幫助我們一窺近代評鑑理論與實務的發展取向，而其評等則進一步讓我們了解取向模式的優缺點與適用時機。不過，這分類也並非牢不可破，毫無彈性，畢竟許多評鑑模式所牽涉的哲學理念或設計，會橫跨諸多領域知識，並不是單一的分類標準可以明確界定。例如：Provus 所倡導的「差距評鑑模式」（discrepancy evaluation model），由於其強調方案目標和所設定標準的差異性，要透過方案成就與標準相互比較後的資訊來修正方案，因此，Stufflebeam（2000b）與 Worthen、Sanders 和 Fitzpatrick（1997）等人將差距評鑑模式歸類於目標本位研究的評鑑模式。而因為差距評鑑模式又主張方案評鑑應分階段進行，重視評鑑過程與實用程序，非僅是總結性的目標達成程度，故 Gredler（1996）將其歸屬於管理取向的評鑑模式。此例子再度顯示出評鑑取向與模式在分類上的限制與困難，我們應以寬廣而彈性的角度來面對此重疊而模糊的現象。再者，前述的決定與評等是 Stufflebeam 主觀的分析與判斷，在評鑑取向模式多元而快速的發展下，自然也會有其他不同的分類論點或看法。就如同曾淑惠（2004）曾分析，取向模式的引介可讓讀者很容易獲得模式的界線與輪廓，但複雜的現實情境使得分類界線模糊也是不爭的事實。讀者若欲更深一層了解評鑑取向與模式的理論與發展，尚有待直接深入的探索與運用。

四、Worthen 等人對教育方案評鑑的分類

　　前述 Stufflebeam 評鑑取向模式的分類是以評鑑的價值範圍與貢獻為主，四個分類下有二十二個取向模式，可說是巨細靡遺。而 Worthen 等人（1997）則採用不同的分類基準，將教育方案評鑑的取向簡單分成六類，分別是「目標取向」、「管理取向」、「消費者取向」、「專家取向」、「對立取向」，以及「參與者取向」，其下各有具代表性的相關模式。根據這六類取向，評鑑的內容與相關人員也必須符合各取向的基本訴求，整理如下表 1-3 所示：

表 1-3　Worthen 等人之教育方案評鑑取向分類

取向	主要內容	主要影響人員
目標取向	重視結果達成目標的程度	方案贊助者 方案管理者
管理取向	重視評鑑訊息能對方案決策者提供的協助	方案管理者 方案執行團隊
消費者取向	重視不同方案結果的價值	社會大眾 方案贊助者
專家取向	重視領域專家對方案品質的專業判斷	專家團隊 社會大眾
對立取向	重視評估方案正（專業）與反（一般）的觀點	評鑑贊助者 社會大眾
參與者取向	重視評鑑利害關係人對訊息的需求	所有參與者 方案執行團隊

資料來源：修改自 *Practicing evaluation: A collaborative approach.* By O'Sullivan, R. G., 2004, p. 7.

　　第一類目標取向的評鑑主要是企圖了解方案達成預定目標的程度。有時候為了使評鑑目標能夠獲得更廣泛的規範或更明確的定義，在評鑑開始前，評鑑工作者會盡量去蒐集評鑑相關人與單位的意見，然後清楚的界定操作型目標，經過資料蒐集與分析過程後，決定每一個目標的達成程度。大抵而言，目標取向的評鑑因為重視評鑑目標和結果的比較，因此所呈現出的訊息大部分關切點在於評鑑的績效與效能。不過，此取向最大的盲點也就在於過分強調評鑑的結果，此現象有時候會忽略有關評鑑過程重要訊息的分析，對於評鑑重視整體方案表現的概念，多少產生遺漏的缺憾。

　　第二類管理取向是從評鑑方案管理者與設計規劃者的角度出發，他們

17

關切整體方案各面向的表現。在國內頗負盛名並廣受運用，由 Stufflebeam 開發出的 CIPP 模式，就是管理取向的最佳且最具代表性的模式。CIPP 模式從評估方案背景與需求開始（context，背景評鑑），歷經投入資源的規劃（input，投入評鑑），再經過評鑑過程的監控（process，過程評鑑），最後到評估方案結果與影響（product，結果評鑑），這些面向的重視使得管理取向相較於目標取向，能夠更整體而全面地推動評鑑工作。不過此一取向仍有其限制，主要就是沒有考量到評鑑利害關係人的參與，評鑑利害關係人的參與或意見常常是評鑑過程中許多潛藏問題的關鍵因素。

第三類消費者取向的評鑑其實就是站在消費者立場來強調方案間結果的比較。所謂「消費者」是泛指希望利用評鑑獲得方案成效訊息的單位或人士，消費者取向評鑑關切每一個評鑑都能透過具體而清楚的結果報導，讓消費者很容易從中比較出各方案的優缺得失，也就是重視消費者對評鑑的期待。有一些特別強調分析功能的評鑑模式或方法，例如成本效益分析（cost-effective analyses），或是後設分析（meta-analyses），由於具有比較與分析評鑑結果的特性，因此對消費者取向評鑑而言，都是很適合運用的評鑑策略。

第四類專家取向是運用領域專家來提升評鑑成效的取向。由於領域專家通常具備評估方案成效的知識與能力，所以，不論是協助規劃設計、提供評論意見或是諮詢服務，對評鑑工作的推動都會有所貢獻，在目前方案評鑑領域中，此取向也受到相當程度的重視與運用。通常可以依方案的性質建立評鑑的「專家團隊」，再依建構出的評鑑程序與標準來執行評鑑任務。前述美國大學廣為運用的「認可制度」可說是專家取向評鑑的典型。

第五類對立取向是源自於法庭中的抗辯方式，目的是用來獲取方案價值的一種方法，即所謂「真理愈辯愈明」的概念。在某些特定的評鑑情境中，具有兩造雙方對立的議題，因此利用類似法庭抗辯的形式，廣泛蒐集對方案的正反意見，一方面藉以釐清社會大眾對方案的觀點，也用以歸納出更適合的方案評鑑策略。但由於此種取向並不具有完整的評鑑架構與內容，故多用於蒐集資訊階段，實用價值相對也較低，在目前的使用其實並不普遍。

第六類參與者取向強調的是推動評鑑過程中利害關係人的參與。此取向在近年來頗受評鑑學者的關注。普遍認為評鑑規劃者必須引導利害關係人積極參與（Cousins & Earl, 1995; O'Sullivan & O'Sullivan, 1998），甚而認為應發展出「參與者主導」的評鑑方式（Fetterman, 2001; Patton, 2002）。此取向的關切重點就在如何採納評鑑利害關係人的意見與觀點，使評鑑的過程符合社會大眾的期盼。

相較於Stufflebeam從評鑑內涵的真實性、問題方法範圍，與價值貢獻的分類方式而言，Worthen 等人的分類則顯得較為單純，大致可看出主要是依評鑑方案著重的「一般性特色」來區分。像是認可制度由於是透過專家團隊來執行評鑑，專家認可是主要的特色，因此就歸類成「專家取向」，不同於Stufflebeam將之歸類至評估方案整體價值的分類結果。不過這裡也必須再一次強調，雖然六個取向在理念上各有不同強調的重點，但事實上在推動教育評鑑時，很容易在概念上產生相互重疊的現象與需求。也是因為評鑑的理論與實務複雜而多元，這些取向與模式的發展不會自限框架，推動時常常會因符合實際情境需要多個取向同時搭配使用。故教育方案評鑑的規劃設計者也要能彈性運用及調整評鑑的設計與實施。

若從建構評鑑標準的角度來看，我們關心的是評鑑標準主要的目的與內容、適用對象及參與人員、資訊取得的方式等等，在參考評鑑取向模式時，可先從 Worthen 等人較單純的分類方式著手，也方便研究者依據此六種分類取向先行確認評鑑標準主要的用途及內容。因此，在建構評鑑標準之前，還是建議先能熟悉不同教育評鑑的取向與模式，清楚所立的目標基礎後，才更能依據它們的屬性，來決定最適合建構評鑑標準的理念架構。

19

第三節　推動教育評鑑實務的重要議題

一、國內教育評鑑的實施現況及推動建議

　　受到全球性的教育改革風潮與追求績效責任的影響，國內近幾年來關於教育評鑑的運用可說是方興未艾，各種類型的教育評鑑像是學校層級的校務評鑑、教師評鑑等廣受推行與重視。以高等教育的評鑑而言，楊瑩（2005）曾將台灣地區大學評鑑制度的發展，從 1975 年開始至今分成六個時期；分別是 1975-1990 年教育部主導並辦理的學門評鑑期、1991-1994 年委託學術團體辦理學門評鑑及審查中程校務發展計畫期、1995-2000 年修法後依法辦理評鑑期、2001-2004 年鼓勵學校辦理自我評鑑期、2004-2005 年委託民間團體辦理大學校務評鑑期，以及 2005 年後迄今委託財團法人「高等教育評鑑中心」期。雖然從 1975 年第一次全面性的大專院校開始評鑑至今已久，不過若仔細檢視其辦理規模與深入程度，自 2001 年以後的大學學門自我評鑑、2004 年的大學校務評鑑，以及 2006 年的大學系所評鑑，從其辦理的經費、投入資源與動員人力來看，相較於過去，教育評鑑活動無疑是愈來愈朝專業發展並受到普遍的重視。

　　此外，在中、小學校務評鑑方面，「教育基本法」與「國民教育法」相關法律中賦予校務評鑑明確的法律基礎，加上學校本位管理思潮與實務的影響，各縣市政府近年來莫不重視校務評鑑的實施，在許多縣市中，學校評鑑也已發展成重要的常態性工作，用來協助學校發現與解決問題，並成為提升學校教育品質，判定學校辦學績效之重要依據（林天祐，2004）。綜觀國內校務評鑑發展至今，其樣式與型態為數眾多，從中央教育部主導到各縣市地方教育局皆有。其中，由教育部主導的相關評鑑，這幾年來主要有中輟生輔導、教訓輔三合一、法制教育、九年一貫課程、小班教學、特殊教育、體適能、視力保健及體育評鑑等；而由縣市教育局辦理的則有

校務評鑑、兩性教育、社工員試辦方案、英語教學、公廁評鑑、資訊科技融入教學、學校日，及春暉專案評鑑等（王保進，2003；吳清山、王湘栗，2004），教育評鑑在中、小學同樣是廣受推行與重視。

　　教育評鑑的結果，雖可以協助主管機關與關心教育發展的群眾對教育現況有更明確的了解，也可以促使受評鑑單位對其本身辦學條件進行全面評估檢討，不過，教育評鑑由於涉及價值判斷，評等結果往往又會伴隨政策上的變化，對受評單位及個人權益的影響頗大，因此，教育評鑑在推動實務上的爭辯往往會比理論上的探索複雜許多。近年來我國各級學校推動校務評鑑的方式，主要不外乎先以預設的評鑑標準或檢核表進行自我評鑑，而後再配合專家學者的一至二天實地訪視，最後做成評鑑結論與報告。此種模式雖然方便且具體可行，但施行幾年下來仍產生諸多疑慮。舉例來說，近年來大學評鑑的制度與方式就曾引發包括像是評鑑標準缺乏一致性共識；評鑑過分依賴專家意見導向的訪評模式，不夠多元……等問題（王保進，2006；潘慧玲，2002）。因此，不少針對教育評鑑實務的檢討與評析也就如雨後春筍，除了指出評鑑實務上的缺失外，也努力提供有效的具體建議。就大學評鑑而言，為加深評鑑的專業化，教育主管機關已委由民間專業評鑑團體辦理，有了專責的評鑑規劃執行單位，也較能參酌先進國家的評鑑方式進行研究，像是美國的認可制度與英國的品質保證制度，使得國內大學評鑑可逐年看到改革的跡象，有助於提升教育評鑑實務的成效。

　　國外學者 Mayne、Divoriski 及 Lemaire（1998）從評鑑實務的角度出發，提出十六項進行評鑑實務工作時的重要議題與建議，如下（引自曾淑惠，2002）：

㈠獲得最高層的支持：方案的管理者及政策決定者要了解評鑑的價值，並對評鑑的使用有實務經驗，管理者必須參與評鑑的過程，提供必要的輸入資訊。

㈡產生有效的要求：評鑑委託人必須界定其對評鑑的興趣，並讓大家都知道其要求。

㈢設定真實的期望：必須讓將資源放入評鑑的政治家們與評鑑人員雙方可以清楚界定期望，並建立評鑑能真正呈現事務的共識，也讓使用者了解

評鑑的限制，並能產生可以真正滿足的有效要求。

㈣系統化評鑑的活動：不同的檢視與控制活動，必須整合成符合邏輯且一致的架構，以避免重複活動與過於繁雜的報告。

㈤評鑑與預算的處理要相互連結：為提升評鑑的有效性，需要正式且系統化地將評鑑的發現與預算的處理相連結。

㈥選擇適當的評鑑人員：評鑑人員的選取為評鑑有效性的重要因素，更是分析評鑑目的的基礎。

㈦規劃評鑑：良好的評鑑準備為評鑑成功的主要因素，因此在評鑑主題的選取、範圍與目標的決定、評鑑過程的規劃及參考標準的選擇等議題上，所投入的時間與努力是值得的。考慮的範疇包含實踐評鑑建議的任何具體步驟。

㈧評鑑時程的適切性：為了有效運用評鑑的結果，評鑑的進行時程必須符合政策與決策的循環，時程表成為評鑑中另一個主要的問題。再者，從受評方案的角度而言，時程表也是很重要的，評鑑基本上是方案一開始就有效監督系統所支持，因此評鑑期間，允許足夠的時間分析材料也是很重要的。

㈨符合使用者的需求：評鑑必須專注於某一特定的觀眾，並符合使用者的資訊需求。

㈩確定相關性：由於評鑑必須為預算、政策及其他策略性的理由來進行研究方案或強調問題，因此任何評鑑必須要求誠實。

㈩㈠在評鑑的過程中加入評鑑的關係人：管理評鑑關係人的策略是必須的，定義評鑑的關係人並將之納入評鑑的過程，通常可以增加其信任與使用評鑑發現的意願。

㈩㈡確保方法論的品質：健全的方法論對評鑑的可靠性及使用有主要的影響。在評鑑規劃的過程中要選擇評鑑的方法，包括資料蒐集的方法、取樣、因果關係、選擇性的解釋與推論的邏輯等，評鑑人員必須詳述評鑑的假定、不確定性及方法論的限制，並且盡可能地將事實與意見或假定分開。

㈩㈢做成判斷與建議：在任何情況下，建立一套判斷與建議的參考標準是必須的，建議以數種可行解決建議的方式呈現，比唯一的觀點要好，而依

據評鑑的建議呈現實施計畫也更為有用。

㈩溝通評鑑的發現：許多評鑑因為不注重評鑑發現的溝通而無任何成效，基本上評鑑的發現是需要及時有效的溝通。

㈪監督與追蹤：對評鑑進行監督可以促進其使用，指引實施的過程，以求進一步對評鑑實務的改進有所貢獻，追蹤則對定義可能的附加評鑑需求很重要。

㈫考慮參與人員需求提供訓練與支援：為了使評鑑成功，訓練評鑑人員、管理人員及開明的使用者是必需的。許多國家中，公職人員的教育背景並不能提供特殊的評鑑技能，因此訓練是很重要的，包括方法論的、政策的、管理的與溝通的技能。

　　上述說明是從實務且經驗性的角度出發，很具體地闡述了評鑑工作的議題與建議。其中像是獲得高層支持、有效要求與真實期望、符合使用者需求、加入評鑑利害關係人，與溝通評鑑發現等幾項議題，都是希望評鑑能確實獲得所有利害關係人的認同，減少受評單位對評鑑的恐懼與排斥，真正達到評鑑用以改進的目的。而系統化評鑑活動、確定預算政策相關性、評鑑規劃、評鑑時程、監督與追蹤等議題，則是強調評鑑過程與結果技術上運作的重要性。另外，選擇適當的評鑑人員、提供參與人員訓練等，則彰顯出評鑑人員代表性與專業性的考量。最後，評鑑必須做出判斷與建議，透過理性的價值判斷提供改進與決策的參考，達成教育評鑑的最終目的。

二、國內教育評鑑實務重要與待討論的議題

　　歸納前述國內教育評鑑工作推動現況的說明，以及國外學者對評鑑實務推動的議題與建議，我們可嘗試整理出國內教育評鑑推動上幾個較具爭議性且重要的議題，頗值得我們在推動教育評鑑工作前仔細思索，包括：

㈠評鑑是改進抑或是擾民

　　究竟教育評鑑對國內教育品質的提升有沒有助益？評鑑活動究竟是改進，抑或是擾民？這些年來這個問題其實受到許多的討論。由於評鑑具有

23

考核評估的功能，所以凡是受評者幾乎很少能輕鬆面對評鑑的壓力。而為求好的評鑑結果與成績，受評者往往全力以赴，充分準備，深怕評鑑結果不如預期，影響聲譽或遭受行政裁罰。面對一波接一波而來的評鑑工作，所有準備工作像是書面資料整理，或是環境改善維護，都加重了日常工作負擔。筆者就曾經在一場高等教育評鑑研討會中聽到一位私立大學校長述及：「大學這些年來不斷的評鑑，學門要評鑑、校務要評鑑、系所也要評鑑，卓越計畫更要評鑑，而評鑑又幾乎都會透過同儕評鑑的方式進行，使得這些年來大學中幾乎只有兩種人，一種是評鑑人，另一種就是被評鑑人。」這句話雖然是一句玩笑，不過卻也無形中道出大學面對頻繁的評鑑活動所產生的壓力和無奈。類似的情形也發生在中、小學教師與教育人員身上，為準備評鑑而產生諸多的工作負擔與壓力，使得受評者認為是干擾了正常的教學工作。再加上校長遴選制度開始實施後，不少人也會將校務評鑑和校長遴選畫上等號，認為校務評鑑是因為校長要尋求遴選成功的必要條件，加深對評鑑工作的排斥。這些額外的工作負荷與心理的壓力，往往是造成評鑑背負「擾民」此黑名的主要因素。

事實上，從近年來國內、外教育環境的發展與變化來看，教育評鑑受到重視的趨勢只會愈來愈高。所以，站在很實際的立場來看，現階段要努力解決的問題應該是，如何在盡量讓大家都接受的評鑑方式下，也能很確實地達成教育評鑑的目的。這其中主要的關鍵問題有二：第一，評鑑的理念應該更廣為深入人心，所有利害關係人都要了解評鑑的真正意義與目的，甚而主動參與評鑑活動，將評鑑視為敦促成長與提升品質的例行工作，甚至自發性工作。第二，教育主管機關與評鑑專業團體應持續研發改良評鑑工作的相關方式與技術，利用最簡便客觀的方式尋求最真實的結果。畢竟，教育評鑑是改進抑或是擾民？這個問題不是一朝一夕可以解決，所謂政策、觀念、時間、人和多方的配合，在評鑑制度持續改良的過程中缺一不可。

(二)著重形成性評鑑抑或是總結性評鑑

形成性評鑑（formative evaluation）主要是指發生在方案進行過程中的評鑑活動，用來蒐集過程資訊以提供評鑑者隨時改進的訊息。總結性評鑑

（summative evaluation）則主要是指發生在方案結束階段，用來蒐集方案的成果資訊，以提供評鑑者做價值判斷的訊息。「美國教育評鑑標準聯合委員會」曾將此二種評鑑做出簡單的定義，所謂形成性評鑑，其設計與使用的主要目的在於改進方案，特別是受評單位正處於發展中的階段；而總結性評鑑的設計與使用，主要目的在呈現出受評單位優、缺點與價值判斷的結論，並提供方案是否繼續、擴展或結束的建議（Joint Committee on Standard for Educational Evaluation, 1994）。

　　大致說來，形成性評鑑會讓人感覺比較屬於即時性的、內部人員主導的、較不具威脅的、非專業的，以及小規模的評鑑。而總結性評鑑則比較讓人感覺屬於固定式的、外部人員主導的、威脅性較大的、專業性強的，以及較大規模的評鑑，不過這些感覺並非絕對正確。此二種評鑑雖然定義清楚，在實務推行上有時卻不容易嚴格的做出區分，主要還是因為形成性評鑑和總結性評鑑其實具有「相對性」的概念。例如，在方案進行中某一階段進行形成性評鑑，目的是用來蒐集形成性的資訊，以提供隨時修正的參考。但若換個角度來看，這形成性評鑑某種程度上也可視之為該階段的總結性評鑑，因為方案尚未結束，故提供的是此階段總結性的資訊，可作為進入下一階段的依據。黃政傑（2000）認為應依評鑑的功能或作用來決定使用哪一種性質的評鑑，如果是為了改進方案或課程，使其趨於完美，那麼評鑑就較屬於形成性的；如果是為了判斷效果與價值，以方便做決策，則較屬於總結性的。在某一時間所蒐集到的形成性評鑑資料，可當成較短時間的總結性評鑑資料；反之，較短時間的總結性評鑑資料也可當作較長時間內的形成性評鑑資料。推動教育評鑑時應將形成性和總結性評鑑的功能，彈性地相互運用，不必特別強調偏向哪一種類型，最重要是達成評鑑目的和成效的要求。

　　國內目前教育評鑑推動上仍以總結性的評鑑為主，校務評鑑大都以四年為一個循環，性質上接近總結性的評鑑，至於形成性的評鑑則較少推動。雖然專家學者與教育主管機關也會鼓勵學校透過自我評鑑以隨時改善辦學品質，不過事實上少有學校真正能夠落實，在學校本位管理的發展趨勢下，形成性評鑑的概念尚待所有教育工作人員更加重視。

(三)以外部評鑑抑或是內部評鑑為主

　　所謂外部評鑑是由組織以外的機構或團體來執行評鑑工作，包括像是政府機關、專業團體、同僚小組等，透過外來專家與制度以檢視組織的運作績效與品質。國內目前由教育部或縣市教育局主導的評鑑，以及教育部委託專業學術團體執行的評鑑，皆屬於外部評鑑的性質。至於所謂內部評鑑則是指由組織內部人員主導與管理的評鑑方式，利用自我管制的機制，來發揮組織自我反省與自我批判的精神。不論外部評鑑或是內部評鑑都有其優、缺點，黃政傑（2000）曾提出內、外部評鑑人員評鑑的理由，他認為由外部人員來評鑑主要的優點，首先在於外部評鑑所聘請的評鑑人員多為專業的評鑑專家，對於評鑑原理原則與技術方法較為精熟，符合專業聘用精神；其次，外部評鑑人員具有「當局者迷，旁觀者清」的優勢，較能理性的評估組織表現；第三，外部評鑑人員較具公信力，組織內部的方案若由內部人員評鑑，則會有「球員兼裁判」的顧慮；最後，由外部人員來評鑑可讓內部人員形成一股壓力及督促的力量，也較容易讓內部人員更專注於自身的工作。

　　至於內部評鑑同樣有諸多優點，由內部人員來評鑑的主要優點，首先在於內部人員較外部人員更清楚組織內部的狀況與需求，評鑑時較能切中目標，深入問題，不至於產生「霧裡看花」的盲點；其次，內部人員通常具有較佳的領域特定知識，在特定領域上的專業性會優於外部評鑑專家；第三，內部評鑑人員身處組織之中，對組織的向心力和熱忱會較足夠，會更希望提供建設性的意見使組織朝完美改進；第四則為時間上的優勢，內部人員評鑑常常可以即時性的提供回饋或建議，形成性評鑑的功能發揮較佳，相較外部人員評鑑總有一定時程和程序，在時間即時性及彈性上相對較弱。最後，有些課程評鑑工作並不是外部評鑑可以完成，例如教學訪談與觀察、課程發展報告等，需要較長時間的接觸教師，這就不是外部評鑑可以做到的。

　　國內目前推動教育評鑑的形式大都會兼採外部與內部評鑑並行的方式，亦即先請受評單位或對象依既定標準進行內部的自我評鑑，再將自我評鑑

結果提供給外部評鑑人員，以利下一階段外部訪視評鑑的進行。不過從實施現況來看，外部評鑑的比重與決定性總是會大於內部評鑑，而且內部評鑑的成效感覺不甚明顯，外部評鑑的結果才是社會大眾關心的焦點。但由於學校較屬於學術組織，教師也是屬於專業人士，自我管控和反省的能力應會較佳，如能有效激勵其自我評鑑的能力，理論上其效果應會優於外部評鑑。所以，是否應加重內部評鑑在教育評鑑上的比重，或是如何有效增進內部評鑑的成效，這些議題將持續受到教育評鑑領域專家學者的關注。

(四)量化與質化資料的交互運用

由於「評鑑」可說是某種程度的「研究」，和「研究」擁有許多相似之處，因此，評鑑資料蒐集與分析的過程同樣也有量化與質化取向的爭議。量化研究與質化研究背後雖各有不同的典範發展脈絡，不過依研究目的選用適當的研究取向，甚或將量化與質化取向融合與交互運用，也已是近年來教育學領域專家學者普遍的認知與共識。因此，教育評鑑的資料究竟是要以量化還是以質化的資料為主，也就必須依照評鑑的範圍、目的，與欲深入的程度來決定較為合適。在教育評鑑領域，量化資料的代表就是教育指標及教育統計量，包括像是高中學生畢業率、學生數學表現、教育經費占公共經費比例、外國留學生人數、班級大小及師生比等等，這些指標或數值可以用來評估教育現象概括性的健康狀況。質化資料則包括像是焦點座談紀錄、個別訪談結果、觀察資料、系統描述與詮釋等等，適合針對某一評鑑對象做較深入的評估與探討。

國內目前的教育評鑑活動大都會根據評鑑目的與性質，兼採量化與質化的資料。以各級學校的校務評鑑而言，前置作業與資料的準備呈現均不乏量化與質化資料，自我檢核過程除了有量化的五等自評量表外，也會有質化的自我陳述說明。至於後來的訪評過程則就屬於質化的資料蒐集方式，目的是更深入地蒐集多方資訊以利評鑑的價值判斷。因此，教育評鑑也必須以評鑑的目標與定位為出發點，要達成此一目標應使用何種方法？實際考量如何運用質化與量化的資料蒐集方式，不必受限於單一方式，喪失評鑑的目的與真實性。

(五)主觀價值的客觀化

評鑑離不開價值的判斷，所以評鑑人員專業知能與評鑑倫理的素養顯得格外重要。我們關切每一位評鑑人員是否能夠站在專門領域與專業評鑑的角度進行評估？同時，每一位評鑑人員是否能夠奉行專業倫理的信念，擺脫人情束縛做到公正無私？因此，每一位評鑑人員是否能盡量以客觀的態度提出主觀的價值？這些問題因為牽涉到「人」，主觀的判斷結果就難免會有客觀與否的爭論。以國內中、小學校務評鑑普遍採用「同儕評鑑」來進行訪評而言，「同儕」評鑑委員是由縣市教育局邀請轄內其他學校的校長、主任、教師、家長代表組成，採非固定交互輪流的方式。也就是說，今年的評鑑委員來年就可能成為受評者。大學系所評鑑也有同樣的問題。暫且不深究此種方式的實施成效，評鑑委員在進行價值判斷或解決價值衝突問題時，如能本其自身專業知能，信守評鑑倫理，客觀平等的面對所有事物，就能達到所謂主觀價值客觀化的理念。反之，若評鑑委員受限於相互牽制的力量，不敢直言問題所在，甚或是昧於事實，挾怨報復，無法以理性專業的態度面對受評事物，那麼同儕評鑑的缺點完全顯現，評鑑人員不能以客觀的態度進行主觀價值判斷，評鑑事實上已經失去意義。

我們可以說，教育評鑑活動就是一連串價值判斷的歷程。從目標的設定、人員遴聘、規劃設計、方法選擇、資料判斷，到結果整理報告，這過程中隨時需要下決定或做出理性的價值判斷。從評鑑人員到所有評鑑利害關係人均須明瞭這個事實，評鑑人員要謹慎的思索每一個問題，免於偏見與無端的苛求，提出客觀的主觀判斷與建議，奠定評鑑人員的專業地位，則評鑑的公正與功能就會受到尊崇；而所有利害關係人則要認真考量每一個判斷所代表的意義，有則改之，無則共勉，確實達到評鑑帶動組織成長與品質提升的積極意義。Mohr（1992）就說，我們或許無法期待教育評鑑提供政策的決定性結果，因為政策多少要歷經政治性的妥協，但我們卻可以確定，教育評鑑能提供適當而有用的訊息，讓教育方案的進行更趨近於完美。

第二章

標準與標準化的演進

　　前一章係對教育評鑑做一概要性的導論，本章開始則針對教育評鑑過程中的要項——「標準」來進行探究。其中第二章至第六章偏重理論概念與建構方法的探討，而第七章至第九章則主要介紹與說明標準的建構實務，並在第十章做一個統整性的總結。

第一節　標準的起源與發展

　　儘管「標準」一詞已廣泛的運用於人類日常生活之中，但是「標準」究竟從何而來？它是如何起源於人類生活之中？以及起源後的發展究竟為何？這些問題若追根究柢，可追溯至人類早期文明發展的歷史過程。遠古時代的人們會透過觀察太陽、月亮等天體與星球的運行狀況，以及季節的變換情形，來尋找早期農業與社會活動進行的最佳時機。包括兩河流域的蘇美人（Sumerians）、尼羅河流域的埃及人等，甚至我們黃河流域的中國遠祖，都運用了他們的智慧發展出令後代望塵莫及的曆法與度量衡方法。中國遠在秦朝就統一了度量衡，作為民間交易的基準，當時為西元前二百多年。我們發現，前人這些來自於觀察、歸納、整理的經驗法則，普遍具有「統一」、「便利」與「客觀」等概念，得以提供當時社會大部分活動有所遵循的依據。換句話說，這些經驗法則的產生，正說明了「標準」與「標準化」的現象早就運用在前人的生活之中。

後來，從有文字記載開始，「標準」與「標準化」的運用與紀錄就有了更具體的證據。例如，在西方，約在西元 1120 年，英王亨利一世就曾經用 "ell" 來等同他手臂的長度，作為一個正常人手臂長度的標準，後來也作為英國長度的測量名稱（當時一個 ell 約等於 45 吋）。到了近代十九世紀西方工業革命的時期，鐵路的建造讓貨物的交易變得快速而有效率，商業經濟活動因而蓬勃發展。不過當時人們也漸漸發現，許多不一致的現象阻礙了更進一步的發展。光是不同國家或地區間鐵路寬度、輪胎尺寸不一致所造成的不便，就足以混亂發展中的社會與經濟活動。因此，歸納與協調出一致性的「標準」，絕對有助於當時的發展情境，統一、便利與客觀等需求，讓「標準化」需求的重要性自然浮現。1881 年美國科學管理之父 Tyler 提倡科學管理的概念，降低成本、大量生產、確保產品運用效率等成為工廠追求的目標，民間商業活動開始積極尋找切合實際的作業方式，以期待提升產品產量與品質，工、商業界對標準化的運動益加重視與矚目。到了 1875 年，當時由法國主導，希望將歐洲度量衡統一為國際性的標準，於是開始有了創設國際性標準機構的想法，遂在巴黎設立了「國際度量衡局」（International Bureau of Weights and Measures，簡稱 IBWM），其中一個重要的決定就是採用公制單位取代英制單位，這可說是國際間標準化運動的濫觴。

進入二十世紀後，快速的經濟與社會進步促成了繁榮與密集的「都市化」結果，人們生活獲得改善，也使得人民生命財產的保護日顯重要。英國在 1901 年設立了英國標準局，作為其國內環境與市場推動標準化的主導單位。美國原先對於標準化的過程不甚支持，認為可能因此抹煞自由與多元，造成社會進步的阻力。不過，1904 年美國巴爾的摩一棟建築物發生火警，火苗快速延伸，整座城市約八十個街區受到波及。許多大城市像是紐約、華盛頓及費城在第一時間立即伸出援手，但卻發現這些城市的消防水管規格五花八門，沒有一致性的消防栓可提供連接。因此在外援沒有辦法進入的情形下，最後火災持續約三十個小時，造成至少二千五百棟房屋的損毀。經過這次慘痛的教訓，美國以及世界上不少主要城市逐漸規範出許多安全性的措施，有選擇性地運用標準，用來確保民眾生命財產的安全，

獲得大多數人的共識，統一的「國家標準」才開始真正受到重視與發展。

　　1914 年第一次世界大戰爆發，美國成為其歐洲盟友的主要軍火供應庫。透過戰爭的後勤與補給，美國亦發現要讓軍火的生產能夠大量而快速，則各國對軍火的規格必須能夠統一以利於流通互換，這必須依賴標準化的過程。至此，標準化迅速成為工業發展上重要的方針，不論是軍火的生產或是其他產品的製造，標準化都提升了產量與效率，也因此在 1918 年會有美國國家標準局的誕生，美國工業發展亦進入了另一個里程碑。

　　1940 年間第二次世界大戰將世界主要國家都捲入其中，不過標準化的運動並沒有因此停止，包括我國在內的十八個國家聯合成立了屬於臨時性質的「聯合國標準協調委員會」（United National Standards Coordinating Committee，簡稱 UNSCC），目的在促進同盟國間在標準化活動上的合作，以協助各國間軍火及軍用品的生產與運用。二次大戰結束後，歷經多次的國際會議討論，各國代表終於決定創立一個國際標準化機構，1947 年 6 月在瑞士的蘇黎世（Zurich）舉行第一次會員大會，會員國共二十六個，眾所皆知的「國際標準局」（International Organization for Standardization，簡稱 ISO）因而誕生（陳文化，1983）。

　　從上述標準的起源與發展可看出，標準對於人類社會可說是自然生成不可或缺的要素。由於人類生活中會不斷地和周遭環境的改變產生互動與影響，也促使人類漸漸創造出適合的標準，來調和與適應逐漸複雜的社會需求。這意味著「標準」的發展與「標準化」的過程其實是人類生活中很自然的結果，發展到後來不論在工程、運輸、工業、房屋建築、食品、農業、林業、紡織、化學、商業等領域都廣為應用，甚至影響到科學、教育、管理等領域也都大量採用。而其層面亦含括國際性、全國性、同業工業間，以及公司或單一機構等等。各個同業團體都會依對象的普及性與專業性決定如何訂定適合其運用的標準。

一、美國的標準化過程

　　從早期標準發展的過程來看，主要起因來自於經濟、商業、社會安全

等層面，對一致性與便利性所產生的訴求。而後因各領域專業化進步，逐漸才發展至其他領域層面，包括教育領域不論是方案、計畫、學校單位以及課程等方面。既然標準發展及標準化是人類現代文明的必然產物，我們就必須更進一步了解標準化的發展與演進過程，加深我們對標準的認識。當然，就現代標準的發展史而言，美國絕對有其重要的代表性，以下簡單介紹美國現代標準化運動的過程，將分成自發性的發展、協調平台的產生、政府的協助，及符合性評量四方面略加說明（ANSI, 2005）。

(一)自發性的發展

　　美國標準化運動的過程是美國民主與多元社會發展的縮影，簡單的說，私人企業、個人團體是標準發展過程的主導力量；需求本位、市場取向則是促成標準化運動的幕後推手，所以，美國標準化運動的基本架構是植基於其民主經驗與高度分權的歷史，標準發展自民間自發性的運動。政府的角色並非「主控者」，而是某種程度上的「參與者」。此種「自願」（voluntary）性質高的標準發展過程，通常會具有正式公開、協議本位（consensus-based）、合作參與等性質。在資料蒐集時或蒐集後廣徵利害關係人的意見，或進行多方討論來凝聚共識，彙集眾人力量來完成標準發展的任務。如此一來，標準發展過程中所需的花費，也大部分是來自於那些需要與運用標準的機構，政府通常不會是主要的經費來源。畢竟自發性機構是標準化結果的最大受益者，由他們出資發展標準也充分顯現出美國市場與自由經濟的合理現象。而在發展過程中，由於少有政府的介入干涉，也沒有單一組織強力性的主導，使得美國標準化運動，和那些採用「由上而下」，由國家政府主導的方式呈現不同的風貌。例如，少了政治力的介入與干涉、沒有預設或由上而下的立場，因此，這事實上也是另一種美國自由市場與經濟下的產物。

　　從二十世紀初期開始，而後經過數十年的發展，美國標準建構的工作主要就由非政府或工會性質的團體所主導，具有相當的自主性與彈性。這些團體大多由民間工業界或企業界所贊助，因此，標準的建構完全依照市場或產品的需求與導向。有些企業將標準化視為主要的焦點工作，有些則

視為監控產品品質的補充性機制。

自發性發展的另一個特色，就是企業團體在建構標準時，為顧及標準結果的普遍性，通常會考量與採納多方面的意見，不會僅局限在單一或較狹隘意見。針對欲解決的問題廣徵同業團體的看法需求。不過有時候因為效率因素，為追求較快速的標準建構結果，也會對參與建構者與意見提供者的資格加以限制，不公開徵求參與者。此種現象較常會發生在那些具有會員制的同業團體，參與標準設定的成員必須是會員或是有實質的資金贊助。

(二)協調平台的產生

不過，在自由市場與自發性發展的情況下，許多組織或團體也逐漸發現，標準建構過程還是必須透過多方協調，以避免努力的過程中產生許多不必要的浪費和重複。1918 年 10 月，三個政府組織和六個私人機構聚集協調，決定建置一個相互交流與提供協調的平台，命名為「美國工程標準委員會」（American Engineering Standards Committee），這也就是後來「美國國家標準局」（American National Standards Institute, ANSI）的前身（1928 年改名）。美國國家標準局（ANSI）從設立後就背負起大多數公、私立團體，在標準發展過程中的溝通與協調工作，並積極推動所謂「三"S"運動」，就是「標準化」（standardization）、「簡單化」（simplification）、「專業化」（specialization）的概念。也因為此協調平台的設立，使得與標準有關的利害關係人得以在標準的發展過程中充分溝通討論，並獲得一致性的結論，產生統一的結果。在此同時，美國國家標準局也開始審核國內專業機構團體的資格，對符合標準發展程序的機構團體提出認可。而自從美國國家標準局開始運作，已有數萬個標準因此發展出來，許多標準發展時可能產生的浪費和重複亦得以盡量避免，這協調平台的效用甚至擴展至國際間，使得國際標準的發展也能在國與國溝通協調下獲得共識。而由於「世界貿易組織」（World Trade Organization, WTO）等國際組織的產生，也加深了標準發展的國際化程度。協調平台的工作由國內開始延伸至國際，不論公家機構或私人企業，所有被美國國家標準局認可的機構，

其標準的發展與修正,都必須遵循國際間的協定,像是WTO規定的原則,否則將無法符合國際市場的需求,影響標準運用的功能與效用。

(三)政府的協助

在標準發展的過程中,雖然多來自民間企業自發性的主導參與,但政府也並非完全無介入及提供協助,反而,美國政府可說是自發性標準最大的參與者與使用者。根據美國國家標準局的統計,至2005年為止,全美國約有將近十萬個已開發完成的標準,其中超過一半以上(即五萬個)是來自民間自發性的標準。也就是說,約有一半的標準與政府的介入或協助有關。另外,這些已開發完成的標準由約六百個專業團體發展出來,並持續修正維持運作中;其中約有兩百個專業團體受到美國國家標準局的認可通過,可進行美國國家標準(American National Standards, ANSs)的研擬與開發(ANSI, 2005)。

協調標準發展的策略,是政府對標準發展主要的協助方式之一。以下舉兩個政府協助具體的實例:

90年代中期,美國國會制訂通過「國家科技轉移與促進法」(National Technology Transfer and Advancement Act),明確指出聯邦政府必須和「國家標準與科技協會」(National Institute of Standards and Technology, NIST)合作,對標準發展的政策協商與負責。此「國家標準與科技協會」(NIST)為美國商業部下的一個非規範性(non-regulatory)的聯邦組織,平常也負責美國標準的測量工作,和美國國家標準局的合作甚為密切。

1999至2000年間,在美國國家標準局的贊助下,許多公、私立機構共同發展出一套史無前例的「美國國家標準策略」(National Standards Strategy for the United States),再度確認美國標準系統的基本架構,並對標準提出改進的建議。此「美國國家標準策略」在2005年間亦重新修正。

除了立法和經費贊助外,美國政府機構之間也會積極地協調合作,像是國家標準與科技協會(NIST)、「國際貿易行政協會」(International Trade Administration, ITA)、「美國貿易代表辦公室」(Office of the U.S. Trade Representative, USTR),甚至美國國務院等,這些政府機構常會藉由

美國國家標準局，彼此間密切合作，也會和私人企業協調溝通，以確保並維持美國在全球市場的主導與競爭力。

(四)符合性評量

當標準發展逐漸邁向成熟之時，「符合性評量」（conformity assessment）的需求就必須開始考量。「符合性評量」是用來考量某一標準的運用或服務是否符合實際需求的評鑑，通常會使用測試、檢驗、驗證，以及認可單位之認可等方式為之，美國國家標準局即為符合性評量的認可機構。當然，符合性評量也是一國際性的關切焦點，美國國家標準局就參與不少國際性或世界區域性組織的符合性評量活動，以協助國內生產產品能符合世界市場需求，減少重複性的浪費。

綜觀美國標準化的發展與歷程，可發現初期的主導力量來自於民間與私人企業，隨著市場系統化與國際化的需求增加，政府開始參與並積極協助標準的發展。而且我們也可發現，這標準發展的過程中並不是毫無目標的躁進，而是在充滿了協商與溝通的情形下逐漸發展成型，並擁有嚴謹的符合性評量機制。標準發展的方法透過專業團體的協議，尋求彈性且最符合需求的運作模式。整體而言，分權化、機構本位、市場導向可說是美國現代標準發展的三大特徵，導引著美國經濟持續提升創新與競爭力，同時並協助美國人民改善生活品質。

二、我國國家標準的發展

(一)發展簡史

相較於美國，我國國家標準的發展起步較晚，1930 年代因為國內經濟與產業逐漸發展，才開始注意國家標準的設立，標準化相關規章逐漸實施與推廣。1946 年國民政府公布「標準法」，次年並成立經濟部中央標準局，負責掌理全國標準制訂與增修事宜。後來因為國家政局逐漸穩定，加上國際貿易交流、人民生命安全，以及健康與環境保護等因素的需求，遂

參考國際及先進國家之標準，經由產、官、學、研各界共同參與，凝聚共識，以建立全國一致之產品、程序、服務標準。1982 年在相關人士努力下成立「中華民國標準協會」此一專業組織。政府更能夠協同民間團體力量，共同促進工商業界之生產效率、維持經濟活動順暢、運銷或消費之合理化、防止欺騙、保護環境、人體及動植物之健康，維護國防安全及工業安全，以增進公共福祉。

　　到了 1990 年代，歷經國際經貿環境的變動，加入世界貿易組織（WTO），並權衡國內產業與科技發展，標準法也數次修正，使之更符合國內環境需求。1999 年 1 月 26 日，經濟部有鑑於國際發展趨勢，將中央標準局之標準、度政業務與商品檢驗局業務合併，成立「標準檢驗局」，使標準、檢驗、度量衡、品質管理與環境管理驗證體系等一系列之相關業務，得以統一事權，而該系列業務均屬世界貿易組織（WTO）之技術性貿易障礙（TBT）協定規範之領域，亦是亞太經濟合作會議（APEC）會員體關切的重要領域，而該領域以標準為主軸，也使得我國國家標準之業務邁入新的里程碑（經濟部標準檢驗局，2006）。關於我國國家標準發展的重大事紀，可參考表 2-1。

(二)我國國家標準的目的與種類

　　大抵而言，我國國家標準的目的在制定及推行共同一致之標準，並促進標準化，謀求改善產品、過程及服務之品質，增進生產效率、維持生產、運銷或消費之合理化，以增進公共福祉。標準發展政策主要的兩大方向是：一方面輔導各產業、公會與協會發展及推行國家標準，期望能建立全國標準化的體系。另一方面盡量參與國際標準化的相關會議或組織，充分掌握國際標準之發展方向與脈動，力求我國國家標準（National Standards of the Republic of China，簡稱 CNS）與國際標準調和，以儘速提供國內產業界及早因應，使國家標準能符合國際化的趨勢，消弭國際經濟與交流可能產生的障礙，提升國內經濟與產業競爭能力（經濟部標準檢驗局，2006）。此外，我國國家標準（CNS）是經由凝聚共識而產生，提供政府機構或民間企業自由且自願的採行，並具有透明化本質。關於標準的種類可分述如下：

36

表 2-1　我國國家標準發展的重大事紀

民國 20 年 12 月	由前實業部設立工業標準委員會，因囿於局勢，工作未能順利開展，由全國度量衡局兼辦標準業務。
民國 32 年 12 月	經濟部工業標準委員會恢復設置。
民國 33 年 6 月	公布第一批國家標準，如：CNS1 等比標準數、CNS2 標準直徑、CNS3 工程製圖、CNS4 限界與配合。
民國 35 年	公布「標準法」。
民國 36 年	合併工業標準委員會與全國度量衡局，成立經濟部中央標準局，負責執行我國標準化工作，並公布「國家標準制定辦法」。
民國 40 年	發布「正字標記管理規則」。
民國 77 年	修正「正字標記管理規則」，使用正字標記新圖式。
民國 81 年	修正「正字標記管理規則」，增列產品應國外市場需要之正字標記圖式。
民國 84 年	修正「正字標記管理規則」，調整品管評鑑制度改採 CNS12680（ISO9000）系列品質保證制度。
民國 85 年	修正「國家標準制定辦法」。
民國 86 年	修正「標準法」。
民國 87 年	修正「國家標準制定辦法」。 發布「標準法施行細則」。 修正「正字標記管理規則」，統一機關名稱用語，因應加入WTO進行國際化調適。
民國 88 年 1 月	組織改制，標準業務歸併「經濟部標準檢驗局」。
民國 89 年	修正「正字標記管理規範」，簡化申請程序，並發布「正字標記規費收費準則」。
民國 90 年	發布「申請正字標記作業規範」，明確規範驗證模式、作業程序及相關程序之時效。 開放國外廠商申請正字標記。
民國 91 年	修正「正字標記規費收費準則」，明訂臨場監督費之規定及修正正字標記產品檢驗項目及收費明細表。
民國 92 年	修正「正字標記管理規則」，納入認可品質管理驗證機構及試驗室之規定。
民國 94 年	修正「國家標準制定辦法」，「中國國家標準」名稱修正為「中華民國國家標準」。

資料來源：國家標準與正字標記簡介。來自經濟部標準檢驗局，2006，頁 1。

1. 依標準內容來分，可分成：
   (1)基本標準（basic standard）
   (2)術語標準（terminology standard）
   (3)測試標準（testing standard）
   (4)產品標準（product standard）
   (5)過程標準（process standard）
   (6)服務標準（service standard）
   (7)界面標準（interface standard）
2. 若依標準化之適用層次來分，則可分成：
   (1)國際標準：國際性標準組織制定及採行，如國際標準化組織 ISO 或 IEC 標準等。
   (2)區域標準：區域性標準組織制定及採行，如歐盟所頒布之 EN 標準。
   (3)國家標準：中央政府標準機構制定及採行，如 CNS、JIS、BS、DIN，與前述美國的 ANSI 等。
   (4)團體標準：各行業或專業團體制定及採行，如 ASTM、IEEE、UL 等。
   (5)公司標準：各公司企業制定及採行，如國營事業或公司行號之採購規範等。

不同適用層次標準的位階圖如下圖 2-1 所示，根據統計，至 2007 年 2 月底止，國內共有一萬六千零二種國家標準。

(三)我國國家標準的分類與制訂程序

依據標準法的規定，我國國家標準的主管機關為經濟部，而由標準檢驗局負責標準運作執行的專責單位。而國家標準規範之項目，依標準法規定，大致可分成七項，總共二十六類：

七個項目分別如下：

1. 產品之種類、等級、性能、成分、構造、形狀、尺度、型式、品質、耐久度或安全度及標示。

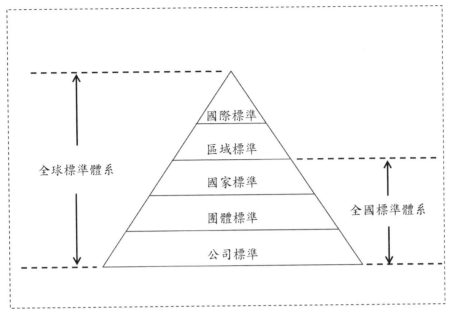

圖 2-1　標準適用層次的位階圖

資料來源：國家標準與正字標記簡介。來自經濟部標準檢驗局，2006，頁3。

2. 產品之設計、製圖、生產、儲存、運輸或使用等方法，或其生產、儲存或運輸過程中之安全及衛生條件。

3. 產品包裝之種類、等級、性能、構造、形狀、尺度或包裝方法。

4. 產品、工程或環境保護之檢驗、分析、鑑定、檢查或試驗方法。

5. 產品、工程技術或環境保護相關之用詞、簡稱、符號、代號、常數或單位。

6. 工程之設計、製圖、施工等方法或安全條件。

7. 其他適合一致性之項目。

　　在標準檢驗局下設置有二十六個國家標準技術委員會，專業分類的二十六類包括：土木工程類、建築類、機械工程類、電機工程類、電子工程類、機動車及航太工程類、軌道工程類、造船工程類、鐵金屬冶煉類、非鐵金屬類、核子工程類、化學工業類、紡織工業類、礦業類、農業類、食品類、木業類、紙業類、環境保護類、陶業類、日常用品類、衛生及醫療

器材類、資訊及通信類、工業安全類、品質管制類、物流及包裝類、一般及其他類。

在國家標準的制訂程序上，原則上由標準檢驗局負責主導制訂，而其產生方式和程序則和美國國家標準的方式大同小異，如下步驟：

1. 建議：任何人、機關或團體得向本局提出制定、修訂或廢止國家標準之建議。

2. 起草：國家標準草案之編擬得交由國家標準技術委員會辦理或委託專業機關、團體、學校、廠商或專家辦理。起草國家標準時，如有相關國際標準存在或即將完成，應以其全部或相關部分為編擬依據。

3. 徵求意見：通知利害關係人及相關技術委員會委員、審查委員會委員、專家、廠商、機構、團體、學校之意見，並刊登公告，期間不得少於六十日。但發生或可能發生安全、健康或環境方面之緊急問題者，得縮短之。

4. 審查：國家標準草案由相關類別之技術委員會參酌審查意見彙編及相關資料審查之，經審查通過後即編成國家標準稿。

5. 審定：國家標準稿由審查委員會審定之，有關標準技術事項除非內容相互矛盾，或與政策、其他法令或國家標準相牴觸，否則只得就文字為修正。

6. 公布：國家標準審定稿由標準專責機關報請經濟部核定公布，並將名稱刊載於全國性標準化業務之刊物上，經公布後即為國家標準。

7. 國家標準之確認：國家標準自制定、修訂或確認之日起滿五年者，即應公告徵求修訂或廢止之意見，如無意見，即逕提審查委員會確認並公布；如有意見則予修訂或廢止。

8. 國家標準之轉訂：已有相關國際標準或我國團體標準存在，而其適用範圍、等級、條件及水準等均適合我國國情者，得據以轉訂為國家標準，且得不經起草及徵求意見之程序。

從我國國家標準的發展與內涵來看，和美國國家標準發展最大的不同處在於主導單位的差異。在我國，由於政治與經濟制度等國情上的差異，加上起步較晚，標準的發展幾乎由政府主導與推動，和美國由民間企業發

起，專業團體主導，政府協助的情形不甚相同。不過，就標準的目的、用途、發展方式等層面來看，其間的差別就不甚明顯。為使標準能發揮最大功效，持續性的發展與修正工作不能停止，國內標準檢驗局也明訂出未來標準發展的重點，包括：

1. 全面調查國內產業現況，配合國內外高科技發展與環保要求之趨勢，整體規劃國家標準發展之策略與重點標準項目。
2. 持續推動國家標準與國際標準調和，早日完成國家標準國際化，強化我國產業競爭力。
3. 積極參與國際及區域標準組織與活動，充分掌握國際標準之發展方向與脈動，減少技術性貿易障礙；爭取相關國際會議之主辦權，以擴大我國際能見度。
4. 健全全國標準體系，加強與全球或區域標準體系的緊密結合，加速國家標準國際化，促進國際相互承認與合作。
5. 積極增列正字標記產品品目及擴大使用範圍，推廣國家標準之驗證業務。
6. 推動正字標記與國外驗證標記相互承認，提振公信力。

第二節　教育標準的發展與演進

　　前述國家標準的發展主要在於經濟、科技、工業、環保、安全、醫療等領域，但在教育領域中，由於教育現象的影響本來就不是明顯易見，也不會如此攸關生命財產安全，所以，教育標準的迫切性與需要性會較前面那些領域為低。再加上教育的諸多層面是否真需要統一與量化，還是應保有彈性與多元，這些教育哲學的思維與辯證也存在於教育理念與實務之間，因此教育標準的發展並非那麼早，可說是近三、四十年來才逐漸發生的事。這主要也是因為現代化國家在政治、經濟、社會等諸多層面受到的關注和挑戰日益增加，影響到大眾對教育事業績效責任的重視，教育品質與成效表現要能符合期望與需求，人們開始關切教育資源投入後，學校與學生學

習表現是否有所提升。特別是經過冷戰時期和蘇聯發射人造衛星 Sputnik 後，美國驚覺國力不再一枝獨秀，政府開始主導全國性的教育改革政策，期望能利用教育評鑑與標準評估學生學習成效，所以在學校的課程及相關措施上，評鑑與標準化運動也逐漸看到介入的跡象（Lunenburg & Ornstein, 2000）。影響所及，歐洲主要國家也開始進行教育標準的相關研究與政策推動。從 1960 年代後，教育標準、國家標準、方案評鑑標準等發展逐步開始，展現出標準取向的教育評鑑風貌。

一、教育標準的發展

(一)評鑑的歷史分期

教育評鑑的起源甚早，早在 1790 年代就有教育學者以答對名次與平均數等量化分數來取代質化敘述，並記載學生的測驗成績，成為心理計量學的初始發展（Madaus & Kellaghan, 1992）。Guba 與 Lincoln 曾有系統的依照評鑑的特徵，將評鑑分成四個世代，分別是以測驗及評量為主的「第一代評鑑」、以蒐集資料與陳述事實為主的「第二代評鑑」、以判斷及決策為主的「第三代評鑑」，以及強調以溝通協調為主的「第四代評鑑」（引自曾淑惠，2004）。不過講到評鑑的歷史發展，就不得不論及 Stufflebeam 與 Madaus 的論點，他們則將評鑑的歷史發展劃分成七個時期，可說是對教育評鑑的歷史演進做出最完整的分期（Stufflebeam & Madaus, 2000）。以下分別呈現此七個時期的起迄時間，並將其重要的紀事與發展特色簡要摘述之：

1. **改革時期（the age of reform）**，自 1792 至 1900 年。此時期發展的主要特色在：
   (1)西方工業革命及資本主義興起後，社會與教育制度改革的迫切需求，各國政府通常會指派調查員進行評鑑的工作。
   (2) 1815 年美國陸軍可能實施最早的正式評鑑。
   (3) 1845 年美國波士頓實施第一次正式的學校評鑑，以學生測驗分數作

42

為評鑑學校及教學方案效能的主要依據。

(4) 1887-1898 年間，Joseph Rice 在美國進行第一個正式的教育方案評鑑。採用量化的實驗比較研究開後期測驗運動之先河。

2. **效率與測驗時期（the age of efficiency and testing）**，自 1900 至 1930 年，主要特色在於：

(1)「科學管理主義」重視系統化、標準化、追求效率的觀念成為主流，影響評鑑發展甚深。

(2)客觀與標準化測驗成為追求效率的最大依據，此時評鑑和測驗的關係緊密，造成「評鑑即測驗」的風潮。

3. **泰勒時期（the Tylerian age）**，自 1930 至 1945 年，主要特色在於：

(1)「教育評鑑之父」Ralph W. Tyler 倡導行為目標（behavioral objective）之概念，並界定評鑑為「確定目標是否如期達成的過程」。

(2)泰勒主持「八年研究」（Eight-Year Study），比較傳統中學與進步主義中學學生在高中與大學的表現，成為大規模教育評鑑之先驅。

(3)重視目標與結果的內部比較，擴充了前期過分重視標準化測驗的評鑑視野。

4. **純真時期（the age of innocence）**，自 1946 至 1957 年，主要特色在於：

(1)戰後社會經濟教育等各方面迅速擴張，人民生活水準提升，卻忽略了許多繁榮下的社會現象。貧富差距、種族歧視、浪費資源等社會與教育問題滋生，但少見關心與問題解決。教育上過分擴充與樂觀的心態，使評鑑雖有發展卻沒有社會目的，沒有嚴格檢視實際受益者的需求。

(2)標準化測驗運動發展至高峰，許多測驗的專業機構開始發表諸多評鑑研究結果。

(3) 1952 年「聯合國教科文組織」（UNESCO）在德國漢堡成立分支，背負起評鑑研究的責任，歐洲直到 1950 年代中期才開始遵循著美國經驗，逐漸發展教育評鑑研究（Husen & Tuijnman, 1994）。

5. **發展時期**（**the age of development**），自 1958 至 1972 年，主要特色在於：

(1)受 1957 年蘇聯人造衛星 Sputnik 發射成功之打擊，美國開始重視社會與教育改革方案，以及學校課程教學的成效，許多補助都加入評鑑條款。歐洲則在「經濟合作發展組織」（OECD）的贊助下隨後展開國家教育政策的研究。

(2)評鑑研究與活動大增，也產生許多批判性的建言，美國全國性「評鑑研究委員會」（National Study Committee on Evaluation）應運而生。諸多新的評鑑概念、取向與模式紛紛出籠。

(3)1966 年三個教育專業機構（APA/AERA/NCME）聯合發表「教育及心理測驗與手冊的標準」（Standards for Educational and Psychological Tests and Manuals），確認評鑑需要獨立標準的重要性，也為教育評鑑標準的發展奠定基礎。

(4)1960 年代中期，社會指標（social indicators）在教育的發展也在UNESCO 與 OECD 等國際組織的主導下推動（Husen & Tuijnman, 1994）。

6. **專業化時期**（**the age of professionalization**），自 1973 至 1983 年，主要特色在於：

(1)教育評鑑的發展仍缺乏理論與實務的基礎，為打破困境，許多組織及機構紛紛投入研究，成就出許多學術性論文與期刊，大學中亦開始開設評鑑相關課程，並成為獨立的學科。教育評鑑的發展逐漸具體化與專業化。

(2)後設評鑑亦開始受到重視，後設評鑑標準也逐漸發展出來。

7. **擴張與整合時期**（**the age of expansion and integration**），自 1983 至 2001 年，主要特色在於：

(1)專業組織或學會持續增加，國際性與整合性合作交流亦不斷發展。比較教育的地位日益重要。

(2)教育標準在歐美主要國家開始重視教育成本效益以及品質保證的情況下逐漸發展。為達成國家教育目標，內容標準和表現標準等標準

紛紛建立完成。

(3)教育評鑑的專業標準持續的發展與應用，包含方案評鑑、人員評鑑與學生評鑑都會有適用的評鑑標準可供運用。

(二)教育標準的興起與歷史脈動

從評鑑的歷史分期可看出，評鑑雖然發展甚早，但嚴格來說，關於教育標準的發展就相對較晚，比較具體的興起約可追溯至 1960 年代末期。美國在教育評鑑與標準的發展過程中一直具有引導性的地位，在二次戰後的「純真時期」，標準化測驗運動的發展曾至高峰，這無形中也奠定了教育標準日後發展的雄厚基礎。1954 年，「美國心理協會」（American Psychological Association，簡稱 APA）曾出版一套測驗標準，名稱為 Technical Recommendations for Psychological Tests and Diagnostic Technique，隔年「美國教育研究協會」（American Educational Research Association，簡稱 AERA）與「國家教育測量會議」（National Council on Measurement in Education，簡稱 NCME）也聯合出版 Technical Recommendations for Achievement Tests。接著，三個組織修訂整合先前出版的內容，於 1966 年出版了「教育及心理測驗與手冊的標準」，提供測驗使用者參考的指引。由於當時教育測驗的使用非常普遍，這些使用者通常包括心理學家、研究人員、諮商人員、學校輔導人員、教師，及學校行政人員……等，為能符合大多數使用者的要求，「教育及心理測驗與手冊的標準」詳細寫出測驗的實施程序與訊息，並提供如何實施的指導手冊。這些標準的建構，期望測驗能依循有系統的思索與規劃，真實呈現學生的行為表現。

「教育及心理測驗與手冊的標準」後來在 1974 年、1985 年，與 1999 年都曾經過修正，從發展之初至今已歷經近半個世紀，一直是美國教育測驗與評量領域中引用最廣的一套標準（Camara, 1997）。不過，雖然教育標準的建構與發展在 1950 年代就有具體進展，但是若要說到教育標準真正受到政府及群眾的重視，則 1957 年蘇聯人造衛星事件絕對具有「開創性」的影響。此事件使得歐美先進國家體認到不僅現在在太空科技上落後蘇聯，連帶使他們也認真檢討下一代在數學和科學等基礎學科程度上是否也失去

競爭優勢。這衝擊直接表現在對教育與學校教學的反省，學生學業成就與表現必須有效提升，建構教育標準成為一項確保教育與學習品質的重要發展方向。

當然，除了這個衝擊外，當時全球及美國國內經濟、商業、教育環境的變化與需求也是重要的因素。亦即綜合而言，美國教育標準發展受到政府及公眾的重視，主要原因大致可歸納成以下幾點：

1. 國際經濟競爭與人力需求的改變

受到 70 與 80 年代國際經濟與社會的強力競爭，學生自學校學得的能力及其就業準備度已不敷所需，並呈現衰退現象。包括政府官員、企業經營者及教師普遍認為學生的學業成就必須加以改善。此外，就業者的能力需求也逐漸改變中，企業經營者愈來愈重視學生的語文與數理能力、團體合作能力、問題解決能力，以及持續學習成長的態度，而這些能力的養成都需要學校改變舊有教育制度，以符合國際競爭的需求。

2. 學生學業表現落後

長久以來美國引以自傲的學校教育所培育出之學生，歷經國際間與其他國家學生在數學與科學上之學業成就測驗與競賽，結果發現美國學生的表現落後多數國家甚多。大多數人開始擔心低學業表現的青少年，可能對生產力及國家競爭力產生負面影響。雖然不能將學生低學業表現的責任完全歸諸於學校教育，但這種直接造成競爭力降低的現象也喚起更多人對教育的關切與重視。此外，教育要能對社會與經濟有所貢獻，則社會上所存在種族與弱勢族群的青少年學習成就也必須強化，教育應拉近不同族群學生學習成就的差距，或對學業弱勢學生提供支持性的課程方案，以習得進入社會應有的基本智能。

3. 學校辦學績效受到重視

要求學校提升辦學績效的觀念日受重視。許多政府官員及教育學者提出學校教育不能只重視投入多少資源，判斷學校的優缺點不能僅從像是設備、資源、教師學歷……等這些輸入因素來考量，取而代之必須重視學校

的產出與結果，並重視學生的學習表現。學生學習表現應成為評估學校教育時的主要焦點，建立具體教育目標與學生表現標準的需求受到鼓勵。

4.評量學生表現的標準與測驗之檢討

為了深入了解學生學業表現狀況，許多教育專家學者、行政官員、教師、家長，甚至企業經營者，他們發現現有許多標準化的測驗仍有諸多改進的空間，如何確實而有效的協助教育上追求卓越的目標，發展出被大多數人接受的評量標準及可信賴的測驗。因此在 80 與 90 年代，一方面如何建構優質學校的議題廣受關心教育人士的討論，另一方面，評估優質學校的一般性標準與評量學生學習表現的測驗，也受到普遍的探討。而不同國家間學生表現的跨國際比較，也需要具體而客觀的多樣化測驗。

上述原因使得美國政府不得不重視與回歸教育層面的改革，來面對愈來愈趨於弱勢的國際競爭問題。特別是在 1970 年代末至 1980 年代，受到亞洲新興國家強烈的經濟競爭力，亞洲國家強勢的人力資源提供廉價的勞工薪資水準，大量商品傾銷至美國內地，使美國不少企業受到生存壓力的挑戰。但也因如此，美國政府及企業開始積極尋求解困之道，重視目標達成與管理技術的精進。主要是體認到，既然無法在較低技術的勞工薪資上與亞洲國家競爭，那麼提供與培養較屬高技術層次的人力資源，就成為美國政府與企業在教育訓練及投資的重要發展方向。

一方面體認到高教育背景的人力資源對美國經濟及企業的優勢，另一方面「追求卓越」的教育政策方向愈來愈明確，美國政府開始於 1980 與 1990 年代，在教育上開始推動相關激勵政策。例如：改善既有的教育制度及經費運用方式，使之能夠更具自主性與彈性，以符合不同教育現況的實際需求。當然，相對而來的就是，學校教育領導者及教育工作人員必須更有效率的推動教育工作，並重視結果與產出的成效。設立教育標準來確保教育品質遂成為教育改革的重要方向，「標準本位」（standards-based）的發展漸成共識。

二、國家教育標準的發展

在教育標準的發展上，1989 年是一個關鍵的年代。當年美國總統 George Bush 和一些州長共同協議，完成並宣示了六項美國國家教育目標。其中第三項與第四項教育目標和增強學生學業成就有直接的關係，希望在 2000 年前，美國學生能在數學、科學等科目上的學業表現超越世界主要國家，並能學習如何思考，如何成為有責任的公民，且具有終身學習的能力。其他教育目標則聚焦於學生的高中畢業率、成人讀寫能力、遠離毒品與暴力的威脅，以及鼓勵家長參與學校事務等等。

在宣布了這些國家教育目標後，歷經布希與柯林頓政府的大力支持，一連串的教育改革政策相繼推動，用以檢視國家教育目標達成的程度。在這些教育目標中，除了有對學前兒童、失學成人等的照顧、學校必須提供優質學習環境外，改善與提升學生學習成效則為主要關切的重點。兩個政府普遍認知到美國學生學習成效的重要，希望能了解學生在學校究竟該學到些什麼東西？又如何來評量學生學習的結果？如何確認學生是否學得所需的知識？在這些充滿未知的問題下，美國政府提出了「國家標準」的需求，希望以此作為美國學生學習成效的評估依據。於是，建構國家教育的標準即變成具體的實踐方針，成為當代美國諸多重要的教育政策之一。甚且，在 90 年代初期的發展，由於需求若渴，國家教育標準的發展成為主流價值，幾乎等同於國家教育目標的代名詞，建構適合的國家教育標準成為政府與大多數人關切的焦點，普遍認為發展國家教育標準是達成美國國家教育目標的重要關鍵。

布希政府在發展教育標準時，是以尊重地方分權的態度為主，聯邦政府少介入教育標準發展，鼓勵發展自發性的教育標準，而不以政府命令式的方式處理（Ravitch, 1995）。因此，當時援用了「全國數學教師委員會」（National Council of Teachers of Mathematics，簡稱 NCTM），此民間專業團體所建構的國家標準為發展的樣版。此套標準經過各校、各學區，與各州教師的認可，提供教師進行數學教學時的參考。有了此標準範例後，美

國教育部接著引導許多學者與教師透過此自發性的模式,逐漸建構出其他科目的國家教育標準,包括科學、歷史、地理、外語、藝術、公民及英文等科,並鼓勵學校、學區、各州能參考這些標準,利用自己方法修正以符合自身需求。

　　柯林頓政府在發展國家教育標準的態度上則和布希政府有些差異,不過似乎更為積極,主要就是將自發性的標準更賦予了法令的保障(Ravitch, 1995)。包括像 1991 年成立的「國家教育標準與測驗委員會」(National Council on Education Standards and Testing,簡稱 NCEST),以及後來成立的「國家教育標準與改進委員會」(National Education Standards and Improvement Council,簡稱 NESIC),都是政府透過立法成立的官方機構,專門主導國家教育標準的發展。以「國家教育標準與測驗委員會」(NCEST)來說,就在美國國會的背書下,積極推動國家教育標準的發展。1992 年曾提出一份報告,名為「提升美國教育標準」(Raising Standards for American Education),內容說明了主要的標準建構策略(National Council on Education Standards and Testing, 1992)。值得一提的是,雖然標準的發展介入是政府主導的因,不過這些委員會的態度其實是反對全國「統一」的標準或測驗,他們鼓勵各州發展或調整出合適的標準,然後再交由委員會來做認定的工作。至此,在建構國家教育標準的歷程中,政府也被賦予重要的責任。而除了建構國家教育標準外,其工作也包括建立國家級的教育測驗,以監控教育產出的品質。

　　教育標準的演變需求,會促使教育改革人士認真思考,建構國家教育標準可以提供教育發展上何種資訊,並思索如何運用這些標準提升學校辦學及學生學習的品質。通常,教育標準是考試或測驗的上位概念,可用來引導其發展(Parker, 1994)。在不過分膨脹國家教育標準的功能下,標準及延續開發出的考試或測驗必須定位出以下幾個目標:
㈠能提升大多數學生的學習成就。
㈡能指出老師與學生可以努力的方向及可能達成之成就。
㈢能彰顯教育的功能與價值。
㈣能鼓勵教師在教學技巧上的改善與發展。

㈤能激勵學生在學習上獲得更高的動機。

　　雖然這些目標清楚明確，不過實際推動時卻也不是那麼容易達成。特別是在經過強勢推動與蓬勃發展之後，國家教育標準也逐漸暴露出其先天的限制與矛盾。很顯然的，「統一」的標準如何符合多元而獨特的個體？「單純」的標準如何能解釋複雜的教育現象？以美國而言，各州或各學區是否應有各自的國家教育標準，以符合多元的需求？這些標準先天的限制開始不斷受到教育上自由主義觀點者的質疑。他們會擔心建構統一的國家教育標準及國家教育測驗，會對學校教育及學生的學習產生傷害。美國一向是地方分權的教育制度，在如此廣大而多元化的教育環境中，如何能夠產生有效的標準？此標準在教育制度及資源如此不均等的狀況下，如何規範與運作？這些問題也使得國家教育標準的建構必須面對修正與妥協的必經過程。

　　在1990年代，許多國家都發展了教育相關的標準，除美國外，還包括加拿大、英國、法國、瑞典、荷蘭、愛爾蘭、澳洲、新加坡等國家。他們的教育標準也呈現出一種修正後的取向，亦即，資料的蒐集不再只是重視國家教育經費的投入、學生就學率等問題，會逐漸考量到學生在某些重要課程的實質表現、畢業率等等。伴隨著教育績效責任的益受重視，教育標準關切的問題也愈來愈多樣，層次也愈來愈複雜，希望能夠更深入的監控教育品質，並符合教育實務的情境。張鈿富（2006）提出近年來國際間標準與評量發展的共同趨勢，包括評量標準由普通（common）轉變成高標準（high standards）、學生不需相同的標準、內容標準（content standards）受重視，以及需有獎賞與制裁措施等等。可看出教育標準發展過程的修正與轉變趨勢。

　　此外，另一個妥協後的重要發展方向主要是由許多教育專業化的團體取代了政府的角色，也就是不同取向的國家教育標準，可由不同專業背景的團體來主導發展與建構的歷程，如此標準的發展可符合不同教育情境的彈性，並具備了專業團體自由意志與自發性的特色。和其他領域的專業化標準相較，美國國家教育標準發展至此也逐漸呈現出由專業團體主導的風貌，教育標準的發展愈能符合彈性與多樣的需求，愈來愈具備專業化的特

性。

　　歷經 1990 年代的發展盛況，到了本世紀初期，在美國，幾乎所有的州政府在主要的科目上，像是數學、科學等，都已發展出國家級或州級的「學業標準」（academic standards），並有相關測驗來檢視學校、教師及學生的成效。舉例而言，2001 年的 No Child Left Behind 中訂有「初等與中等教育法案」（Elementary and Secondary Education Act），就要求各州針對三到八年級學生的閱讀和數學能力，發展年度測驗方案，以方便各學區能夠呈現出學生學習的精熟程度與歷程。根據統計，至 2002 年為止，美國共有四十九個州已經發展出適合初等以及中等學校使用的學業內容標準。而共有四十八個州依循這些標準發展出相關測驗及評量方式，其中超過一半的州已經將這些測驗結果運用至學生升級或畢業時的參考依據（Rothman, Slattery, Vranet, & Resnick, 2002）。不過，教育標準與其下位的測驗評量之間，如何更緊密地連貫（alignment），仍有待教育工作者持續不斷的發展與探索。

三、方案評鑑標準的發展

　　就在國家教育標準積極發展的同時，「美國心理學會」（APA）、「美國教育研究協會」（AERA），以及「國家教育測量會議」（NCME）此三個機構，於 1975 年修正完成「教育及心理測驗手冊的標準」之時，他們也考量到這套標準其實並沒有涵蓋到方案評鑑或是其他像是人員評鑑等領域，教育評鑑的標準只局限於教育心理測驗方面。於是經過多方意見蒐集與討論，此三個協會逐漸達成一項協議，認為有必要再邀請其他教育領域之重要團體或組織，另外成立一個專責的委員會，專門來負責「教育方案評鑑」的相關研究與議題。於是，「美國教育評鑑標準聯合委員會」（Joint Committee on Standards for Educational Evaluation）就因此誕生。

　　新的聯合委員會於 1975 年秋天開始運作，他們首先就關切到缺乏專業方案評鑑標準的問題。由於一套完善的方案評鑑標準具有評鑑過程中共通性語言的功能，是推動教育評鑑不可或缺的要素，基於此項使命與目標，

聯合委員會於 1981 年發展出第一套適用於教育方案評鑑的標準，稱之為「教育方案、計畫、教材評鑑標準」（Standards for Evaluation of Educational Programs, Projects, and Materials）。接著，又於 1988 年針對教育等機構開發另一套較完整、客觀且實際的人事評鑑參考程序，即為「人事評鑑標準」（Personnel Evaluation Standards: How to Assess Systems for Evaluating Educators），提供系統化評估教育機構人員專業化的資格與表現。至 1994 年，原有的「教育方案、計畫、教材評鑑標準」歷經修正，新的標準更名後誕生，稱之為「方案評鑑標準」。2003 年，發展出「學生評鑑標準」（Student Evaluation Standards）。事實上，「美國教育評鑑標準聯合委員會」已經成為「美國國家標準局」（ANSI）認可為全美國唯一具有公信力以制訂教育評鑑標準的團體（Stufflebeam, 2000c）。

另一個重要的方案評鑑標準發展組織來自於 1976 年成立的「評鑑研究學會」（Evaluation Research Society，簡稱 ERS）。ERS 著眼於更廣泛的方案評鑑領域，包括像是社區發展、教育、健康、勞工、法律、大眾傳媒、公共政策、運輸、社會安全與福利等等，而企圖發展普遍適合的評鑑標準。因此曾組織七人專家委員會（ERS Standards Committee），並於 1982 年發展出一套方案評鑑標準，共分成六大類，五十五項標準。此套標準和前述「美國教育評鑑標準聯合委員會」的標準最大的不同在於，ERS 的評鑑標準其對象較為廣泛，跨越許多不同領域；而聯合委員會的評鑑標準則以教育領域的方案與服務為主（Stufflebeam, 2000c）。不過，也因為主要針對教育領域，不像 ERS 的適用對象那麼龐雜，所以，聯合委員會的評鑑標準會比 ERS 的評鑑標準更深入而詳盡，對評鑑標準的內容與實施時的技術都有比較詳細的說明。有關此二套評鑑標準的具體內容則留在第七章再行介紹。

第三節　標準本位與教育標準的過去、現在與未來

　　從近年來世界主要國家的教育發展趨勢中可看出一個現象，亦即學校教育關切的焦點逐漸從過去關心教師應如何教？以及教學內容應為何？漸漸轉移到關心學生應學得哪些知識與能力。學生學習成果成為教育專家學者及政策制訂者所關切的重點。因此，在許多國家的教育政策中，明確定義學生學習目標、標準與結果，已成為主要探究的方向（Grundy & Bonser, 1997; Hargreaves, Earl, Moore, & Manning, 2001; King & Evans, 1991; Spady, 1994），教育中的績效責任為此波教育改革的主要課題（吳清山，2000），即所謂標準本位（standards-based）的教育改革與趨勢。

　　Ellis（2005）認為，標準化運動是企圖利用專業團體所發展出的學業或內容標準，來將課程與學習內容標準化的過程。而標準本位則是基於理性思考取向（相對於直覺取向），利用高度的標準化思考模式，也就是透過對標準的解釋分析來衡量受評對象的品質，關切目標的達成程度，以及受評對象的表現。教育上的標準本位必須以已發展或訂定完成的標準為核心（Wheelock, 1995）。也就是說，標準本位強調標準是否達成，而標準所關切的問題就在於，學生應學得的學習內容為何？以及如何正確評量出學生的學習成就？關於這些學業內容標準與學生表現標準的內涵，將在下一章再行論述。

　　為了達到標準本位的訴求，任何測驗或量表都必須符合不同使用者與實際狀況的需求。以一份測驗的發展者與使用者為例，他們對同一份測驗所強調的重點應不盡相同，評估的標準自然會有所差異。測驗發展者在發展測驗時，會特別重視測驗的目標、焦點與內容，並蒐集足以影響測驗的相關資訊，再設計與撰寫明確的測驗指導手冊或說明。因此標準的規劃著重在資訊的呈現，屬於「資訊的標準」。另一方面，若就測驗的使用者來說，則會較強調實施過程中如何去達到測驗的目標，如何使用合適的程序完成對學生表現的評量。因此，測驗的使用者應較關切程序的掌控，屬於

53

「程序的標準」。將標準依目的與需求進行分類，有時更能發揮標準的特性。無論如何，標準本位重視客觀而效率的訴求，衝擊了傳統教育的固有枷鎖，引導人們持續思索教育進步的因素，成為近代教育改革主要的推手。

存在於標準本位發展過程的議題和實例還有很多，歷經數十年的變化與發展，標準化與標準本位運動在近代教育改革的浪潮中可說是扮演著舉足輕重的角色。不過，因為教育本就是面對人的問題，領域內容複雜多變，影響層面又大，標準化與標準本位推動上逐漸發現諸多限制與缺陷。Kohn（2004）就認為標準化運動是非常可怕的想法（horrible idea），過分簡化教育情境中諸多的複雜現象。整體說來，標準化運動受到的批評主要來自三個方面，首先是標準化測驗內容上的限制；學生在學校所應學得的學習內容，事實上超過標準化測驗所能測量到的範圍（Malone & Nelson, 2006）。這些標準化測驗測不到的內容，並不代表學生不必學會，包括公民素養與道德價值等觀念，其實都是學生學習過程中很重要的內涵。其次是學生能力上的窄化，標準化測驗對於選擇型式的題型「控制」甚佳，但學生說與寫的組織能力就不見得會被測出，如此往往滿足的只是較低層次的學習目標，學生在認知方面的學習目標受到限制。第三，就是實質品質是否真有提升的疑慮。Stake（2004）就認為，雖然標準化讓學生表現及方案活動變得容易實施與管控，但卻不見得代表這些方案活動的品質是絕對的提升。有效率的管理很重要，但太多的控制常常是創造力與生產力受到束縛的阻力。如何在客觀、簡便、管控與主觀、複雜、彈性間求取平衡，絕對是教育評鑑與測驗學者在標準發展上須持續努力的重要議題。

從前述教育標準的歷史演進可告訴我們，教育標準在近代教育改革過程中一直扮演著「催化的媒介」。這就好像化學實驗中的「催化劑」角色，參與了教育改革，激發了教育前進的動力，但標準絕對不會是教育改革的主角與最終目的。未來教育標準在發展上更重要的是，因應不同的情境要有不同的適用標準，而且並不一定每一種情境都會有標準可以運用。站在教育改革與評鑑的立場，教育標準確有其必要性，但也確有其限制性，因此，建構與發展過程必須是一個不斷對話與嘗試錯誤的歷程。對於教育標準，我們其實必須打破那些刻板膚淺的印象，認真去思索教育標準存在的

真正目的與意義。以下幾章將更深入介紹教育評鑑標準的理念與實務，期望能協助讀者更清楚且深入地了解其意涵，有效運用至教育改革與評鑑的真實情境。

56

第三章

評鑑標準的基本概念

第一節　標準的定義

　　經過前面對標準發展的敘述，標準的定義可說是呼之欲出。事實上，「標準」（standards）一詞對大多數的人而言其實並不陌生，日常生活中隨時可以用到標準的概念。政府或公共部門為保障人民生活財產，在法律的規範下會訂定出許多標準，用以確保相關事務的合理運作。私人企業為確認產品的品質，會訂定出許多品質管制的標準，來篩選產品的優劣。甚至個人也常會運用標準的概念，來明訂個人價值與要求的最低限度。像是在教室中，老師為使班級經營順暢，常會明確訂出學生行為規範的標準來要求學生。在學業成績上，教師也常會訂定出某一項標準，要求學生表現能符合最低標準的限度。所以，標準的概念其實已廣為運用於人們日常生活之中。不過，究竟標準的定義為何？標準一詞是否有其時空背景的差異？根據Ravitch（1995）的觀察，她認為早期大多數標準的發展其實有其背景因素，通常是在重大事件或災難發生之後。因為人們常會因為某項重大事件的發生，例如某工廠發生大火，造成財產損失及人員傷亡，才會開始體認公共安全的重要。如此一來，當權者和群眾會因慘痛的經驗，而開始建立更嚴格且具預防性的「安全標準」，標準就會在此種情形下被建構出來。這個背景其實自古中、外皆然，人們總是等到危險事件發生後，才會回頭

來檢討事情發生的原因，並因此思考建立預防性標準的重要性。而逐漸的，各式各樣的標準就會相繼產生，發展至今，像是飲用水標準、建築物標準、食品標準等等，標準的功能也更具多樣性，於是標準的建構意義與目的就益加明確，在於確保人民生活和生存的安全與保障。

不過，雖然人們普遍已具有標準的概念，但我們仍必須給標準一個明確的定義。簡單的說，標準是一種引導人與物的模式或模範，可說是某個待完成的目標（what should be done），及其達到目標此一過程的測量（a measure of progress toward that goal）（Ravitch, 1995）。而標準的發展歷史，就是人們歷經協議後去了解並改善現況、過程與結果的歷史。

也有學者認為，標準的概念其實就是用來說明「優質究竟是什麼樣的程度？」（how good is good enough, how good it ought to be）（Stake, 2004）此一問題，並且此問題的解答通常必須具有人為的價值判斷（Livingston & Zeiky, 1982）。此外，標準也代表一種測量是否足夠的、是否符合社會的，以及實際需求的水準（Livingston, 1985）。當然，標準也是要來確定達到績效責任的程度。運用至學校教育活動中，標準指的就是那些學生或教師實際表現能達成既定或可欲的水準（Wiggins, 1998），但也有學者認為，教育上的標準除了要能夠測量出學生的學習結果外，理想上也要能具有改進的意涵（Drake, 1998; Darling-Hammond & Falk, 1997）。

Noddings（1997）指出標準在教育上的意涵包括四個部分：分別是代表分類及排序情形、應該達成的目的為何、各種專業程度的真實敘述，以及品質控制的規準。而Murray（2000）則指出標準具有的兩個意義：其一為表示團結與共識的目標，具有高度成就與高目標的意涵；另一為一致性、標準化的表現，但也因此缺少彈性與變化。

在國內的定義上，標準一詞在《辭海》中的解釋則為「可作為依據的準繩」，因此應含有規範、基準、規準等意涵，可用以協助判斷或確定概念的法則。我國經濟部標準檢驗局對標準的定義則為：標準係指由特定機構針對產品、過程及服務等主題，經由共識，並經公認機關（構）審定，提供一般且重複使用之規則、指導綱要或特性之文件（經濟部標準檢驗局，2006）。

黃政傑（1994）認為標準就是普遍同意的規範、法則或原則，作為評量或判斷的基礎或依據。他可以是量的測定程度，亦可以是質的規準，並且以「應然」的語氣來敘述。

　　綜上所述，標準可說是一種普遍同意、並可用以引導人與物的規範，故可用來作為評量與判斷的最低基礎。標準主要的功能在衡量事物，某種程度上就像是天平，事物皆可透過與標準的比較，衡量出正確與否、輕重緩急，以分析達成目標的程度。而標準有時又像是一面明鏡，可反映出事物的變化與巧拙，達到監控品質的目的。House（1993）就認為推動評鑑必須依據適當的標準，才能據以判斷事務的實行程度與價值。

第二節　教育標準的基本概念

一、教育標準的定義

　　在教育領域中，1960 年代中期開始即發展出國際性的標準，主要是源自於國際間在學生數學與科學能力上的評量比較。由於數學和科學屬於世界性、共同性的知識，在學習上比較不會因為國家的區域性或文化獨特性，而有學習上的差異。因此，國際性的評量標準很自然會受到諸多國家的認同，用以作為同一年齡層學生學習成就的比較與參考。美國教育學者就曾以此國際性的標準，回頭反省美國學生數學及科學上與其他國家的落後程度，而這些國際性的標準也就成為美國國內重新發展評量標準與測驗的重要推手。

　　雖然數學和科學的比較引發了人們對標準和測驗的反省與重視，但是在教育標準的定義上，我們必須特別注意和區分標準和測驗間的關係，因為教育標準的定義和測驗並非完全的畫上等號。若把標準單純視為測驗，只強調其公平性、可信度和數字高低，就會忽視了標準所具備敘述與闡釋的功能。有些教育工作者也常會將標準的定義與運用，和「標準化」（standardization）與「標準化測驗」（standardized tests）混為一談，這些聯想雖然並非完全錯誤，不過並沒有真正含括標準所蘊涵的意義，無形中會窄化標準的定義與運用層次。

正本清源，若將標準運用在教育領域中，教育百科全書（Encyclopedia of Education）將「標準」一詞在教育情境中的運用，解釋成「目標和結果程度的闡述與說明」，亦即標準可用以描述出整個教育系統目標達成程度的情況。而 Husen 和 Tuijnman（1994）也認為教育標準可以說是「一種對學習內容精熟與表現程度的說明」。

Ravitch（1995）對教育標準提出了相當彈性的定義，她認為標準在教育領域的定義是會因對象而變化的，甚至不必有具體明確的意義。不過很重要的一點是，任何標準若沒有評估或測量它是否達成目標的機制，那麼，標準的建構將不具價值而失去其重要的意義。

黃政傑（1994）曾將教育標準定義為，學校對提供的課程以及對學生在學校應學到的知識、技能與態度的期望，做明確的敘述。教育標準所描述的成就、表現與發展，是社會或教育系統認為學生準備未來的生活，在各個年級以及每個學科領域必須達到的水準。因此，教育的標準亦包含測定程度的規準，意指獲得學分與文憑所必須達到的學術經驗與表現水準。

簡單的說，教育標準就是將標準運用在教育領域上，可說是一種評估學生在學習成就表現上的規準或工具，也就是對教育目標和結果關聯性的說明。

二、教育標準的內涵

至於教育標準究竟應有哪些內容或內涵？這也是眾多專家學者及利害關係人熱中討論的議題。不過一般而言，因應不同教育目標與情境而規劃出不同的標準內涵，已是絕大多數人的共識。在教育上就學校與學生的學習而言，所謂的「教育標準」依據教育百科全書的說法，依功能的差異至少有三種不同的分類，分別是「內容標準」（content standards）、「技能標準」（skill standards）與「表現標準」（performance standards）（Guthrie, 2003）。

「內容標準」企圖描述特定領域的主題內涵，像是學生在數學課中應表現的計量能力為何？或是體育課中應表現出的力道與動作等。「技能標準」則是屬於學生基本技能的表現，不同於特定領域的內容，包括像是學生閱讀能力、團隊合作能力等等。一般來說「表現標準」會被區分出兩種不同形式的意義，第一種形式是希望了解學生學習結果，因此強調每一個標準的評量設計方式。也就是在內容和技能標準上，加諸評量學生表現的設計。另一種形式則是每一個標準表現程度的定義，通常就是評量表或等第的利用，例如「差」、「尚可」、「好」此種三等第量表。

Phelan 和 Luu（2004）認為教育標準在發展之初，其意義與內涵指的就是學業標準（academic standards）、內容標準（content standards），以及表現標準（performance standards）三部分。其中學業標準用來說明學生在各學科及各年段應學得的知識與行為；內容標準則描述學生在每個學科內應學得的知識內容；表現標準則指出學生在學科等各方面的學習表現。而後 Husen 和 Tuijnman（1994）以及 Ravitch（1995）也基於學生學習，提出教育標準的內涵大致可區分成三種型態，分別是內容標準（content standards）、表現標準（performance standards），以及學習機會標準（opportunity-to-learn standards），和前述教育百科全書及部分學者的分類甚為類似，說明如下：

(一)內容標準

內容標準就是指教師應該要教，而且學生應該要學的部分，因此也有人稱之為「課程標準」（curriculum standards），主要是描述與評估教師教學與學生學習的內容。內容標準應詳細指出學生應學得的知識與技巧，這些知識包括：課程與教材中的概念、重要議題、相關資訊等等；而必須學得的技巧則包括如何思考、與同儕溝通、工作能力等等。不管是教師、家長或是學生都必須清楚了解這些內容標準，特別是教師。學生在學校必須學得的基本知識與能力，都必須透過教師組織相關課程與教材，並用適當的教學方法傳授給學生。因此，這些內容標準也必須是可測量的，教師才

能透過測驗證明學生學習的成效與程度。嚴格說來，內容標準又可分成「陳述性」（declarative）的知識與「程序性」（procedural）的知識（Marzano, Pickering, & Mctighe, 1993）。陳述性的知識就是內容知識，可視為資料訊息，而這些內容可以階層化的分門別類，某些特定的事實則可以歸屬概念與通則之下。至於程序性的知識則是指學生學習的技能，並且非只有一項，是涉及許多複雜技能的組合。

舉例來說，一個典型的內容標準可以寫成如下：

> 標準：學生能夠評估合唱團演唱與表演的優劣。
> 陳述性知識：合唱團演唱與表演的評鑑規準。
> 程序性知識：實地評估。

(二)表現標準

表現標準主要是企圖了解學生學習的程度與水準。也就是根據內容標準的內涵來界定學生學習是否達成與其精熟程度，以及學生表現是否可以被教師或家長接受。簡單地說，就是指學生學習內容標準的精熟程度。在學校中通常會以分數或等第的方式說明學生的學習表現，而不同科目其表現標準也不盡相同，端視學校或教師期望學生在該科目上應達到何種水準，以及對其學習行為表現品質要求的程度。亦即，教師應依據學生的學業表現，設計適當的教學活動，並透過逐漸提高學業表現標準的方式，引導學生逐步達到最高表現標準的要求。

事實上，內容標準與表現標準具有上下連貫發展的關係，也可說是我們一般所稱的階層關係。所以，表現標準可以較具體呈現出學生在內容標準上的成就水準。以下表3-1「美國藝術教育國家標準」（National Standards for Arts Education）中音樂科的例子（Music Educators National Conference, 1994），可清楚說明內容標準與表現標準間的階層關係。

表 3-1　音樂科內容標準與表現標準的內容關係

音樂科標準內容範例	
年　　段	9 至 12 年級
內容標準	歌唱：獨自並且和他人唱出各種音樂曲目
表現標準　熟練的	1. 能有正確的技巧並富表情的演唱歌曲，並在六等第評分中獲得 4 分以上的水準。 2. 不論有沒有伴奏皆能演唱四部的音樂。 3. 能充分表現出整體調和的技巧。
高級的	1. 能有正確的技巧並富表情的演唱歌曲，並在六等第評分中獲得 5 分以上的水準。 2. 能演唱四部以上的音樂。 3. 能在一部只有一位學生的小團體中演唱。

資料來源：研究者自行整理。

(三)學習機會標準

　　學習機會標準的意義，是希望了解政府及學校所能提供給學生學習的條件與環境，所以又稱之為「學校支援標準」。如果政府及學校無法提供合適的學習環境與支援，學生表現會因此受到影響。故學習機會標準的內涵很明顯的在說明，學校教育要能夠培育出優秀的學生，那麼學校提供給學生的基本環境及支援就必須具有一定程度的水準，也就是「要讓馬兒好，就必須讓馬兒吃草」的概念，也是達成教育機會均等的衡量標準。也可以說，學習機會標準是用來定義學生達成內容標準與表現標準的可用資源。不過，美國聯邦教育部已於 1996 年刪除了學習機會標準（林天祐，1997）。

　　上述三種型態的標準彼此間有一定程度的關係。內容標準定義了教師

教學與學生學習的內涵,而表現標準評定學生的學習結果。因此,若沒有表現標準的輔助,內容標準將失去意義。同樣的概念,學習機會標準評估政府及學校投入教育的支援與經費,若沒有內容標準與表現標準,則投入的資源是否運用得當?是否有效率?將不容易獲得答案。三種型態的標準間相互影響。當然,此三種型態標準的內涵,除某些一般性的標準外,必須能依不同學校的特質來量身定做,務必讓標準的內涵真正符合學校教學與學生學習的實際狀況。

Ardovino、Hollingsworth 和 Ybarra(2000)等人認為除前述三項標準外,欲了解學生學習表現,宜再加上「年級水準標準」(grade-level standards)。所謂年級水準標準,是指測量或評估同一年級學生是否學得該年級水準的內容標準。各個教育主管機關(在美國主要是州或學區)則要確保年級水準標準的制訂,能夠符合該年級學生應學的學科內容,並依標準編製出適合的評量與測驗。

第三節 評鑑標準的基本概念

一、評鑑標準的定義

和前述「教育標準」不同,同樣是標準,「評鑑標準」(evaluation standards)呈現出另一種應用上的定義。大抵而言,「評鑑標準」可說是在教育評鑑日益受重視與邁向專業化過程中的產物。由於推動評鑑時通常會依據某些既定標準進行價值的判斷,評鑑管理人就必須仔細的界定、發展、選擇、確認,並應用適切的評鑑標準來評估一項評鑑工作,所以,評鑑標準往往會成為評鑑實務中大家普遍關注的焦點。因此,「評鑑標準」也是評鑑結果是否能具有效度的關鍵因素之一(王保進,2006b)。

欲了解評鑑標準的定義,就不得不先看看美國「教育評鑑標準聯合委員會」,此一專業團體對評鑑標準的看法;所謂評鑑標準就是指一種專業

評鑑過程中人們相互同意（mutually agreed）的評鑑準則，若達此標準則能夠提升評鑑的公平與品質（Joint Committee on Standards for Educational Evaluation, 2003）。而根據教育評鑑中「差距評鑑模式」（Discrepancy Evaluation Model, DEM）的理論，強調評鑑工作就是「實際表現」（performance, P）與「標準」（standard, S）間的比較。評鑑前，客戶（可能是受評者）應針對目的與需求建立評鑑標準，接著便和實際表現狀況進行比較，蒐集產生差異（discrepancy, D）的訊息。也就是說，評鑑標準是評鑑過程中用來和實際表現進行比較的工具，以獲得對受評對象實際表現的價值判斷訊息（Steinmetz, 2000）。所以，評鑑標準可視為進行評鑑時的重要工具，一套經過人們普遍同意，且具有信度與效度的評鑑標準可檢視與對照評鑑工作是否達成既定目標，並公平地反映出客觀事實，提供改進品質的參考。不過「教育評鑑標準聯合委員會」也強調，評鑑標準必須依不同使用情境做出合適的定義，並強調評鑑標準並不是用來「取代」任何評鑑相關工具，而是協助提升評鑑的技術，以利評鑑目的的達成。

Stufflebeam（1990）認為評鑑標準對評鑑實務工作具有多項具體的功能，包括可提供方案評鑑的操作型定義、提供評鑑時適切的方法及達成共識的依據、能夠協助處理評鑑多樣性問題的一般性原則、指引評鑑計畫的實施、提供研究評鑑的概念性架構、協助評鑑提升專業化層次，以及協助整體評估的基礎。

看看國內學者對評鑑標準的看法，曾淑惠（2002）認為評鑑標準是用來衡量某一特定評鑑方案或計畫時，並由專業評鑑人員普遍同意的原則或指引，此種形式的原則通常用來評核該方案是否達成某一特定目標的衡量準則，作為判斷該方案優點或價值的依據。而評鑑標準通常代表該領域內的最低表現水準。蘇錦麗（1997）亦認為評鑑標準乃指判斷受評對象優點或價值的依據，關係評鑑結果的公信力。而評鑑標準也可分成質化與量化的屬性，質化的評鑑標準缺點在於不夠客觀具體，會影響評鑑結果的公信力；而屬量化的評鑑標準被認為缺乏彈性，違背實驗與改革的精神，並容易造成各校之間互比高下，競排名次的情形，因此應該綜合此兩種評鑑標準的概念，即強調「質量並重」。此外，從美國各區域性教育專業認可機

構所訂定之評鑑標準來看，普遍將標準作為教育宗旨或目標之具體表徵，由此觀之，評鑑標準應該是教育評鑑中評鑑工具的最上位概念（王保進，2006b）。

綜合上述學者的看法，完整的評鑑標準定義至少應包括以下幾點：

(一)為一套評鑑時相互同意的準則。

(二)提供對方案、計畫、人員等受評對象的價值判斷依據。

(三)不同情境應有不同的適用標準，亦有質化與量化之分，評鑑標準要以能發揮預定之評鑑目的為主要依歸。

二、教育標準 VS.評鑑標準

歸納前述對教育標準與評鑑標準的定義，我們可大致了解到教育標準和評鑑標準定義與使用上的差異。大致來說，「教育標準」主要用來評量學生在學習上的內容與表現，對象主要是學生的學習。而「評鑑標準」的對象就比較是以方案、機構或人員為主，重視的是這些受評對象在品質與表現上應有水準的描述，在慣用和稱呼上與教育標準有所區隔。「評鑑標準」字眼中的「評鑑」二字，習慣上指的就是針對方案、機構或人員的「評鑑」。除此之外，評鑑標準也比較強調「概念性的架構」，是屬於較上位的概念，常用條列式的敘述句來呈現，而不是很具體的評量與標準化測驗，和教育標準有所不同。

舉例而言，同樣在學生學習評量上，美國「教育評鑑標準聯合委員會」（Joint Committee on Standards for Educational Evaluation, 2003）曾發展「學生評鑑標準」（Student Evaluation Standards），此評鑑標準提供教師在設計、實施，與判斷學生評鑑方式時的參考，但內容偏向於架構式的提醒與條列式描述，性質不同於以測驗或量表形式呈現的標準化測驗，也不同於教育標準中的內容標準與表現標準。就連「教育評鑑標準聯合委員會」也明確的建議讀者，若對學生評量、測驗量表形式與高度競爭的標準化測驗有興趣，則應參考前面一章曾提及的由「美國心理協會」（APA）、「美國教育研究協會」（AERA）與「國家教育測量會議」（NCME）等三個協

會所聯合出版的「教育與心理測驗的標準」（Standards for Educational and Psychological Testing），才會符合標準化測驗的需求。「學生評鑑標準」並非是一套具體的測驗。由此觀之，同樣是「標準」，但因受評對象與實質內容的差異，使得「評鑑標準」和「教育標準」用法上呈現出不同的風貌，我們嘗試區分其主要差異，可參考表 3-2。

表 3-2 「教育標準」與「評鑑標準」定義上主要的差異

名稱 差異點	教育標準	評鑑標準
適用對象	各學科之學生學習表現	方案、組織、人員等
主要內容	內容標準、表現標準等	視受評對象而建構
主要功能	評量學生之學習表現	評鑑時價值判斷之依據
呈現方式	具體行為目標與標準化測驗	上位概念架構與條列式描述
屬　　性	量化多於質化	質化多於量化

資料來源：研究者自行整理。

三、評鑑標準 VS. 評鑑效標

　　至於在教育領域也常聽到的「評鑑效標」（evaluation criterion）此一名詞，其定義常常也會和評鑑標準相互混淆，兩者經常交互出現在國內、外相關文獻中，並沒有非常固定而一致的區分。有些學者分析標準與效標間的關係，認為標準涵蓋於效標之下，可說是將效標的概念具體落實的操作型定義。Stake（2004）就認為，效標應是一個重要的敘述概念或特質，而標準則用來協助這些概念或特質進行明確判斷。此說法認為效標下應有標準，所以標準就是將效標具體化的結果。不過 Stake 也特別強調，不同專家學者對效標與標準的使用仍有分歧，尚不是一個完全受到公認的區分

說明。

不同於前述說法，另有學者與機構持相反的解釋立場，認為效標主要是指一種表現優劣的判斷、區分，或決定的「分界點」。也就是判斷評鑑標準是否達成目標價值的決斷點（王保進，2006b；Wilson & Pitman, 2001）。此說法將評鑑標準視為評鑑效標的上位概念，在教育評鑑過程中，評鑑標準清楚說明評鑑的每一項內容，而評鑑效標則說明下判斷的分界點或基準何在。例如：某評鑑標準內容為「畢業生的就業情形」，那麼其評鑑效標就可能設計為三個分界，分別是「通過」、「可接受」，與「待改進」。其中「通過」指的可能是具有充足的畢業生普遍受到企業界歡迎的證據、每年度畢業生就業率達70%以上，以及有專責的畢業生就業輔導單位及人員等；而「可接受」則指的是有部分畢業生受到企業界歡迎的證據、每年度畢業生就業率在50%以上，以及畢業生就業輔導單位及人員不夠落實等；至於「待改進」則為沒有畢業生受到企業界歡迎的證據、每年度畢業生就業率低於50%，以及未設有專責的畢業生就業輔導單位及人員。評鑑人員是根據評鑑效標的說明來決定評估的落點，如此才會有一致的評判點，評鑑結果也不致因評鑑人員主觀認定的差異產生太大的落差。在推動教育評鑑時，要判斷方案、機構或人員是否達成預定目標與品質時，都必須依據既定的標準，預先設定價值判斷的分界點，此即評鑑效標的定義。

觀察現況，專家學者對評鑑標準與評鑑效標的用法仍然不盡相同，但從當今諸多文獻及已發展完成的評鑑標準來看，此種視評鑑標準為上位概念的說法顯然較為常見。前章所述「美國心理協會」等三個組織發展完成之「教育及心理測驗與手冊的標準」、「美國教育評鑑標準聯合委員會」的「方案評鑑標準」，以及美國「全國師資培育認可委員會」（National Council for Accreditation of Teacher Education，簡稱NCATE）所發展的「師資培育機構專業認可標準」（Professional Standards for the Accreditation of Schools, College, and Departments of Education）（第八章待述）等，都是以評鑑標準作為上位概念，再針對每一標準提出決定判斷的說明或效標。此外，美國國家標準（National Standards）在運用上，也是在標準之下提供效標（criteria），供各州、各地方、各學區於編寫課程、設計專業發展活動，

以及決定評量方案之參考，這也說明國家標準引導教育相關人員朝共同目標努力的定位（王靜如，1999）。此種相互搭配的模式同時也是近年來評鑑標準發展的趨勢，也就是強調標準與效標必須能系統化的統整（integrated）。在發展評鑑標準時，同時建構作為判斷基礎的評鑑效標，清楚訂出衡量的分界點何在，協助評鑑者進行明確且一致的價值判斷，這也正是近年品質管理中非常重視的「標竿」（benchmark）概念之基本訴求。

　　至於在教育標準的運用上，為能明確而具體的評估學生表現，傾向直接將每一項教育標準賦予「操作型定義」，以利比較分析。所以，教育標準本身就常常是以具體的數字或等第呈現，不需要判斷說明，也就比較不會見到評鑑效標或是「教育效標」的說法與用詞。

　　附帶一提的是，也有教育學者及教育工作者會用「規準」或「評鑑規準」來代表評鑑標準，並運用於實務工作中，其意義與用法和評鑑標準相當類似。例如，張德銳曾與諸多教育工作者共同開發出「中學教師教學專業發展系統」，此系統就訂有清楚的發展規準，內含五個教學領域，每個領域下包含二至三個特定的教學行為，一共二十四個教學行為。而每一個教學行為下亦有二到五個行為指標，代表該教學行為的特定活動，共有四十一個（張德銳等，2004）。此套發展規準和評鑑標準的用法及功能相當一致，其發展目標、建構過程與呈現方式也符合評鑑標準的概念，顯示規準和標準在實質意義上的一致性。

第四節　教育方案評鑑標準的運用

　　在教育領域中，為了對特定教育層面的缺失、特定教育對象的需求，或特定教育問題的衝擊謀求改進與解決之道，而形成一種具有發展性的教育活動，通常可稱之為「教育方案」，而針對教育方案所做的評鑑就稱為「教育方案評鑑」（曾淑惠，2002）。所以，教育方案評鑑也可說是對一項進行中或是已進行的教育方案，就其特徵或優缺點進行資料蒐集並評估，目的在提供整個教育方案進行過程的相關訊息。而教育方案評鑑標準就是

專為教育方案所建構的評鑑標準。一般方案評鑑會有既定的流程與步驟以方便進行，其中就包括評鑑標準的建構與運用。Worthen 與 Sanders（1987）將方案評鑑的步驟分成「規劃階段」與「實施階段」，「規劃階段」主要的工作流程包括：確認評鑑需求與責任、設定範圍分析評鑑內容、選擇並定義評鑑問題與參考標準、規劃資料蒐集與分析的方式、發展評鑑管理機制等。「實施階段」的主要工作流程則為：處理評鑑時的政治議題與人際關係、蒐集與分析評鑑資訊、報告並利用評鑑資訊，以及進行後設評鑑等。其中建立評鑑標準屬於規劃階段的工作，顯示出評鑑標準具有落實評鑑目標、供評鑑初期架構、指引評鑑工作，以及協助評鑑順利實施的功能。

　　Fink（1995）更進一步具體說明方案評鑑的步驟與流程，共分成六個階段，整理如下：

(一)提出主要與方案相關的問題

　　提出問題是判斷方案推動成效的首要步驟。通常這些問題包括：
　　1.方案達成目的或目標的程度究竟為何？
　　2.不論是個人或團體，所有方案參與者的特徵或特性為何？
　　3.哪些方案參與者或團體對方案有決定性的影響？
　　4.方案參與者或團體對方案影響的持久性為何？
　　5.哪些策略或活動對方案的影響最大？
　　6.方案的目標與策略對其他利害關係人的合適程度為何？
　　7.方案推動的成本及其效益關係為何？
　　8.政治或社會環境的變動對方案結果的影響為何？

(二)建構方案評鑑標準

　　建構評鑑標準主要的目的是提供方案成效的資訊與證據，是教育評鑑者判斷方案價值的重要依據。因此，明確定義出最適合評估方案的標準，對教育評鑑者來說是一種相當大的挑戰。理想上，這些方案評鑑標準最好是能夠測量的、可觀察的、具有操作型的定義，並且可信度也要高，也就是評鑑標準的信度與效度都必須兼顧。

(三)設計評鑑方式並選擇參與者

方案評鑑者必須選擇參與評鑑的對象，包括團體（單位或學校）與個人，並針對他們的特性設計主要的評鑑方式。通常方案評鑑者在設計符合評鑑情境的方式時，必須先行考量以下這些問題：

1. 有多少評估與測量必須進行？
2. 何種時機必須進行何種評估與測量？
3. 有多少團體或個人必須納入評鑑的範疇？
4. 如何選擇這些必須納入評鑑的團體或個人？

(四)蒐集相關訊息

任何評鑑都必須蒐集相關的資訊，以提供評鑑者作為價值判斷的基礎。而以方案評鑑而言，評鑑相關訊息的蒐集必須是有計畫而整體性的進行。因此，資訊蒐集時最好能夠先考量以下一系列的工作：

1. 待評估的變項，像是具體策略、行為表現、態度等，必須能夠清楚的定義。
2. 選擇或創造出適合的評估與測量方式。
3. 說明評估與測量方式的信度（一致性）與效度（精確性）。
4. 有效安排好評估與測量的細節。
5. 確定評估與測量的計分方式。

而一般評鑑訊息或相關資料的來源大致包括：相關文獻或紀錄的查閱、自我調查或評鑑的測量問卷、面談與座談、成就測驗、觀察紀錄、一些已出版或未出版的相關文獻等等。

(五)分析資料

關於評鑑資料的分析，我們必須注意分析方式的適合程度。通常會考量幾個關鍵因素：

1. 評鑑標準或評鑑問題的特徵與其核心價值，是否能夠透過資料分析而看出端倪？

2.評鑑資料的變項該如何呈現？是以精確的數字或是文字說明？

3.評估與測量的次數應為多少？

4.資料的信度與效度。

(六)結果報告

評鑑的結果報告就是針對方案評鑑的運作結果進行說明，當然包括判斷的結果與優缺點闡述。在報告的內容上會說明評鑑的目的、評鑑標準建構歷程、評鑑方式與設計、資料蒐集、取樣與分析、評鑑結果與討論、建議，以及評鑑的限制等等。而評鑑報告可用報告書、口頭說明、專題論文等方式呈現。

從上述方案評鑑的步驟與流程中可看出，建構評鑑標準屬於評鑑初期工作，會在決定評鑑方式與資料蒐集前確定，以協助評鑑者確定方案評鑑的內容與方向，方便評估方案評鑑的成效。也就是運用評鑑標準將方案評鑑所關切的問題確實系統化、條列化，以及具體化的呈現。在進行方案評鑑初期，評鑑者會根據評鑑目的等因素產生一些必須關切的問題，這也是評鑑利害關係人所重視的問題，而通常從這些待了解的評鑑問題中，就可以發展出不少方案評鑑的標準。這歷程其實就好像是撰寫一篇學術論文時，通常我們會先有研究目的，然後依據研究目的發展出較具體的研究問題，接著會再根據研究問題的性質設計出具操作型定義的研究假設，如圖 3-1 所示。

同理推演，推動方案評鑑時會先有評鑑目的，再由評鑑目的衍生出數個評鑑問題。發展評鑑問題通常可以建議從類似五個「W」的角度切入，亦即「評鑑什麼？」、「為何評鑑？」、「如何評鑑？」、「誰來評鑑？」，以及「何時評鑑？」等，由這些問題逐漸釐清評鑑的需求、範圍，及確認評鑑各層面的主要內涵。接著，評鑑標準的架構與項目就可以逐一發展完成。如果我們以圖 3-1 撰寫學術論文關係圖來參酌引用，那麼，評鑑目的、評鑑問題與評鑑標準間之順序關係也可簡單以圖 3-2 來表示：

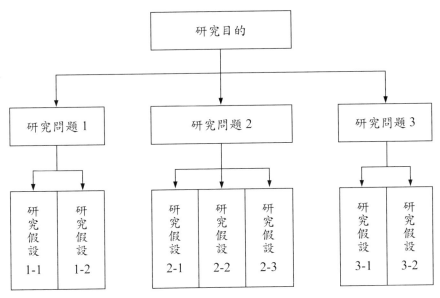

圖 3-1　學術論文研究目的、問題、假設關係圖

資料來源：研究者自行整理。

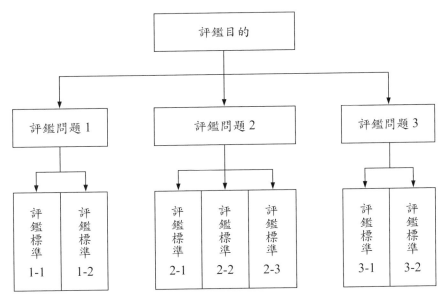

圖 3-2　評鑑目的、問題、標準關係圖

資料來源：研究者自行整理。

了解其發展的順序關係後，以下是一個將評鑑目的具體化成評鑑標準的例子：

1. 評鑑目的

了解某教育單位推動「英語能力改善方案」的實施成效。

2. 待了解的某項評鑑問題

學生在經過為期一年的「英語能力改善方案」後，學生的英語能力是否有明顯的改善？

3. 依問題產生之評鑑標準

80%的學生在這一年之間英語能力測驗都有進步。

上述例子中，評鑑目的是欲了解某教育機構推動「英語能力改善方案」的實施成效，依此目的可能會發展出一些評鑑問題。這些評鑑問題中有一項是學生在經過為期一年的「英語能力改善方案」後，學生的英語能力是否有明顯的改善？也就是希望了解英語改善方案推動的成效，評量的重點在學生的英語能力是否有進步，屬於個人學習成就的表現評估。故依此問題的核心來看，評鑑標準也應針對學生英語學習成效來考量，故評鑑標準可規劃如上。假設根據資料蒐集後分析的評估結果，呈現出學生英語能力進步的比例低於80%，那麼這個評鑑標準就沒有達成，方案成效尚待努力。至於為何要將學生進步的比例訂在80%？為何不是70%、60%，甚而提高成90%。這其實就是評鑑者在訂定評鑑標準必須考量與討論的焦點。這牽涉到對績效要求程度上的差異，以及如何進行理性決策的歷程。至於上例中由於評鑑問題問到的是學生的英語能力是否有明顯的改善，有強調是「明顯的」改善，所以依建構者主觀意識的認定，學生英語能力要有明顯的改善，則至少要有全體學生80%的比例，這此例僅是建構者主觀的理性判斷而已。

第四章

評鑑標準與教育指標

　　前一章說明教育標準與評鑑標準的概念與定義後，除了評鑑效標、規準會和評鑑標準相互混淆外，另一個容易和評鑑標準混為一談的名詞就是「教育指標」（educational indicator）與「評鑑指標」（evaluation indicator）。目前國內許多教育評鑑實務在工具的發展與使用上，標準和指標的說法與運用皆有，可說是相當普遍。有的使用評鑑標準，有的使用評鑑指標、評鑑效標或評鑑規準，不論使用哪一個名詞，研究者或建構者若沒有仔細定義清楚，就會因個人對這些術語認知上的不同而產生差異，那麼，實務操作者將很容易誤解評鑑工具的意涵與用法，造成理想與現實的落差，影響評鑑的正確性及有效性。

　　基本上，教育指標是一種統計的、量化的呈現，而評鑑指標是將教育指標的概念運用至評鑑情境，因此評鑑指標也應偏向量化的性質。近年來，教育指標的發展已是國際間教育活動的主流之一，已有初步而明確的成果，故以下將針對教育指標的基本理念進行說明，以方便我們延伸概念至評鑑指標，並對照前一章對評鑑標準的說明，協助觀念及用法上的釐清。

第一節　教育指標的基本概念

一、教育指標的發展

　　教育指標的發展主要是源自於經濟指標與社會指標的影響，在美國大約於 1980 年代開始受到廣泛的重視。Ramsden（1991）曾指出，教育指標理念的發展係來自於經濟學的理念與模式，許多經濟指標中的變項，例如「失業率」、「生產率」……等，就和教育有著密切的關係。因此，教育指標也就是在探討教育過程中輸入與輸出間的轉化和成果。

　　1987 年，美國教育部在位於華盛頓之「經濟合作發展組織」（OECO），邀請世界各國教育主管機構集會，教育指標的研究開始有了一個國際性討論的組織。1988 年，OECD 在法國巴黎召開第三十八屆年會，會中即提議由該組織的「教育研究與改革中心」（Center for Education Research and Innovation, CERI）進行一項為期二年的專案，針對二十四個會員國的教育系統的成就指標，進行資料的蒐集、分析、解釋與比較，並提出建立國際教育指標系統的可行途徑（黃政傑，1994；Bottani & Walberg, 1992）。除了定期發表刊物報導指標之研究情形外，OECD 亦致力於國家間教育現象的比較。由此可知，為確保組織達成預期目標，納入管理與績效的概念使得教育指標研究的興起有了需求與形成的背景。教育品質的高低關係著國家政治、經濟、社會等方面的發展，是政府與公共部門的基礎。因此，建構教育指標以提供一個更客觀與更公平的判斷教育品質高低之方法，也就成為 1990 年代教育領域中重要的研究課題。

　　大抵而言，OECD 教育指標系統的發展約可分成三個階段，分別是探索階段、發展與建立階段，以及拓發階段（王世英，2007）。探索階段約自 1988 至 1990 年，此時「教育研究與改革中心」（CERI）積極蒐集、報導與解釋教育指標相關訊息。當時 OECD 的二十四個會員國中，有二十二

個國家共約兩百位教育專家學者，組成五個自願的網路工作小組參與國際教育指標方案。訂出發展國際教育指標的五個建構原則，包括指標系統的建構模式必須經過認可、指標必須清楚明確、指標必須具備信度與效度、多元公正的建構方式，以及必須教導使用者如何運用指標的訊息。並確定每個建構的指標必須合乎一些重要條件，像是指標必須能描述教育系統的關鍵及特徵、提供教育系統現況表現及潛在問題的資訊、提供有關教育決策的訊息、使用的測量工具必須具有信度與效度，以及蒐集資訊的技術與成本必須確實可行等等（Nuttall, 1992）。

　　到了建立階段，約是 1990 至 1992 年間，「教育研究與改革中心」（CERI）經過前階段的探索與分析，決定建構一套可廣泛適用的指標模式，會員國的年度教育指標資料庫也逐漸發展完成，教育指標系統也於是乎正式問世。為能確實選出適用的教育指標，OECD 也明訂出指標項目的選取規準，Bottani 與 Tuijnman 曾整理這些規準，如下（引自王世英，2007）：

(一)指標項目的選取是基於概念與實務的理由

　　指標項目的選取除了考慮到建構模式及理論基礎的需求外，也必須兼顧教育政策實務上的需要。

(二)指標應具備穩定性與可行性

　　所選取的指標應具備穩定性與可行性，並可顯現教育因時而易的情形。經各期出版之資訊，均見其合乎此規準。

(三)採用背景、輸入與歷程、成果之模式，即 CIPP 模式

　　各種面向的指標彰顯了教育系統各成分彼此間之邏輯關係，故採用之模式為重視背景、輸入、歷程，以及成果等的 CIPP 模式，以涵蓋教育的所有面向。

㈣指標具有實徵取向

指標之選取須配合教育政策需求，以提供做決策或評鑑之有用資訊。

㈤指標應具有精確、有效與可解釋之特性

由歷年出版之教育指標，顯見 OECD 教育指標確實達到這些原則，如透過國際性的測驗成績，探討各國學生表現成就；藉由「國際教育標準分類」（International Standard Classification of Education，簡稱 ISCED）的學制劃分方式，克服各國學制不一的困境。在國際共識的齊一標準下所獲得的資料，除了精確外，亦能在客觀標準下進行比較。

㈥指標須進行跨國比較

為使指標能進行國際比較，各國須先統一該國之指標系統與資訊蒐集標準，使各國指標的設定能立基於國家層級之可信與有效的指標規準，方能從事跨國比較，尤其採教育分權制的國家更須進行國內教育資訊的整合，例如，美國便由「國家教育統計中心」（National Center of Education Statistic，簡稱 NCES）統籌指標資訊相關事宜。

從 1993 年至今為拓發階段，教育指標的發展持續運作與拓展，OEDC 的主要出版品《教育的綜覽：OECD 指標》（*Education at a glance: OECD indicators*）自 1992 年後逐年修正更新指標內容，以配合教育環境的變化，使之更符合教育現況與政策的需求。同時，不同的語言版本也相繼出版，包括英文、法文、義大利文、西班牙文、日文等等。參與國也陸續增加，並擴增至非會員國。而與世界其他組織也加強合作與聯繫，像是「聯合國教科文組織」（UNESCO）、「歐洲共同體統計局」（Statistical Office of the European Communities）等（OECD, 2005）。至今，教育指標系統的發展已獲得全球大多數國家的參與，教育指標系統已成為全球與國際普遍重視的議題。

二、教育指標的意義

　　從上述教育指標的發展其實已不難看出教育指標的主要功能及定義。一言以蔽之，教育指標係指經由彙整後的統計資料，並能對教育的主要狀態提供簡明、廣泛而平衡的判斷，以反映出教育的表現與現況，並作為教育政策說明與參考之用（張鈿富，2001；Finn, 1987; Johnstone, 1981; Oakes, 1986; Renkiewicz, Lewis, & Hamre, 1988）。它一方面能夠評估教育運作預期結果之具體項目，另一方面也能夠描述教育系統重要特徵的具體事項，故具有評估與監督教育系統的功能，提供政策制訂的有效資訊（Johnstone, 1981; Smith, 1988; Odden, 1990; Anderson, 1991; Mayston & Jesson, 1991）。也就是利用「以簡馭繁」的原理，進行教育現況的診斷及建議。

　　Johnstone（1981）認為理想上，教育指標應該能夠對我們所欲關心與了解的教育層面，進行加總（aggregation）或分割（disaggregation），以更清楚分析研究的內容，反映出我們感興趣的教育現象。故教育指標通常會以「數值」的方式來表示，以便客觀簡要的告訴我們有關教育系統的狀況。Nuttal（1992）則認為教育指標就如同經濟與健康指標（例如 GNP 及嬰兒出生率）一樣，焦點在於某項議題的主要概況描述，希望能夠將整個系統的全貌，或是系統內某些重要的成分呈現出來。所以，指標必須基於某些參考點，以利於統計上的呈現。像是社會共同認定的標準（例如：用最小的閱讀年齡來代表基本的讀寫能力）；過去的價值，或是透過學校、地區及國家間的比較。很明顯的，教育指標不會詳細告訴我們教育系統內所有巨細靡遺的事件；反之，就像經濟與健康指標一樣，給予我們教育系統目前狀況的一個概括性描述。

　　綜合學者的觀點，我們可以歸納出一個較完整的教育指標定義，應具有以下主要成分：

㈠教育指標為一種統計量，並能對教育制度與現象的各主要層面直接的測量，但並非所有的教育統計量均是教育指標，端視指標選取時的考慮層面而定。

㈡教育指標能提供教育各主要層面的表現狀況，但其所呈現的只是對當前
　教育狀況的一種概括性掃描，而不容易進行較深入之研究或描述。

㈢教育指標必須有某些參考標準（例如：社會共同趨勢、眾人認定標準、
　校際間比較）以利於做出價值的判斷及比較，才能看出教育品質的良窳。
　故教育指標具有評鑑的性質。

㈣為顧及利害關係人做出價值的判斷及選擇，指標應具備中性的屬性，即
　指標的基本性質應是相對的，而非絕對的。

㈤教育指標是經由簡化後的真實呈現，故教育指標應不單只是對教育制度
　進行單一標準的呈現，必須能和經濟或社會指標一樣，建立起完善的指
　標模式或體系。

㈥教育指標可作為政府教育政策制訂或決定的依據，有其政治實務上的功
　能。

三、教育指標的功能

　　雖然在許多教育相關情境中，教育指標在本質上受限於實際教育現象，
資料的建立及精確的測量難免有些困難，不過整體而言，教育指標所能帶
來的功能還是不可忽略的。Johnstone（1981）認為教育指標具有的五項功
能，包括：作為教育政策的闡述與發展、監控教育系統的改變、探究教育
系統的發展、分類教育系統，以及提供建立基準的建議。王保進（1993）
曾研究國內高等教育的表現指標，他綜合多位學者的看法，歸納出教育指
標的功能共有下列六種：

㈠說明教育政策

　　教育指標可幫助教育行政人員或學者，降低對教育政策及其所欲達成
的目標在敘述上的模糊性，利用教育指標的特性提供其明確而客觀的判斷
基準。一方面可以協助說明組織的優點與缺點，亦有助於規劃適當的政策，
並訂出具體的行動方案。

(二)檢視教育制度之變遷

　　運用教育指標來檢視教育變遷，可作為分析政府政策與教育環境變遷互動所形成複雜現象的指引。因此，定期的持續建立教育指標使之成為時間系列的資料，將有助於了解教育制度改變的情形，進而找出促成變遷的原因，尋妥善的因應之道。

(三)扮演政府與學校溝通對話之工具

　　政府可透過教育指標，確定其改革學校教育之努力方向，而學校亦可透過教育指標說明其達成目標的程度。在現今講求績效責任的時期，特別是大學應提升其對外在社會的貢獻。學校功能推展至社會已是潮流所趨，未來政府和大學間的溝通與對話也會受到重視。在此一過程中，教育指標扮演著將抽象的目標賦予操作型定義，使之具體化，有助於形成雙方共同性的語言，可減少溝通時產生的衝突。

(四)提供教育評鑑之客觀標準

　　教育指標可將教育評鑑的內容及項目，從抽象的目標轉化為具體可測量之內容，以利於評鑑工作之進行。因此，透過教育指標精確的定義要評鑑的內容，使之客觀化、科學化，應是教育評鑑成功或失敗的重要因素。

(五)分類教育制度

　　從比較教育的觀點來看，將各國教育制度依其發展層次加以分類，作為擬定教育發展計畫之參考，已普遍被開發中國家所採用。此外，在國家內也可將此方法應用於區域的發展上或校際間的比較。國內相關研究也曾多次運用教育指標將所欲探討之主題加以分類，並導出不少結論，都是利用教育指標分類教育制度之最佳例子。

(六)分配教育資源之參考

　　教育指標依據客觀的精神可使教育制度或學校內部之表現透明化，可

提供上級單位作為分配教育資源之參考。為使有限的教育資源做出最佳的應用，透過教育指標的建構以分配教育資源，應可提升教育制度績效責任的要求。

大體而言，教育指標透過對教育系統之研究，解釋當前的教育現況，能讓教育決策者發現教育上之潛在問題，分類教育系統，並且藉此提供調整與修正的意見，同時可對教育制度或現況進行監控與評鑑，檢視教育發展的趨勢，並預測未來教育現象的變遷。

四、教育指標的類型

由於教育系統具有其多元性與複雜性，為能充分符合教育現象的不同發展重點，Johnstone（1981）認為教育指標應可區分成代表性指標、分割性指標，以及綜合性指標，說明如下：

(一)代表性指標

代表性指標（representative indicators）係指在許多相關可用的指標中，選取出一個「最佳」的指標以代表所欲說明之教育現象。例如，「三級教育在學率」即可被用來代表一個國家地區教育機會普及的情況（馬信行，1988; Adelman & Morris, 1973; Harbison & Mayers, 1964）。由於代表性指標的方便性，使得它在一般的研究中最常被使用。然而，如何選取出最佳的指標，以代表所欲呈現之教育現象，此一選取的方式卻常因缺乏客觀的標準而受到不少質疑。Johnstone（1981）也指出，代表性指標的最大限制就在於，教育制度為一多層面之複雜實體，不易由單一的代表性指標就可概括其全貌。故在實際使用代表性指標時，如何將複雜現象單純化，不論研究者、決策人員或是教育計畫人員，都必須面對此一無法避免的問題，必須仔細考慮此種技術上之限制。

(二)分割性指標

分割性指標（disaggregative indicators）係指將複雜的教育現象加以分

割成幾個部分，再根據需要，把分割性指標所代表之教育狀況的要素或成分加以明確界定，以選取出具有效度的指標。因此，分割性指標之最大特色就在於其所代表的教育狀況，一方面源自同一教育現象，而應具有同質性；另一方面因其所代表的又是同一教育現象下不同的要素或成分，因此具有互斥的特性。採用分割性指標最大的問題在於，如何將複雜的教育現象加以分割成獨立的要素或成分；並且縱使可以分割，在選取具有代表性的指標時，又將重蹈代表性指標選取上的缺失。此外，分割性指標的定義困難，建立上相對較為費時費力，使得工作變得更為複雜，甚且有可能相互混淆。不僅不切實際，亦喪失建立指標的精簡化精神，這也是分割性指標在實際應用尚未能獲得證實與普及的原因。

(三)綜合性指標

為解釋教育系統與制度多層面的複雜現象，光以單一的代表性指標來描述可能不足以涵蓋全貌，失之過簡，因此，選擇與界定一完善的綜合性指標可能會較有意義。所謂綜合性指標（composite indicators）即指聯合數個衡量同一現象的指標，給予適當的權重（weights），以建構成單一的指數。其優點在於較能夠精確合理地描述出教育的特徵。例如：美國勞工統計局曾發展一些綜合指標，用以評估經濟狀況。利用國民生產毛額（Gross National Product，簡稱 GNP）來代表所有生產物與服務的總值。合併這些資料形成一種指標，提供有關國家一般生產力水平的訊息（王文科，1994）。此種綜合的統計數亦可運用於教育的指標。馬信行（1988）曾應用世界銀行的資料，以國民生產毛額、預期壽命、農業勞動率、都市人口率、每位醫生服務人口、生育率、小學在學率、中學在學率、大學在學率等九項單一指標進行集群分析，用以探索國家之發展指標，其在性質上也類似綜合性指標的應用。

前述分類可看出不同類型指標的適用情境與限制。綜合指標雖最能反映所關心教育現象的全貌，可是建構重點就在於如何對不同又相關的指標給予適當之加權，使其正確而充分的發揮功能。

若從教育指標所涵蓋的範圍來區分指標的類型，張鈿富（2001）認為

83

應可區分成下列三種教育指標：

　　1. 區域性指標：例如亞太地區、南美地區、歐盟地區等。

　　2. 全國性指標：例如中國、英國、巴西、埃及等。

　　3. 地方性指標：例如東京、台北、澎湖、埔里等。

第二節　綜合指標與指標系統之發展

一、綜合指標的合併及加權方法

　　既然了解綜合指標的功用與優勢，接著介紹一般綜合指標合併及加權的方法。在教育的領域中，面對複雜的人文狀況，單一指標的代表性會使得教育現象的呈現失之精確。此外，由於不同人對不同教育指標在概念上的定義以及檢視目的之差異，都可能會影響到其對指標意義的認知，而造成指標在解釋教育現象上的偏誤。為避免這些屬於外來因素的干擾，考慮應合併哪些單一指標而成一綜合指標，乃成為教育指標在建立上的一個重要步驟，前述國民生產毛額（GNP）的概念，在理想上應是教育指標學者所期望建立的結果。

　　然而，亦有不少學者認為，不管單一或是綜合的統計數量，對複雜之現象並不一定都能提供為充分的訊息，即綜合指標的運用在面對複雜的人文狀況還是有其困難與陷阱（王文科，1994; Gross & Srtaussman, 1974）。不過值得注意的是，雖然發展綜合指標可能引起某些教育現象在解釋上類化程度的問題，但反過來說，這卻會促使學者更謹慎且努力的去發展教育上的綜合指標。Rossi 和 Gilmartin 就認為，雖然我們對發展綜合指標可能引起的問題必須十分小心，但也不能輕易放棄在這方面的努力（李明、趙文璋譯，1981）。

　　一般說來，當我們認為只有透過綜合指標的建立才能符合實際現況說明時，綜合指標才適合使用。王文科（1994）亦認為，某些教育系統或現

象可建立一個「指標系統」，以獲得更精確的訊息，透過橫斷面及縱貫面的各獨立指標，提供訊息，以了解每一個構成因子如何聚合在一起產生全面性的影響。

綜合指標的發展應注意兩個條件：第一，不相類似的指標，例如社會指標中之居住品質、犯罪率；高等教育指標中之退學率、教師生產力等變項，必須在有意義之概念下及轉化成相關的單位後才值得合併。第二，使用「合理的方法」將這些指標轉換成相同之測度單位後，還必須賦予適當的權數，使之組合起來更有意義（Neufville, 1975）。此處所指的合理的方法，就是指合併及加權的質化或量化的方法。所謂質化方法是指合併的方式及權重的決定，是透過概念思考上的組合，一般是將專家意見進行彙整。而所謂量化技術，則是指統計方法的運用。所謂合理的方法沒有一定，端視指標建立者根據現實需求或資料的特性而決定，只要建構出的指標能有效的展現教育現象，並為大多數人所接受，自然就可稱為「合理的方法」了。

一般來說，合併及加權指標時，質化的方法有所謂文獻探討法、腦力激盪法、專業團體模式、提名小組法、焦點團體法、專家判斷法，以及德懷術等（郭昭佑，2000b）。例如，Harbison和Mayers（1964）將一倍的中等教育在學率加上五倍的高等教育在學率，作為一個國家人力資源的綜合指標。然亦可由較量化的統計方法為之，包括問卷調查法、回歸分析法、因素分析法、階層分析法（Analytic Hierarchy Process，簡稱 AHP）等等（郭昭佑，2000a）。近年來，國內運用階層分析法建構指標及權重的研究為數不少，例如，吳政達（1995，1999）曾使用階層分析法（AHP），配合模糊評估法（Fuzzy evaluation Method，簡稱FEM）來求取我國學前教育指標系統的權重值。後來又進一步使用模糊德菲法（Fuzzy Delphi Method），配合模糊層級分析法（Fuzzy Analytic Hierarchy Process Method），來建構國民小學教師的評鑑指標。另一方面，謝金青（1997）與陳明印（2000）則結合了德懷術與階層分析法，簡稱為DHP，分別建構了國民小學學校效能評鑑指標權重體系，以及國民小學社會科教科書評鑑規準及權重體系。這些都是屬於階層分析法運用的實例。

85

除此之外，Johnstone（1981）認為使用因素分析法（factor analysis）來求得各指標之負荷量（loading），並以此作為各指標的權數，應為一可行的方法。國內學者呂育一和徐木蘭（1992）以此原理發展出一套「多重參與模型」（multiple constituency approach），此模型係集合相關使用者的觀點來嘗試建立某一研究主題的評鑑指標題（引自廖雪雲，1994），後來亦為其他研究者應用至不同的研究層面上（姜禮華、徐木蘭，1993；陳靜芳、徐木蘭，1993；陳小娟，1994；廖雪雲，1994；魏爾彰，1994）。林劭仁（2001）則曾以因素分析法，透過因素分數（factor scores）的計算來建立我國高級中學後設評鑑指標之權重。Rom也主張利用實證的方法為指標進行加權計分，他使用主成分分析法（principal component analysis）先求得各指標之相對權數，然後經過加總後求得單一之綜合指標（引自王保進，1993）。除此之外，亦有結合質化與量化的方法而形成所謂的「複合性方法」，包括精釋研究法（herminiutic）、概念構圖法（concept mapping）等等。

上述各指標系統間的建構或權重選擇方式多少會有差異，但經過合理加權後之綜合性指標，應能夠較精確地反映出各指標間對整體教育現象的解釋程度，比起單一的統計數量或指標更能提供適切的訊息。

二、指標的呈現方式

當教育指標建立完成，並已有成果顯現時，發展出呈現統計資料或成果的方法就顯得非常重要。為了讓社會大多數人都能清楚而快速地看出指標所隱含的意義，必須考慮一種清楚而普遍化的指標呈現方式。基本上，發展一套呈現指標的方法時，須克服的困難主要是讀者的差異性極大，學者、教師、行政人員、研究者和一般大眾，對教育方面的報導會有著不同程度的興趣，他們在知識、職業等方面背景的差異，使得資料的呈現必須盡可能直接並做出完整的解釋，未經過驗證的假設必須盡可能減少。Bieserman 就曾經說過，失敗的指標呈現方式會使得學術上精確性的需求無法達成，也會使得那些非屬社會計量專家的社會大眾產生迷惑，造成兩頭皆

落空的窘境（引自 Johnstone，1981）。

傳統上，社會科學方面的統計量大都使用「表」（table）來呈現，這也是至目前為止最簡單又最普遍的方式，然而只用「表」來呈現統計資料會產生兩個問題：

㈠許多呈現「表」時必須注意的一些步驟與嚴謹過程，經常被編輯或統計資料提供者忽略。況且，對於報導的變項指標不完整，或不正確的描述，以及在描述變項時不當的交叉分類（cross-classification），都易造成報導的總額或百分比的數據不夠正確。

㈡由於「表」本身具有能夠一次呈現相當多訊息的特性，因此不論是領域內專家或一般社會大眾，在看到一大堆數字時，心理容易產生抗拒及排斥，易造成讀者沒有盡力去了解呈現出來的訊息。有時此種態度是可以理解的，因為「表」的編輯效果不佳或是資料出現了複雜的交互關係，都會使得讀者對於「表」所呈現的結果感到興趣缺缺。

如何克服「表」在這些情境下的限制，教育指標在呈現的技巧上其實也是一門學問。為了能以一種更清晰的方式達成指標呈現的目的，這方面的研究重點就在於探討所謂的「動畫統計量」（kinostatistics）。使用比「表」更簡明、更清晰、更生動的方式呈現指標，以下將以 Johnstone（1981）的分類方法，將一些指標所使用的圖畫呈現方式略述如下：

㈠呈現單一指標的方式

許多傳統的數學與統計圖表都可用以呈現單一指標，例如，統計上常用的圓形圖（pie-chart）、方形圖（square）、立方圖（cube）、直線圖（line-graph），以及長條圖或直方圖（bar-chart）等。這些方法在許多期刊與論文中都被廣泛使用。例如，我們欲了解三所高中在某次入學招生的辦理狀況，圖 4-1 是一個直方圖的呈現。由此圖不僅可看出甲、乙、丙三校分別在「指標 A」——錄取率，及「指標 B」——報到率的表現情況，亦可看出三校在兩個不同指標上的差異，可做比較之用。如果我們將「指標 A」視為考生錄取率，「指標 B」視為新生報到率，則我們除了可了解三校的考生錄取情形及新生報到狀況外，也可看出考生錄取率與新生報到

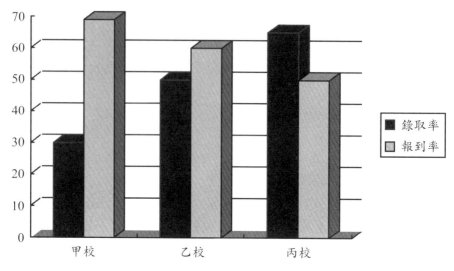

圖 4-1　單一指標的呈現方式（直方圖）

資料來源：研究者自行繪製。

率間有何相關存在。

　　除了上述的直方圖外，也可以利用直線圖連續的功用，看出單一指標的數值在一段時間內的連續年度裡數值變化的趨勢，也是直接而清楚的呈現方式。

(二)呈現具有相關性指標的方式

　　在教育系統中，指標並非只能單一呈現，透過連結多個指標以解釋教育現象的情況比比皆是。為了能夠達成同時呈現多個指標以顯示某一教育現象的目的，橫斷圖的製作就因應而生。但在應用橫斷圖時亦有一個重要的先決條件，就是指標之間至少須有中等程度的相關性，假若指標間之相關性不高甚至無法建立，那麼畫出來的線就沒有任何意義。亦即指標間之相關性愈大，一個指標的數值與另一個指標的數值連接起來的變化線條就愈有意義。例如，「美國國家科學基金會」（National Science Foundation）會定期發展與更新「科學與工程指標」（science and engineering indicators），表 4-1 是 1972 至 2003 年間學術單位研發經費來源的統計結果，

各學術機構主要的研發經費來源共有六類，分別是聯邦政府、非聯邦來源、學術機構、州及地方政府、產業界，與其他，詳細經費數字如表 4-1。

表 4-1　美國 1972 至 2003 年間學術單位研發經費來源的百分比統計結果

來源%　年代	聯邦政府	州及地方政府	產業界	學術機構	非聯邦來源	其他
1972	68.24	10.25	2.83	11.59	31.76	7.09
1973	68.84	10.21	2.91	11.04	31.16	7.00
1974	67.23	10.15	3.17	12.23	32.77	7.21
1975	67.12	9.73	3.31	12.25	32.88	7.59
1976	67.36	9.75	3.30	11.95	32.64	7.63
1977	67.03	9.19	3.41	12.65	32.97	7.72
1978	66.14	8.96	3.67	13.46	33.86	7.77
1979	67.05	8.79	3.60	13.70	32.95	6.85
1980	67.59	8.10	3.89	13.78	32.41	6.64
1981	66.76	7.97	4.26	14.66	33.24	6.35
1982	65.11	8.41	4.60	15.17	34.89	6.71
1983	63.30	7.94	4.93	16.51	36.70	7.31
1984	63.00	8.01	5.51	16.36	37.00	7.12
1985	62.60	7.76	5.78	16.69	37.40	7.16
1986	61.42	8.37	6.40	17.10	38.58	6.70
1987	60.42	8.42	6.50	17.84	39.58	6.81
1988	60.86	8.22	6.48	17.50	39.14	6.95
1989	60.03	8.17	6.64	18.01	39.97	7.15
1990	59.18	8.13	6.92	18.46	40.82	7.31
1991	58.20	8.38	6.85	19.15	41.80	7.43
1992	58.95	7.92	6.80	18.85	41.05	7.49
1993	59.93	7.81	6.82	17.99	40.07	7.45
1994	60.16	7.39	6.76	18.20	39.84	7.49
1995	60.13	7.62	6.72	18.25	39.87	7.28
1996	60.06	7.86	6.97	18.10	39.94	7.02
1997	58.74	7.83	7.13	19.28	41.26	7.02
1998	58.60	7.52	7.30	19.35	41.40	7.23
1999	58.49	7.34	7.38	19.54	41.51	7.24
2000	58.32	7.32	7.17	19.70	41.68	7.50
2001	58.61	7.08	6.77	20.15	41.39	7.40
2002	60.10	6.89	6.01	19.60	39.90	7.39
2003	61.72	6.62	5.40	19.17	38.28	7.10

資料來源：引自 *Sources of academic R. & D. funding: 1972-2003.* by National Science Foundation (2003). http://webcaspar.nsf.gov/statistics/seind06/c5/fig05-05.xls

　　若欲以橫斷圖的方式呈現，可將年代置於橫座標，將經費所占百分比置於縱座標，則可畫出如圖 4-2 的經費來源橫斷圖，如此會更清楚呈現各年代不同經費來源百分比的消長情形，如圖 4-2。

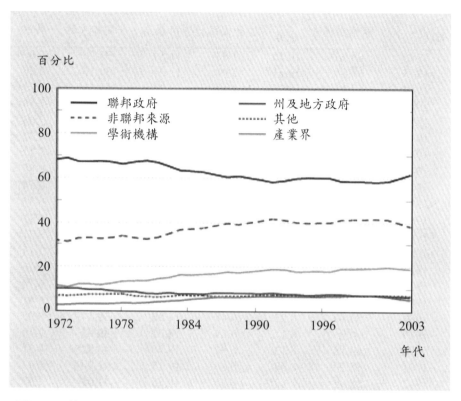

圖 4-2　美國 1972 至 2003 年間學術單位研發經費來源橫斷圖呈現方式

資料來源：引自 *Sources of academic R. & D. funding: 1972-2003.* by National Science Foundation (2003). http://webcaspar.nsf.gov/statistics/seind06/c5/fig05-05.htm

㈢呈現綜合指標的方式

　　欲呈現多個指標時，前面述及的單一指標呈現方式，如長條圖、圓形圖……等皆可使用。其主要方法是將各指標分開呈現，或將個別代表的系統分開呈現，但使用上必須特別注意兩個原則：

　　1. 每個指標的數值都必須加以標準化。當數個使用不同統計基礎的指

標必須在一個圖中同時呈現時，應把使用相同統計基礎的指標歸類在一起，並將其數值盡量透過標準化的計算。

2. 每個指標數值較高的那幾個必須畫在同一個方向，如此可避免在解釋時產生圖形上下左右不同方向的困擾。

Chernoff 曾經運用人們注重人類表情外型上特徵的習慣，在進行指標研究時，把一些特定的指標用人類臉部的表情加以呈現。如圖 4-3 及表 4-2，是利用人類臉部表情來比較澳洲、奧地利、巴西、哥倫比亞、伊索比亞、芬蘭、宏都拉斯、伊朗、以色列、美國、蘇聯等十一個國家在十個指標之表現情形（引自 Johnstone, 1981）。

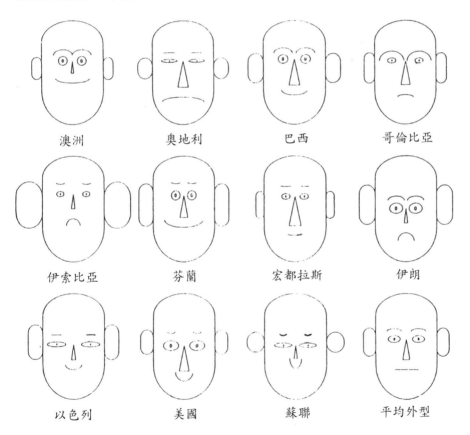

圖 4-3 以臉部的表情呈現指標的方式

資料來源：*Indicators of education system,* by Johnstone, J. N., 1981, p. 221.

表 4-2　以臉部表情呈現指標時的指引

臉部的特色	解　　釋
嘴巴的寬度	嘴巴愈寬，表示基本教育發展愈普遍
嘴部的笑容	嘴部笑容愈大，表示女性參與分配教育資源愈普遍
耳朵的長度	耳朵愈長，表示愈重視中等教育的發展
耳朵的寬度	耳朵愈寬，表示愈重視提供公平機會給女學生參與
鼻子的大小	鼻子愈大，表示高等教育中，法律、社會科學等課程比例愈高；鼻子愈小，表示人文、教育、藝術等課程的比例愈高
眉毛的彎曲	眉毛向上彎曲的程度愈高，表示愈重視教師教學的設備
眼睛睜開的神韻	眼睛睜愈開，表示中等教育愈符合普遍教育的潮流
斜視的程度	斜視愈厲害，表示學前教育供給的比例愈高
瞳孔的距離	瞳孔距離愈大，表示高等教育學生選修自然科學課程之比例愈高
眼睛的位置	眼睛的位置愈低，表示所提供教育之品質愈高

資料來源：*Indicators of education system,* by Johnstone, J. N., 1981, p. 222.

在一國經濟活動的領域中，通常為了衡量各時期經濟活動的盛衰概況與景氣水準，也會將一群與經濟活動有密切關係，且對景氣變動敏感較大的統計數列，經由統計方法綜合處理，使其能反應經濟社會中各部門之活動情況，此即所謂的景氣指標（Business Cycle Indicators）。我國行政院經建會經濟研究處於 1976 年編製完成景氣指標，並參照歐美及日本的手法編製出一套「景氣對策信號」，以對我國經濟活動的景氣與否發出不同的警戒信號（張果為，1978）。

所謂「景氣對策信號」主要係對政府所應採取之景氣對策，預先發出警戒信號，內容取決於一國當時經濟發展階段的政策目標。在我國經建會編製之景氣對策信號，包括消費者物價、貨幣供給、結匯出口值……等十二項。而此一統計數列在經過季節調整與消除不規則變動後，對每一數列分別訂出四個變動率數值，並以這些數值作為分界點，稱為檢查值（check point），再按照檢查值區分為「雙紅燈」、「紅燈」、「黃燈」、「綠燈」、「藍燈」等五種信號，每一種燈號給予不同程度的分數，即雙紅燈五分、紅燈四分、黃燈三分、綠燈二分、藍燈一分，每月按十二個數列所代表之分數合計，因此最高為六十分（即全部數列皆為雙紅燈），最低為十二分（即全部數列皆為藍燈），用以判斷當月之景氣對策信號。各信號之代表意義如下：

1. 雙紅燈：表示景氣過熱，必須採取強力之緊縮措施。
2. 紅燈：表示景氣稍熱，此時若無適當措施，過熱情形可能會來臨。
3. 黃燈：表示景氣尚穩，但在短期內可能轉熱或趨穩，不宜緊縮。
4. 綠燈：表示景氣很穩定，力求穩定中成長。
5. 藍燈：表示景氣進入蕭條，必須採取強力刺激景氣復甦之措施。

景氣對策信號的編製能夠以清楚生動的燈號對經濟景氣預先發出警戒，以提供決策單位在擬定各階段性政策時之參考。使用以來，已使大部分民眾能夠從不同燈號的顯示中了解國家經濟景氣之現況。教育指標的編製除了對現況加以了解與檢討之外，當然希望能夠再針對未來變動的情況加以預測及觀察，以供教育當局診斷之依據。類似景氣燈號之運用，生動而明確，應不失為理想的指標呈現方式。

總之，指標的呈現除了最常用的「表」及「數字」的方式外，尚有上述多種可運用的技巧。但除了這些可用印刷呈現的方式外，使用非印刷（non-printed method）的呈現方式也可參酌運用，例如使用電視螢幕、視聽設備等等。不論何種呈現方式，都應以指標的特性及讀者的知識背景為最高考量，研究者必須根據實際狀況選用最適當的呈現方式，使指標的功用能夠充分發揮。

93

三、教育系統的評鑑與指標之關係

　　教育指標的主要目的在評量教育系統之健康狀況及運作效率，以協助決策者做出較佳的決策，馬信行（1990）以為要衡量教育品質，可透過教育指標的概念來連結品質的發展與測量。因此，指標的選擇與建立有賴於研究者對教育系統各組成層面及因素的充分了解。Oakes（1986）從政策分析的觀點切入，去分析教育系統的投入與產出，認為教育系統主要可分成三部分，即輸入、過程與輸出三大面向，在進行教育系統評鑑時，應考慮其相互間之影響，其內涵大致為：

㈠輸入部分：主要有教育資源、財力、教師品質及學生等項。

㈡過程部分：主要有學校運作、課程、教學、指導品質等項。

㈢輸出部分：主要有學生成就、離校率、公民參與及態度期望等。

　　三部分間彼此互相影響，其間之關係如圖 4-4。

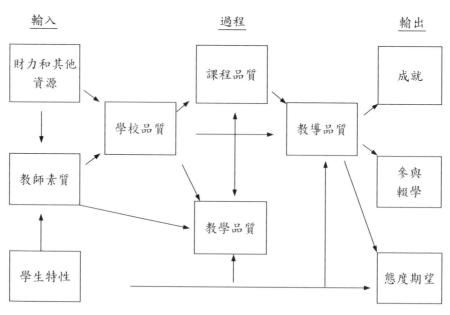

圖 4-4　教育系統的綜合模式圖

資料來源：*Educational Indicators: A Guild for Policy Makers.* by Oakes, J., 1986, p. 9.

在教育指標的建構中，一般而言，此種「輸入、過程、輸出」的模式架構最廣為研究者使用。圖 4-4 中，Oakes 將輸入、過程，與輸出等三大面向的內容加以分析，並指出各指標間的因果關係。透過此模式架構，我們可了解在不同面向下，指標必須代表呈現的重要內涵。不過，此一模式僅強調從教育系統的內部因素做分析，並未對教育系統的外在因素加以檢視（孫志麟，1998），例如外在社區或家長的規範，應該也是建構指標體系時必須注重的因素。

Plomp、Huijsman 和 Hluyfhout（1992）則考量到建構指標模式時須注意外在及背景因素的條件，根據 Stuffbeam 所發展出之 CIPP 評鑑模式，將教育指標在評量教育系統時，加入指標系統所處環境的社會影響，亦即加上學區與社會經濟上的特徵此一背景指標，形成背景指標、輸入指標、過程指標及輸出指標等四類指標，其模式如圖 4-5。

圖 4-5 結合了 CIPP 評鑑模式與教育指標的理論，在考慮背景特徵的情況下建構指標體系，應會使指標的發展較趨完備。

綜合本節所述，探討了教育指標的意義、功能、類型、綜合指標與指標系統的發展、指標呈現方式，以及教育系統的評鑑與指標的關係。我們又可從本部分文獻分析整理的過程與結果中，獲致以下主要結論：

(一)簡單的說，教育指標為一種統計量，能對教育現象直接測度，並且能提供教育各主要層面的表現狀況，但其所呈現的只是對當前教育狀況的一種概括性掃描，而不進行較深入之研究或描述。

(二)教育指標雖有多種功能，但亦必須了解其限制，避免因武斷引起的過度解釋，造成指標的誤用與濫用，破壞指標建構良好的美意。

(三)指標的建構過程，涉及主觀的價值判斷以及客觀的理性行為，必須兼顧兩方面對指標精確性的影響。

(四)教育指標的具有多元化類型，端視使用者與使用情境的需要，做出最佳的搭配選擇。

(五)教育指標是經由簡化後的真實呈現，故教育指標應不單只是對教育制度進行單一標準的呈現，必須能建立起完善的指標模式或體系。利用「以簡馭繁」的原理，進行教育現況的診斷及建議。

㈥教育指標的呈現方式亦有多元的選擇，一般而言皆為數字的呈現，但亦可適度應用圖、表或動態的方式呈現，以增加利害關係人對指標結果接受的程度。

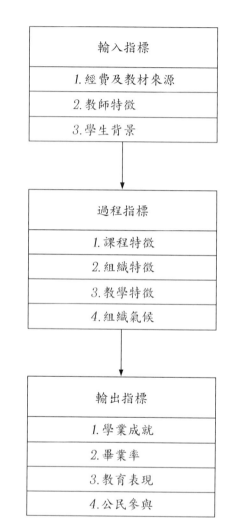

圖 4-5　評鑑教育制度之指標圖

資料來源：*Monitoring in educational development projects: The development of a monitoring system.* by Plomp, T., Huijsman, H., & Hluyhout, E., 1992, p. 66.

㈦教育系統在運用指標進行評鑑時，指標的選擇與建立有賴於研究者對教育系統各組成層面及因素的充分了解。一般而言，教育系統的評鑑指標主要可分成背景指標、輸入指標、過程指標及輸出指標等四類指標，在進行教育系統評鑑時，應考慮其相互間之影響。

第三節　教育指標、評鑑標準與評鑑指標

一、評鑑標準與評鑑指標的關係

　　如果能清楚了解前述教育指標的說明，那麼對評鑑指標的基本概念也就不難推演而出。而既然評鑑指標來自於教育指標的概念，那麼評鑑指標也就會具有教育指標量化的特性。事實上，會將指標運用至評鑑領域，主要也是因為評鑑指標的建構可以使得評鑑工作更客觀、更有指引的作用，讓評鑑內容更加清晰。謝金青（1997）認為為使評鑑工作順利推動，通常在進行系統評鑑時，會需要一套既相關又獨立的評鑑變項，這組既相關又獨立的評鑑變項就組成了系統評鑑的指標體系。所以，評鑑標準與評鑑指標都具有將評鑑目標系統化與結構化的功能，並具體客觀的去評估教育品質的表現。

　　一般說來，評鑑標準的內涵來自於評鑑目的與評鑑面向，為使評鑑標準更具體、更詳細，則必須進一步對評鑑標準進行內涵與要素分析，常用的方法就是制訂出經「操作型定義」的指標，此更具體的指標可稱之為評鑑指標。也就是說，評鑑指標即是評鑑標準具體化及操作型定義後的數量表現（王保進，2006a）。其間關係可簡單如圖 4-6 所示。

圖 4-6　評鑑標準與評鑑指標關係圖（具階層關係）

　　當然，有時評鑑標準與評鑑指標也不一定完全存有上下的階層關係，有些研究建構出之評鑑指標，其資料來源自教育統計資料庫或問卷調查，具有十足教育指標的特性。例如，王如哲（2006）曾建構大學教學評鑑指標，以衡量我國大學校院的教學表現，指標共七項，附有權重值的設計，分別是「師生比」、「單位學生購置圖書總經費」、「單位學生儀器、設備總經費」、「學生對教師教學的滿意度百分比」、「雇主對學校畢業生之滿意度百分比」、「畢業後繼續升學率」，以及「畢業後就業率」等，資料都是非常量化的呈現結果。此種評鑑指標基於量化資料取得的客觀性與便利性，直接建構自評鑑目的與評鑑面向，並非延伸自評鑑標準，和評鑑標準間就不具有階層關係，如圖 4-7 所示。

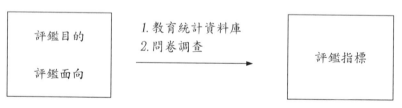

圖 4-7　評鑑標準與評鑑指標關係圖（不具階層關係）

　　不論上述兩種評鑑標準與評鑑指標的關係程度如何，是有階層關係或是無階層關係，一個很明確的差異就在於量化與質化的分別。除此之外，也有研究與學者並沒有嚴格地區分評鑑標準與評鑑指標，認為如果評鑑標準本身就能夠很明確地賦予操作型定義或數量化，那麼此種評鑑標準幾乎就等同於評鑑指標。也因此，有些研究會有「量化的評鑑標準」或「質化

的評鑑指標」的說法。

二、教育指標與評鑑標準的差異

　　綜合前述教育指標的說明，參照前一章對評鑑標準的分析，我們至少可以歸納出四點教育指標和評鑑標準在本質與運用上的差異，分別是：

(一)教育指標為具體的數字呈現，評鑑標準為概念性的架構

　　不論教育指標或是評鑑指標，在本質上強調的呈現方式都是以「具體的數字呈現」為主，故各指標必須有明確的操作型定義。而評鑑標準在性質上強調的則是「概念性的架構」，以敘述性的語句為主，是屬於較上位的概念，必須能涵蓋所有的教育目標。兩者在呈現時就一定會有不同的方式與風貌。另外，前章曾述及的「教育標準」，雖然也是偏向具體行為目標的呈現，但因為教育標準通常運用於學生的學習表現，在內容上和教育指標運用於整體教育系統的方向不太相同，運用範圍和目的亦皆有差異。

(二)教育指標主要用於教育系統的概覽，評鑑標準主要適用於方案、機構與人員

　　教育指標主要用來提供一個對教育現況的概覽，監控教育系統的變化，協助進行教育決策與管理。而評鑑標準則是用來衡量某一特定評鑑方案或計畫、機構、與人員，通常用來評核受評對象是否達成某一特定目標，作為判斷優缺點及價值的依據。兩者在應用的範圍與對象上差異甚大。不過兩者也都有其參考上的限制，尚必須搭配訪談或實地訪視等技術，才能夠更深入了解教育系統及方案的實際狀況。

(三)教育指標須基於充實的教育資料庫，評鑑標準則基於系統的價值判斷

　　教育指標系統能彙整教育統計的結果，其是否完善必須奠基於內容豐富的統計資料庫，既可作為教育專業人員的次級分析之用，又可開放給社

會大眾，滿足其對教育資訊了解的需求，並提供教育行政人員進行決策之用（張鈿富，2001）。而評鑑標準目的在提供評鑑時價值判斷的依據，有時評鑑標準還須依照不同領域特性調整內容，甚且發展出更明確的次級標準，所以，數字與統計資料庫並非唯一完全可依賴的參考基準。不過無論教育指標或評鑑標準，評鑑人員將其運用至評鑑實務時，配合理性與系統分析過程才是最重要的。

㈣教育指標為量化的呈現，較為客觀且單純；評鑑標準為質化的陳述，較為主觀而複雜

　　教育指標在經過資料蒐集分析後建立其架構和項目，透過教育統計的彙整以量化的方式呈現，每一個教育指標都會有客觀而單純的特性。評鑑標準則多為敘述式的詮釋，雖然務求清晰明確，但在解釋時難免會偏於主觀。不過，評鑑標準因描述對象的特性及複雜度，有時也會有量化呈現的需要。因此，透過操作型定義的方式，可將評鑑標準分析出更具體量化的評鑑指標。研究者必須強調評鑑標準在運用時，應兼顧量化與質化標準的呈現。

　　至此，我們也可以大致對評鑑標準與評鑑指標下結論。評鑑標準本質上是屬於闡述性且偏向質化的概念描述，是指在評鑑歷程中作為評鑑指引或依據的原則，是屬於應然的、較上位的層次。而評鑑指標則因來自於教育指標的概念，性質上是指提供評鑑判斷的一種統計量，較屬於量化的數值，也是較實然的、較下位的層次，必須經過操作型的定義。所以，評鑑標準對評鑑具有規範與指引的作用，而評鑑指標則可作為檢視這些規範與指引的客觀指針（孫志麟，2004）。兩者並非互斥，反而在教育評鑑實際運用時必須相互為用，上下連結，涵蓋所有教育目標與範圍，協助評鑑有效進行。

貳、
方法論篇

第五章

評鑑標準的建構方法

　　經過前幾章對評鑑標準概念的說明後，可知道評鑑標準在教育評鑑過程中扮演著重要的工具性角色，我們渴望評鑑標準能提供令眾人信服的證據、確實呈現評鑑的內容、盡可能符合評鑑的情境，真正能發掘評鑑的真相，所以如何建構適當的評鑑標準，也自然是評鑑專家學者努力追求的目標。本章主要目的就希望探討適合建構評鑑標準的方式，首先就評鑑標準一般性的建構理念略做說明，接著探討以合作取向為基礎的建構原則，再整理分析常用來建構評鑑標準的取向或方式，最後則提出幾個建構評鑑標準尚待討論的重要議題。

第一節　建構方法的基本理念

一、以彙整「人」的意念為主

　　由於標準是用來判斷事物優質的程度，故不論標準是量化數據或質化敘述，都必須歷經人類的理性思考與價值判斷，才能做出最後決定。所以，標準產生的最佳訊息來源也絕對脫離不了人的價值（Stake, 2004），透過評鑑專家的學養與經驗可歸納分析出評鑑的特徵，標準也因此一定要由彙整「人的意念」來建構。理想上，我們建構標準的目的在透過標準來分析

比較，讓評鑑工作變得客觀而簡便，不過事實上，現實狀況卻讓我們常常面臨很大的困難，這困難點就在於我們很難發展出一套廣受人們完全同意的評鑑標準。簡單的說，標準雖然由人而「生」，但是標準卻也常會因人而「異」，人與環境互動後的複雜意念使得評鑑標準的建構變得困難，完美且放諸四海皆準的標準現實上幾乎不可能存在。

雖然評鑑標準的建構甚為不易，但卻無可避免的要由人的意念來建構。綜覽國內、外評鑑實務經驗，評鑑標準的建構方式還是以能夠獲得集思廣益與公眾認同的「共同建構」法為主流，而共同建構的人選也必須具有專業性與代表性。蘇錦麗（1997）就認為評鑑標準制訂的人員一定要具有代表性，應該由與受評教育機構相關各界選出代表加以訂定，各界代表包括：受評機構相關主管、教育行政人員、教授、學生、教育行政機關之高級行政人員，以及社會賢達人士。至於評鑑標準制訂的歷程，則應盡量民主化與制度化。以英國高等教育的評鑑而言，係由「高等教育分配經費委員會」（Higher Education Funding Councils，簡稱 HEFCs）下的「聯合工作小組」負責，小組的組成是相關領域的學者專家，透過共同建構的方式發展兼重質化與量化的評鑑標準。美國在 1990 年代重視全國性標準的發展，當時「美國國家科學教育標準」就曾集合了科學家、科學教師、科學教育學者、教育行政人員、政府官員、督學、教科書代表、工商界代表、議員、家長等數百人組成「發展小組」，在總統的支持下，於 1989 年初步成立，至 1993 年初稿完成，並於 1996 年出版（王美芬，1997）。

另外，再以目前在教育評鑑領域上最具公信力，且最廣為運用的「方案評鑑標準」（Program Evaluation Standards）為例，其產生方式就是由「教育評鑑標準聯合委員會」邀請許多專家學者參與討論或諮詢，利用專家群體決策歷程以建立出共識性的標準。由於「教育評鑑標準聯合委員會」是一個擁有二百多萬名會員及十二至十五個專業團體認同的組織，並且是「美國國家標準局」所認定在教育評鑑領域最具公信力的教育評鑑標準制訂團體，因此，「方案評鑑標準」的產生具有權威性與共識性的基礎，才能成為評鑑標準建構與應用上最具參考性的指引。事實上，任何團體發展出的標準，若想要獲得「美國國家標準局」的認可，最重要是必須有一連

串建立共識的過程，並清楚仔細地界定各項標準，「建立共識」在標準建構過程中的重要程度可想而知。如果想要進一步獲得「美國國家標準局」對標準持續的認可，那麼標準就必須有持續修正的歷程。通常的規範是至少每五年就必須對標準進行檢視與更新（Stufflebeam, 2000c）。至於常用來更新標準的做法，則是廣泛蒐集關心標準發展的社會大眾之意見。評鑑標準經公告與實際運用一段時間後，會透過一般書信、電子信件、電子留言版、討論區、電話等方式彙集大眾意見或建議，並經過委員會修正會議後決定修正的幅度與內容。這種修正方式事實上也是以彙整大眾意見的原則為基礎，只是蒐集意見的管道不同而已，評鑑標準無法脫離以人的意念為主的建構理念。

二、合作取向的建構理念

既然標準的建構要以蒐集人的意念為主，那麼，教育評鑑領域中強調集思廣益、相互合作的「合作取向」（collaborative approach）的概念，可說是很適合的標準建構原則。事實上，合作取向評鑑早就廣為運用在教育評鑑實務中，也早已發展出許多以合作為基本原則的評鑑取向與模式。根據O'Sullivan（2004）的觀察，在現代許多新的教育方案評鑑的模式中，在歸類上屬於合作取向，或是參與者取向的評鑑，還包括了Stake（1983）倡導的「反應式評鑑」（responsive evaluation）、Lincoln和Guba（1985）等人提出的「自然探究評鑑」（naturalistic inquiry）、Patton（1997）發展的「效用焦點評鑑」（utilization -focused evaluation），以及 Fetterman（1994）所提出的「賦權增能評鑑」（empowerment evaluation）等。這些評鑑模式在理念與本質上雖有一定程度的差異，不過，都強調評鑑過程中將所有利害關係人加入成為實際參與者，重視他們對方案活動價值觀察的意見，讓評鑑結果更符合大多數人的需求與期待。很顯然的，合作取向或是參與者取向評鑑強調利害關係人合作參與的理念，在現代評鑑取向中占有愈來愈重要的地位，也成為評鑑標準建構過程中最主要的建構原則。

(一)合作取向評鑑的特色

追溯合作取向評鑑的發展，可發現早期由於評鑑的推動常容易使教育工作人員感受到壓力與恐懼，而且許多方案評鑑的結果近似於學術研究報告，實務工作者或其他利害關係人閱讀不易，再加上評鑑結果與報告常常未能符合與解答受評者實際的問題，因此，評鑑必須符合單位組織以及利害關係人實際需求的概念益受重視。此「評鑑必須反應方案的需求」概念，即是 Stake（1983）最早提倡反應式評鑑或當事人中心的基本看法。

在評鑑必須反應方案實際需求的理念下，評鑑學者們開始思考，應該將方案的利害關係人納入評鑑規劃、設計與實施歷程，並讓他們適度分擔評鑑的責任，甚至包括做決策的階段。前述參與者取向的評鑑模式正說明了此種訴求，更因此發展出合作取向評鑑此一重視團隊合作的模式。Fetterman（2001）就認為合作取向評鑑是一種廣博性的評鑑取向，像是參與式評鑑與賦權增能評鑑，都可以歸入合作取向評鑑的範疇。只不過是在評鑑的領導權與最後決定權上，此二評鑑取向會因評鑑初始設計與需求，而有不同對象與程度的歸屬。Cousins 等人曾針對合作取向評鑑進行深入探討，他們將合作取向評鑑定義為：「不論何種形式的評鑑，凡是評鑑過程中，評鑑者和利害關係人在計畫和實施評鑑時，有明顯的參與及合作關係，皆可稱之為合作取向的評鑑。」（Cousin, Donohue, & Bloom, 1996; Cousins & Earl, 1995; Cousins & Whitmore, 1998）綜合學者的看法，簡單的說，合作取向評鑑主要的意義就是：「在評鑑規劃、設計與實施歷程中引進方案的利害關係人，運用參與者不同面向的專業與涉入程度，來強化評鑑的實務與結果，並增進評鑑發現的價值。」

前述定義除了強調利害關係人的參與之外，提升評鑑發現或結果的有效性則是合作取向評鑑的重要目的。評鑑發現與結果的有效性，是方案評鑑能否發揮功能的核心價值，如果方案評鑑僅是理論性的學術研究，或是漫無目標的批判，將喪失評鑑發現與結果的有效性，那麼方案評鑑只是徒具擾民的活動。合作取向評鑑針對此缺失在評鑑過程中加入利害關係人，所有參與者皆負有提升評鑑成效的責任，評鑑結果也會因重視效用與符合

實務需求而獲得實質的改進（Greene, 1987; Levin, 1996; Linney & Wandersman, 1996）。當評鑑的參與者含括了實務工作者，那麼，評鑑過程的思考與判斷將更得以擴展至實務層面。

因此，若以綜觀的角度來看，可以整理出合作取向評鑑的主要特色，大致可歸納成以下幾點：

1. 重視對評鑑目的與需求的回應

合作取向評鑑源自於對評鑑目的與實務需求的重視，因此，每一位評鑑參與者都必須努力去了解評鑑的目的與需求。對於部分的參與者而言，可能是第一次接觸方案評鑑，故合作取向評鑑也強調參與者訓練的重要性。此外，參與者的動機與能力也是必須考量的重點。

2. 問題導向的評鑑計畫與設計

合作取向評鑑最好能發展出一套完整的評鑑計畫或架構，此計畫必須具有引導評鑑參與者透過相互溝通，增進對評鑑目的與需求深入了解的功能。所以，此計畫應該包含動態性的設計，方便溝通、對話、分享，以確保其有效性。此外，不論評鑑計畫或是資料蒐集都必須是問題導向的，特別是交互討論後產生的問題，雖然一定較為複雜且不容易解決，但因溝通對話產生的深入程度，往往才浮現出合作取向評鑑的真正價值。

3. 強調評鑑的協商、公正與結果

合作取向評鑑強調協商的價值，重視方案工作網絡的運作，在民主與開放的合作過程中檢驗所關切的議題，無形中更增進了評鑑的公正性，也使得利害關係人得以深入了解方案的價值，並分享方案的成果。對於評鑑實務品質的提升亦有實質的助益。

(二)合作取向與標準建構

要能夠使參與取向評鑑（合作取向評鑑）充分發揮應有的效果，在進行合作取向評鑑時，Smith（1999）提出了五個組織系統，以及六個評鑑者必須具備的基本需求，整理如下：

107

1. 五個組織與系統應具備的基本需求

(1)評鑑和其應用研究都必須具有實用價值。

(2)必須充分提供評鑑所需的時間和資源。例如：要能協助評鑑參與者解決日常工作事務的牽絆，使其能全心全力投入評鑑工作。

(3)評鑑單位必須規劃出參與人員組織化的學習程序，亦即必須建立有架構的任務分工與訓練。

(4)參與評鑑的教師或行政人員必須是有動機的。可配合提升參與者內、外在動機的激勵措施。

(5)工作人員必須具備專業能力，並給予適當訓練，使之熟悉評鑑事務與工作技巧。

2. 六個評鑑者具備的基本需求

(1)在評鑑技術性的研究能力與技巧上受過必要的專業訓練。

(2)時間上必須能盡量配合。

(3)每項必需性的資源都能發揮最佳功效，例如，評鑑經費與服務上的支持。

(4)能扮演教學的功能或角色，例如，使主要的參與者都能獲得成功完成評鑑的智能與技巧。

(5)對評鑑工作具有動機並願意分享與學習。

(6)對不完美具有容忍力，並能處理錯誤產生時的危機。

若將上述合作評鑑的基本需求運用在標準建構上，整體說來，建構過程的首要工作就是將專家學者等參與者組織起來，最好是能安排分享討論的機會，利用群體工作網絡的概念來凝聚多元的意見和期望。在此同時，也必須確認建構者在該領域的專業知能與限制，若有需要，則提供其課程訓練及更充分的專業資訊。另外，關於時間、空間、資源上的提供也不能缺少，務必給予建構者最佳的支持情境。建構過程也最好能關切建構者的動機，畢竟人的內在心理狀況對意念的產生與發展是一定會有影響的。

第二節　建構原則之分析

一、標準建構的參考策略

　　評鑑標準的建構方式基於「人的意念」與「合作取向」的理念，若運用在教育實務上，則建構評鑑標準應依循前述理念發展出一些較具體的策略以供參考。「美國政策研究教育協會」（Consortium for Policy Research Education，簡稱 CPRE）就曾針對「教育內容標準」提出發展與建構時的建議，共九項（引自林天祐，1997）。

㈠深入了解及分析各學科的知識內容及架構，是擬定學科內容標準的第一步。依據分析的結果，可以從中擬定基本的，以及重要的學科內容標準。

㈡發展標準的過程可以學者、專家的意見為主，再廣泛徵詢社會大眾以及教師的意見，以避免一開始就因意見過於分歧而無從下手。

㈢發展學科內容標準不是一蹴可幾，必須經過長時間的溝通、研究、評估、改進，才能訂定出完整而有效的標準。

㈣不宜統一訂定相同的模式，並套用到不同的學科領域。不同的學科應依據學科本身的特性，使用不同形式與內容的標準。

㈤擬定標準的組織必須進行跨學科間的整合，以發展出統整性的標準。推動學科專家之間不斷的接觸及對話，是促進學科整合的有效途徑之一。

㈥在擬定標準的過程，學科內容標準的概括程度如何，是一個重要的課題。一般而言，通常會考慮到留給學校及教師足夠的彈性空間。

㈦必須依據教育專業的判斷訂定學科內容標準，盡量排除非專業因素的干預。一個多方妥協之下的標準，往往會因為失去應有的堅持及精神而種下敗因。

㈧發展學科內容標準的過程，可以作為不斷提升教育人員專業能力的基礎。由於廣泛的接觸及參與訂定標準，使得教育人員有機會吸收新的觀念與

知識。

㈨發展出來的學科內容標準必須具有相當的持久性，但也必須定期不斷修
正。修正的時間間隔上不宜過於短暫，以免學校及教師無所適從。

二、標準的建構原則

為使評鑑標準能符合受評單位或方案的實際狀況，具有實務價值，並
讓大多數利害關係人接受，標準建構在設計時也因此必須迎合一些要素與
原則。廖泉文（1990）曾針對評鑑指標的建構，指出教育系統評鑑指標體
系的建立應符合下列原則：

㈠比較性：即評鑑指標是可以相互比較的，具有類似的基礎和條件，又有
相同的層次和相同的量化標準。

㈡客觀性：能真實客觀的衡量學校辦學水準。評鑑指標的建構應重在可精
確測量的指標，盡量減少主觀的判斷與評定（馬信行，1990）。

㈢系統性：系統性包含了整體性，即在評鑑中不能遺漏或忽略重要的內容，
在評價的層次上必須符合系統的概念。

㈣可測性：即指標所規定的內容，是可透過實際觀察加以直接測量，且可
以獲得明確結論的。

㈤相互獨立性：系統內各指標相互獨立，在同一層次的指標不互相重疊，
未存在明顯的因果關係。

從這五個原則可看出，評鑑指標的建構必須滿足並符合指標量化、具
體化，與系統化的特性。

評鑑標準因為和評鑑指標本質上有差異，所以除了前述的參考策略與
原則外，是否還有哪些重要的成分值得我們重視？蔡重成、吳泓怡、陳德
敏和陳姿吟（2005）主張，評鑑標準應該具備「系統性」與「整體性」兩
大原則，系統性考量的是評鑑標準的內容是否有相互關聯，而能展現系統
循環的特質。整體性則強調評鑑標準的內容必須完整涵蓋各項品質管理及
需求。除此之外，我們若從歷史發展的脈絡來看，前面第二章美國標準建
構的經驗中曾提及，由於其標準化運動的過程是美國民主與多元社會發展

的縮影，在民主的主流價值與高度分權自治下，使得非政府性質的私人企業與工會團體，一直掌握著標準發展與建構過程的主導力量。標準建構為民間自發性的運動，政府的角色並非「主控者」，而是某種程度上的「參與者」。因此，此種「自願」（voluntary）性質高的標準發展與建構過程，通常會具有正式公開、協議本位（consensus-based）、合作參與等原則與特性。在資料蒐集時或蒐集後廣徵利害關係人的意見，或進行多方討論來凝聚共識，彙集眾人力量來完成標準發展與建構的任務。然後在標準建構完成後，再透過測試、檢驗、驗證，以及認可單位之認可等方式，來確保標準的品質與效用。「美國國家標準局」此國家級的認可機構，即扮演著考量某一標準的運用或服務是否符合實際需求的「符合性評鑑」之重要角色（ANSI, 2005）。

　　至於我國由於政治與經濟制度發展背景不同，加上起步較晚，標準的建構幾乎由政府主導與推動，一般企業界或工業界的國家標準發展由經濟部「標準檢驗局」所主導，教育方面的標準則主要由教育部主導建構。和美國由民間企業發起，專業團體主導，政府協助的情形不甚相同。不過在標準的建構方式上，主要的原則和程序差異不大，圖 5-1 為我國「標準檢驗局」所制訂之國家標準制訂流程，可看出大致可分成以下幾個階段（經濟部標準檢驗局，2006）：

㈠建議階段：任何人、機關或團體皆可提出制定、修訂或廢止國家標準之建議。

㈡起草階段：標準草案之編擬得交由國家標準技術委員會或委託專業機關、團體、學校、廠商或專家辦理。如有相關國際標準存在或即將完成，應以其全部或相關部分為編擬依據。

㈢徵求意見：徵求利害關係人及相關技術委員會或審查委員會委員、專家、廠商、機構、團體、學校之意見，並刊登公告。

㈣審查：標準草案由相關類別之技術委員會參酌審查意見彙編及相關資料審查之，經審查通過後即編成國家標準稿。

㈤審定：國家標準稿由審查委員會審定，有關標準技術事項除非內容相互矛盾或與政策、其他法令或國家標準相牴觸，否則只得就文字做修正。

㈥公布：國家標準審定稿由標準專責機關報請經濟部核定公布，並將名稱刊載於全國性標準化業務之刊物上，經公布後即為國家標準。

㈦國家標準之確認：國家標準自制定、修訂或確認之日起滿五年者，即應公告徵求修訂或廢止之意見，如無意見，即逕提審查委員會確認並公布；如有意見則予修訂或廢止。

㈧國家標準之轉訂：已有相關國際標準或我國團體標準存在，而其適用範圍、等級、條件及水準等均適合我國國情者，得據以轉訂為國家標準，且得不經起草及徵求意見之程序。

關於我國國家標準的制訂流程，請參考圖 5-1。

從前述我國與美國標準的建構方式或程序中可看出，包括集思廣益、公正、客觀、有效且符合實際需求等，都是評鑑標準建構時的重要成分，經整理至少可歸納出以下五個建構原則：

㈠以正式而公開的程序進行

為使領域利害關係人皆能充分了解建構歷程與結果，不至於因不了解而產生誤解與誤用，標準建構過程正式、公開，且透明化的程序就顯得重要。太過「黑箱」的建構歷程雖然方便進行，但一方面不符合民主潮流與程序，另一方面也無法取得後續使用者對標準的信任。

㈡由專業團體或機構主持建構

標準的信度和效度決定標準的實用價值。若運用專業團體或機構的專業力量來主導建構標準，可動員為數眾多的專家學者等利害關係人，透過討論會等團體協商機制，來強化標準的專家與內容效度。而專業團體較個別研究擁有更豐富的資源與資金，能在無時間壓力下進行多次反覆的標準修正，對標準信度的提升也有助益。因此，由專業團體或機構主持建構會較單一或個別型研究來得合適。

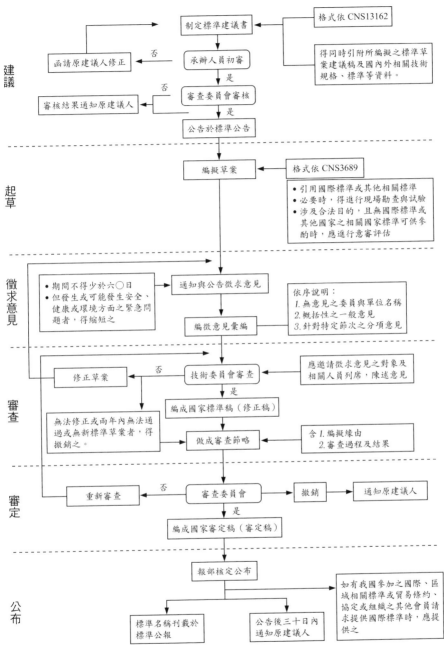

図 5-1　我國之國家標準的制訂流程

資料來源：國家標準與正字標記簡介，經濟部標準檢驗局，2006，頁 16。

(三)強調協商與合作的機制

建構標準既非一人可獨力完成，那麼協商與合作即為重要的原則。所謂的協商主要是指專家或參與者在意見上的討論與協調，以利專家共識的產生。所謂的合作是指在建構過程中利害關係人的相互支援，為同一個目標而努力的概念。建構過程中協商的平台與合作的方法都必須明確的建立。

(四)重視所有利害關係人之意見

某種程度上，標準可說具有「放諸四海而皆準」的理念，要讓利害關係人能有一套可遵循的依據。因此意見的蒐集愈是多元，標準的完整性就會愈高，故重視利害關係人的意見是最基本的要求。

(五)以公正的審定或認可制度來評估

將建構完成的標準施以審定與認可的過程，可說是標準通過專業化評估的最後工作。通常審定或認可的責任會交由具權威性、公眾性的專業機構，或是官方或半官方的組織來辦理，如此才能更進一步符合社會大眾的期待，加重標準專業化的地位。

第三節　常用的建構方法

綜合「人的意念」與「合作取向」此二理念及前述諸多原則，應不難發現建構評鑑標準的主要方式。「國際標準組織」（ISO）在制訂各種標準時，會將標準的類別做相對的分類，並會有不同的標準建構方式。第一種是經過長時間的分析研討，由會員國投票所產生的標準。另一種是針對地區的迫切需要，由於具有地區性與急迫性，故可以透過技術委員會的運作來建構與發布（蔡重成等，2005）。不過不論哪一類標準，利用研討會等專家導向以及眾人決議的過程來彙整與確認標準，應是主要的標準建構方法。近年來教育研究領域中頗受重視的「三角檢核法」（triangulation），

常用來檢定不同資料來源與方法。研究者針對同一問題，蒐集三方面人員（例如：學生、教師、行政人員）之看法，多方面檢定研究問題，其原理與用法也近似於前述原則。

一、質化與量化的建構方法

了解評鑑標準的建構理念、原則與方式後，接著更具體而實際的問題是，我們可以運用哪些現階段已經發展成熟的方法或技術來建構評鑑標準。大抵說來，已成熟的標準或指標建構方法與技術很多，一般可歸納成偏「質化」與偏「量化」的建構方法。郭昭佑（2000b）曾整理這些方法，認為質化的建構方法主要有「文獻分析法」、「專家判斷法」、「腦力激盪法」、「專業團體模式」、「提名小組」、「焦點團體法」、「德懷術」等七種；而量化的建構方法主要是統計測量，包括有「問卷調查法」、「回歸分析法」、「因素分析法」、「主成分分析法」、「階層分析法」（AHP）等五種。另有結合質化與量化的複合性方法，像是「精釋研究法」（Herminiutic）與「概念構圖法」（concept mapping），以及適用於評估非營利機構效率，屬於量化的「資料包絡分析法」（Data Envelopment Analysis，簡稱DEA）。

原則上，質化的建構方法植基於後現代主義與後實證研究，不同於以現代主義與實證研究為理念基礎的量化方法。除此之外，質化與量化在建構時的取樣方式、資料蒐集與分析過程等，也都略有差異。而評鑑標準因較偏屬敘述性的語句，亦期望能更深入問題核心，故屬於質性的建構方法會比較符合需要。至於量化的建構方法則較適用於建構「評鑑指標」，符合指標數量化的特性。但這也不是絕對能夠將其兩極化的區分。為了讓讀者能清楚比較出質化與量化建構方法的差異，可參考表 5-1 所做的整理。

若我們參考本章先前所述五項標準的建構原則，來單獨檢視適合評鑑標準的質化建構方法，可看出此七種方法都具有相近的特質，像是專家導向、協商合作，與集思廣益等。若再將這些方法歸納整合，可進一步發現適合評鑑標準建構的方法應可大致統整成二個取向，分別是「專家意見取

表 5-1 標準建構時質化與量化方法的比較

	質化方法	量化方法
主要哲學與研究典範	後現代主義與後實證研究	現代主義與實證研究
重要觀念與名詞	意義、脈絡、價值、自然情境、探究	統計描述、變項控制、相關、假設考驗
常用建構方法	文獻分析法、專家判斷法、腦力激盪法、專業團體模式、焦點團體法、德懷術	問卷調查法、回歸分析法、因素分析法、主成分分析法、階層分析法
取樣方式	小樣本、立意或目的取樣	大樣本、隨機取樣
資料蒐集與來源	文獻、討論與會議紀錄、訪談稿、開放意見	測量與施測結果、分數、數字
資料分析過程	建構者歸納與彙整	統計推論與演繹
優勢	內容效度較佳、具彈性	省時方便、樣本較大

資料來源：研究者自繪。

向」與「文獻資料分析取向」，而由此二取向所衍生出，較具代表性的建構方法分別是「專家團體法」以及「內容分析法」。

二、適合評鑑標準建構的取向與方法

(一)專家意見取向

　　儘管運用專家智慧與團體討論的相關研究方法名稱眾多，但凡是透過領域專家的集體討論與決策歷程來建立共識性的結論或標準，都可稱之為

專家團體法。就像前述的「專家判斷法」、「腦力激盪法」、「專業團體模式」、「提名小組」、「焦點團體法」、「德懷術」等，只是在進行的規模上、實施方式與程序上，以及專家人數上或多或少有所差異。以下僅就最常使用的專業團體模式與德懷術略做介紹。

1. 專業團體模式

專家團體法中以「專業團體模式」進行的規模最為龐大，因為此方法係透過專業學會組織來推動，動員人數頗多，時間與經費使用亦較多，其他方法在規模上則相對小得許多。也因此，專業團體模式所制訂的通常會是全國性的標準，個別或小單位研究通常較少運用。在實施方式與程序上，一般都會由一位專業素養與協調能力皆高的主持人來主導，以利研究歷程順利進行。有些方法會用書面的方式提出意見，有些則強調面對面的溝通討論；有些方法歷經重複的施行步驟，有些則不須如此。至於專家人數的多寡通常會依照研究目的、議題的性質、進行方式與經濟效益來決定，小規模的焦點團體法以六至八人為常態，德懷術則在十人以上時會有較佳的可信度（Delbacq, 1975），希望能在專家成員同質性高的團體中，得到最佳的對話效果。而專業團體模式因主要透過學會組織，動員人數最多，所有利害關係人的涉入程度亦最深。

當然，由於專業團體模式的標準建構方式規模最大，參與人員層面廣，時間與經費消耗多，因此所建構出的標準公信力也會較佳。以「美國教育評鑑標準聯合委員會」為例，1981 年發展出的「教育方案、計畫、教材評鑑標準」（Standards for Evaluation of Educational Programs, Projects, and Materials）超過二萬份的發行量，讓聯合委員會收到許多來自中、小學實務工作者的口頭與書面修正意見，使得委員會開始站在後設評鑑的角度去考量這些建議。於是利用專業團體模式來修正標準，為慎重其事，並組成「效度確認小組」（Validation Panel）負責主導新標準的修正與建構，成員除了有聯合委員會內部單位的代表外，也有由委員會主席選出外來具代表性的專業公正人士。修正與建構過程包括「重新確認原有標準的目的與意義」、「組成焦點團體」、「提交年度大會決議」、「撰寫修正標準」、「實地

測試」、「公聽會與國際意見」等。最後於 1994 年完成修訂版的「方案評鑑標準」，建構過程有系統地進行每一個階段，可說非常嚴謹。

透過如此大規模的專業團體模式，所建構出之評鑑標準其專家與內容效度很高。專業團體下的次團體──「效度確認小組」，在確認新標準建構過程中的效度時，關切的是不同背景或場域的使用者，是否能在同樣的操作與訓練下，對教育方案做出相近的評鑑結論。基於這個關切點，小組檢驗參與標準修正者的代表性，大致可分成委員會代表與個人代表兩類。含括一般公、私立學校或單位的教師、校長、行政人員、課程專家、教育研究人員、諮商師、評鑑專家等。另外，也有來自非委員會直接選出的人員，主要是一般社會大眾、家長或是民意代表，但普遍都經過教育專業方面的洗禮。專家與參與者的協助與意見來自於多種形式，有些人直接擔任委員會成員或顧問，有些人參與國家或國際會議，有些則推動實地測試，有些透過公聽會提供相關問題與證據。毫無疑問的，重視參與者的代表性問題會讓「專家效度」更顯提升，對增進標準的廣度與深度也會有正面性的貢獻。這種重視「專家效度」的功效，讓所建構的標準內容效度大為提升，也正是專業團體模式最顯著的優勢。

有時為了使標準建構工作更有效率，不同方法間也可以適度的搭配使用。小型的「焦點團體」可具體考量修正意見或進行草案的撰寫，等到焦點團體產生標準修正決議時，就可將其決議提交到較大型且更具代表性的大會去討論決議。在美國聯合委員會的年度會議中，主要決策或決定必須透過成員投票而產生，由於標準的修訂是屬於重大議題，因此幾乎所有的標準在修訂前，都經過了委員會成員接近一致性的同意，所謂接近一致性的同意，就是至少必須有三分之二以上的委員投票才算通過。

2. 德懷術

近年來在教育評鑑領域中，德懷術已廣受大眾熟知，並廣泛運用於標準或指標的建構上。會受到廣泛運用的原因不外乎在於此方式兼具專家集思廣益、無威脅溝通，以及簡單便利等優點。原則上，德懷術的精神就是透過專家「反芻」意見，以建立標準或指標的內容效度，因此，其進行方

式一般都是先邀請領域專家學者組成德懷術專家小組，接著針對某一特定主題，進行匿名的、不面對面的書面意見調查，並藉由多次（通常三至四次）文字訊息的交流，直至專家的回覆意見趨於聚斂，最後取得一致性的結論，可避免因為直接面對面會議在提出批判性意見時易產生回應上的壓力（Clayton, 1997）。綜合學者觀點，德懷術主要的進行步驟可歸納如下（郭昭佑，2000b；黃政傑，2000；曾淑惠，2002；Delbacq, 1975; Garavalia & Gredler, 2004; Linstone & Turoff, 1975）：

1. 組成德懷術專家小組，邀請對問題熟悉且具代表性的專家組成專家小組，除專業知識外，並應考量其分享意願及參與熱忱。參與人數不宜太多，如專家間異質性較高，則理想人數約為五至十人；若專家間的同質性較高，則可約略增加為十五至三十人。

2. 選定專家小組後，即可開始進行第一回合的問卷調查。通常第一回合問卷為求廣徵博引，通常會採用開放式問卷，研究者可先行參考相關文獻列出明確的填答說明，提供專家作答時的參考，以方便專家針對問卷主題提出個人觀點、批評、建議與預測。

3. 第一回合問卷回收後，研究者必須將專家意見逐一彙整，並設計出結構化的量表，再將此結構化的問卷寄給專家小組，請其提供批判、修正與新增意見，同時也針對結構化問卷內容進行勾選。回收後，研究者再度進行意見彙整及問卷各題項的量化統計（集中與變異量數為主），並據以編製第二回合問卷。

4. 寄發第二回合問卷，並加上專家小組個人及全體對第一回合問卷各題項意見的統計及文字整理結果。此時專家通常會參考問卷內各題項的統計與文字資料，再度進行判斷與修正。此階段如果德懷術專家的判斷意見和多數人的意見差距過大，則必須寫出理由。

5. 第二回合問卷回收整理後則進行第三次問卷，第三次問卷編製時，如發現專家小組在第一回合與第二回合問卷的反應趨於一致，則該題項可以不必繼續調查。至於未達一致意見的題項則持續保留。同樣的，第三次問卷寄發時，也要加上專家小組個人及全體對上一回合問卷內各題項意見的統計及文字整理結果，以方便專家作答時的

參考。

6. 第三次問卷回收後同樣進行彙整，並重複前面一、二回合的動作，以此類推，直到所有題項的反應意見達到一致為止，通常進行三至四次，此時德懷術的工作可算告一段落。

綜觀利用專家團體建構標準的概念，可簡單歸納出「重視專家代表性」與「有系統的建構歷程」此二個關鍵要素。並透過廣徵博引、集思廣益的手段，達成標準建構的終極目的。很顯然的，不論德懷術或專家團體模式都獲得大多數人的認同及運用，前例中「美國教育評鑑標準聯合委員會」對這樣的發展過程亦頗為認同，並認定專家團體模式此建構方式為發展標準的可行且有效模式。「美國國家標準局」也認可通過此標準，認為夠資格成為美國教育方案評鑑的國家標準。事實上，美國國家標準局本身在認可一項標準時，所採取的認可步驟也和前述「美國教育評鑑標準聯合委員會」的專家團體模式大同小異。

(二) 文獻資料分析取向

內容分析法

除了專家團體法外，在標準建構過程中，若該領域已有相當的文獻資料可供參閱，不論這些資料是屬於歷史文獻、當期期刊或報章雜誌、會議紀錄、訪談紀要，以及開放性文字回應等等，則必須運用文獻分析相關的方法作為建構的主要方式，也就是蒐集與分析「歷史的」與「靜態的」專家意見，成為另一種型態的專家團體法。但為求慎重客觀起見，文獻探討的過程也必須具有嚴謹的規劃與設計，內容分析法（content analysis）就是社會科學領域中最常用來處理文獻與檔案資料的方法，兼顧系統、客觀、量化的特性，適合長時間的縱貫式研究，並且已是發展成熟的文獻探討方法之一（吳明清，1991；林瑞榮，2001；王文科、王智弘，2006）。

內容分析法也可以稱之為資訊分析（informational analysis），或是文獻分析（documentary analysis）。在許多研究中，常常需要透過文獻獲得資料，並依此解釋某特定時間某一現象的狀態，或在某段期間內該現象的

發展情形（王文科、王智弘，2006）。此方法最早開始於十八世紀的瑞典，早期的運用學門與領域範圍並不廣泛，只用於傳播學與語言的造句法和語意層面等領域，不過隨著時間的發展，後續研究者陸續擴展內容分析法的應用範圍，包括各個領域研究欲探討的相關文獻、書籍、期刊、信件等等。自十九世紀後期以降，內容分析法已成為傳播與其他社會科學領域重要的研究分析方法。

　　簡單的說，內容分析法就是運用一套程序，從蒐集到的資料內容中做有效的歸納和推論。功能可用於創造文化指標，藉以描述信念、價值、意識型態或其他文化體系的狀態（Weber, 1985）。所謂文化指標，是指以政治和其他文獻內容為基礎，用來決定社會、機構和團體關心的是什麼，或所關心的是否有所不同（王石番，1989）。歐用生（1995）則認為內容分析法主要係透過量化的技巧，並搭配質化的分析，以客觀及系統的態度，對文件內容進行研究與分析，藉以推論產生該項文件內容的環境背景及其意義的一種研究方法。因此，內容分析法可說是一種注重系統化、客觀化與量化的研究分析方法，並因此能從資料中做出可複製且有效的推論。其中系統化指的是採用分析單位應該只採用一套明確、一致的規則，每個單位都應該有同樣的機會和同樣的研究程序；客觀化指的是研究應致力排除研究者個人的私見與定見，若相同的研究程序和相同的研究單位分別交由不同研究者執行，也必須能確保獲得相同的研究歸納與結論。量化指的則是研究者必須研究實體的訊息，並做出數量化及明確化的描述，使用精確的定義和數字，不允許臆測式的研究結論（Wimmer & Dominick, 2000）。不過，當量化數字的敘述性解說無法深入分析時，必須輔以質化方法來探索，才能兼顧文件材料表面與潛在的內容與意義。由此觀之，內容分析法除了量化的分析技術外，對於質化的敘述性分析也同時重視。特別是某些概念較複雜、盤根錯節的交互問題，以及較具詮釋性、不容易結構化的文獻或議題等，研究者應端視研究文獻的內容與特性做出合適的研究處理。

121

1. 內容分析法的實施程序

內容分析法強調井然嚴謹的程序，必須按部就班，在前一階段程序充分完成後，才進行下一階段的工作。綜合學者觀點，內容分析法的實施程序或步驟，可簡單歸納成「確認研究目的」、「形成研究問題」、「界定母群體」、「選取樣本」、「決定分析單位」、「建構類目」、「建立計數系統」、「考驗信度與效度」、「內容編碼」、「分析、解釋與推論」共十項（王文科、王智弘，2006；王石番，1989；歐用生，1995）。其中「決定分析單位」與「建構類目」是內容分析法的核心工作，分析單位是內容分析計算時的基礎，因為內容分析要建構不同的類目或類別，所以分析單位也會因此多樣。通常內容分析法最常使用的單位包括：字（word）、主題（themes）、人物（characters）、項目（items）、時間、空間單位（space and time units），以及課、章、段、詞、句、頁等等（歐用生，1995）。例如，某研究者欲探討網路留言版的教學成效，可能就會運用每位學習者參與討論時，在留言版上所張貼的每一篇訊息為一個分析單位，亦即以「篇」為分析單位。內容分析法在決定分析單位時，研究者必須先訂定分析單位的原則和定義，訂定出可遵循的規則，再透過二個以上的編碼人員閱讀規則，取得共識後進行編碼。如果編碼的結果相似度高，則代表分析單位的定義和原則清楚明確，任何人從事編碼結果皆會相近，才合乎客觀性的要求。

決定分析單位後即可開始建構類目，因為類目是內容歸類的標準，和研究目的息息相關。內容分析法所建構的類目系統必須合乎互斥、詳盡等原則，亦即資料如果被規劃在同一類目時，就不能同時出現在另一個類目。某一類目的內容和價值必不同於另一個類目的內容和價值。類目建立後再經過登錄、編碼，以信度與效度考驗，最後將資料分析、解釋與推論。要能依據資料有系統的分析，運用理性的推論，此階段研究者必須非常小心謹慎，歸納資料分析後的結論，在確認解釋與推論上的限制後，才能據此做出推論與決策。

2.內容分析法的特點與限制

內容分析法雖強調利用專業化與科學化的方式處理文件與資料，並據以分析出符合事實的推論的技術。但此方法在運用上仍有一些缺點與限制，綜合學者看法，大致歸納如以下幾點（王文科、王智弘，2006；王石番，1989）：

(1)過於主觀的缺失

內容分析過程中，不論是文獻資料的整理，或是類目的建構，研究者多少會因為個人專業素養或其他外在因素（例如：金錢誘因），而加入個人主觀的價值判斷，常見的情形像是誇張、隨意編寫、個人偏見等，而不是依照內容性質分析成符合內容的價值體系。此外，如果研究者過於小心謹慎，則又有可能因此產生出內容或類目系統不夠普遍化，欠缺周延與全面性，甚至建構出和研究目的偏離太遠的內容，背離了研究目的與本質。

(2)偏重量化的謬誤

進行內容分析整理時，文獻出現次數並非探討內容的唯一目標，文獻資料字裡行間的涵義自有其重要的意義。不過這些意義卻總是難以分析，複雜程度較高。故許多研究者會因此避重就輕，以較簡易的量化敘述取代難度較高的深入詮釋。另一方面，又因為並非所有的內容在量化上都一定比較簡單，有些文獻因目標不同，內容或材料差異性大，缺乏標準化與格式化，量化過程就並非容易，如此也會發生因量化困難而簡化分析的現象。此二種問題都會產生「見樹不見林」的結果，掌握不住內容的重點，影響內容分析的研究品質。

(3)抽樣的偏差

內容分析進行抽樣時，如果貪圖方便，所抽取的樣本代表性不足，就容易發生偏誤。像是樣本的教育程度差距過大、部分個案資訊蒐集不易而放棄，造成所擬定的分析單位和計算次數與內容要旨的分配不符合，這都會影響內容分析結果的真實性與代表性。

(4)編碼與分析人員的能力

編碼與分析人員的專業素養是很重要的，畢竟不同人對同一份文獻在

123

觀察與分析上多少會存在歧異。如果類目單位與分析沒有共識，隨人員自行體認，那就失去客觀與科學的精神。因此，為求編碼分析的一致性，內容分析法幾乎都假定只要對編碼與研究人員施以訓練，就可以避免觀察分析上誤差，達成判讀內容的一致性要求，故對編碼人員的訓練可說非常重視。但反過來說，若一味只是要求編碼與分析人員在判讀內容上的一致性，又容易使內容分析的應用範圍非常狹隘，偏離實際。所以如何取捨內容達成平衡，編碼與分析人員的能力顯得甚為重要。

上述二個取向與代表性方法是評鑑標準建構時主要可運用的方法。當然，此二取向方法也可以混合搭配使用，即「複合式」的使用方式。本文還是要特別強調，將評鑑標準的建構聚焦於質化的方法，並進一步區分成兩個取向，其主要的基本理念是來自於對人的意念的重視，期望透過深入廣泛的方法讓評鑑標準的建構更趨完善。但是，不論「專家團體法」或「內容分析法」都會有運用上的優勢與缺失，標準建構一定要依領域性質與目標需求，選擇適用的取向與方法，甚而加入或融合其他更適合的方式（複合式），不必拘泥於質化或量化，才能有效提升評鑑標準的效度與實用價值。

第四節　建構方法結構性與詮釋性的探討

經過前面的說明與分析，關於評鑑標準的建構取向與方法上，最主要的問題還是在建構方法「結構性」（量化）與「詮釋性」（質化）的辯證上。也就是究竟在建構的過程中，質化方法和量化方法應如何取捨才能真正提升標準的實用價值？而人們又應以何種態度來正確面對評鑑標準？做出正確的運用，不會無限擴張標準的功效與人們的期待。因為雖然經濟、社會、教育或其他社會科學領域專家，不斷追求能夠評估該領域多元現象的指標或標準，藉以發現這些領域實務表現上的水準。不過，通常也在該領域標準或指標建立完成後，產生另一種質疑，亦即，這些指標與標準雖反映了一定程度的表現與風貌，但其中到底還有多少現象是無法由指標與

標準中來看出。

　　事實上，許多教育專家學者都深信，現行已存在的諸多教育標準或評鑑標準，並不一定能夠完全說明教育現象的內涵。更正確地說，應該是複雜的教育現象是不容易單純地用標準與指標此種呈現方式而可看出全貌，深入地分析和詮釋更不是標準與指標具有的功能與存在的意義。但是我們應可很確定的說，這些教育標準與指標卻可道出大多數人們想做或關心的共同內容，以及為什麼要如此的理由。因為教育標準和指標是非常方便且實務取向的，和真實教育情境中的生活關係密切，而當人們在擁有這些標準與指標後，會因有了遵循與判斷的基準，而更能了解教育潮流的趨勢，也可以更清楚明白教育該思考些什麼？該做些什麼？以及究竟該如何去做？這樣看來，如果能正確地明瞭教育標準與指標的意義與其應用的極限，實際應用時就不會過度膨脹其功能，標準與指標的價值才會充分浮現。

　　除了應用上必須清楚釐清的概念外，我們應如何以正確的觀念與方法來建構教育標準，才能夠讓他更接近教育實務的真實情境。由於教育標準的發展和長久以來社會科學研究方法典範的轉移有關，量化取向或是質化取向是主要的討論焦點。若以詮釋學的概念運用至標準建構，我們應能體會，在教育標準所關切的領域中，除了有表面上容易進行量化整理與結構性解釋的內容外，還有另一面更複雜偏向語意性的情境，是需要更深一層有意義的理解。傳統上，偏向量化與結構化的標準或指標建構研究，習慣將教育現象以數量化的統計符號與結果呈現，會利用次數分配、圖表、假設考驗等技術力求標準的客觀化與結構化。例如，研究者以「因素分析法」（factor analysis）建構標準或指標時，會將所蒐集的數量化資料進行共同因素的抽取，經過轉軸後將相同性質的項目歸類在一起，研究者再依此結果予以整理與命名，形成結構清楚分明的系統。這過程中可將資料或內容的架構明確建立，便於界定各變項的定義與其間的關係，這結構性的結果正是教育標準與指標客觀而系統的表現。其他像是「階層分析法」等統計技術，更是充分應用了電腦科技進步帶來的便利與快速，使得這方面的研究產出豐富了教育標準與指標研究的內涵，加深了這方面研究的專業化地位。

　　不過，數量化和結構化的技術難免有其限制，教育現象的意義其複雜程度，常常不可能只化約成結構性的語法，也因此受到教育專家學者對教育標準與指標解釋教育現象深度的質疑。站在質化研究或詮釋學的立場，教育現象並不是只在尋求結構化文字或數字表面的意向和結果，而是必須理解這些文字或數字背後所代表的意義，以及開展出來交互現象因果關係的闡釋。而詮釋性的分析也注重教育現象的歷史脈絡，也就是當我們在思考建構標準時，應該先努力去了解此一現象的歷史發展與脈絡，充分掌握事件的來龍去脈，在此基礎上才能有系統的歸納與收斂，做出有深度的判斷。

　　當然，詮釋性的分析與建構也不是沒有限制，研究者在進行分析時，最忌諱的就是掌握不住推論，涉入程度的分寸拿捏不準，甚至無中生有，妄加斷論。因此，研究者在詮釋語意時不能夠沒有證據地隨心所欲，或是背離事實的自己假設情境與立場，要能夠有系統地歸納思考。然而，要求研究者不帶主觀價值進行詮釋或理解，事實上並非容易，也不一定必要如此，不過既然價值無法不涉入，研究者無法自外於理解的過程，那麼研究者就應該把自己當作一個反省的對象（潘慧玲主編，2004b），認真思索「自我」在詮釋過程中的定位。

　　因此，就如同社會科學研究方法典範的轉移與發展趨勢一樣，不論是量化與質化、結構性或詮釋性，兩者之間應該不再是對立的，而是相輔相成的，任何研究方法或途徑都不可能是完美無瑕的，評鑑標準的建構有賴於建構團隊針對最適合的情境，擷取雙方的優點，才能獲得最完美的建構結果。我們唯一可以確定的是，要讓評鑑標準客觀有效，質化與量化的建構方式必須同時考量。前面對建構方法的分析不斷強調了這些重點，日後關於標準建構的相關研究，應持續對這些重要的問題深入探討，質化與量化建構方法的複合，評鑑標準的發展改進，都還有一段很長的路要走。

126

第六章

評鑑標準的信度與效度

　　受到二十世紀中後期測驗發展取向的影響，教育專家學者起初對於方案評鑑也是採用實證與實驗研究的精神，非常重視評鑑與標準的內、外在效度與信度（Campbell & Fiske, 1959; Ebel, 1965）。不過隨著評鑑專業與多元化的發展，教育專家學者也逐漸發現實證研究與標準化測驗的缺點與限制，標準發展過程不再僅重視量化的數字，而是尋求更深入探索標準實質內涵與實際成效。比較具體的例子就是捨棄實驗或準實驗設計，開始進入實務現場去集合與整合多元團體的智慧與經驗，包括教育學者、評鑑專家、教師、教育行政人員等等，以尋求符合評鑑理論與實務的共識。不過若仔細觀察這些轉變，可發現其目的都還是在提升評鑑標準的內涵與績效，只不過是擴充了方法上的多樣性，納入更專業大眾化的意見。換句話說，標準的信度與效度仍是發展過程重要的考量因素，但是在追求信度與效度時，這轉變提醒我們不能僅以單純的數量指標來確定標準的意義與價值，信度與效度要以更廣義多元的解釋來探討，應兼顧量化與質化的分析。

　　評鑑標準既然是推動方案評鑑的重要工具，分析並提升評鑑工具的信度與效度自然是重要的工作。本章先簡單介紹信度與效度的基本理論，了解其意義、用途與估計方法，再探討如何運用至標準建構歷程，以有效提升所建構標準的信度與效度。

第一節　信度與效度的理論基礎

　　信度與效度可說是教育測驗的兩大重要特徵，其理論基礎則來自於早期「古典測驗理論」（classical test theory）的學說。根據古典測驗理論對測驗分數的假設，每一個人在測驗上的「實得分數」（observed score），是由兩個部分所構成，一為「真實分數」（true score），另一為「誤差分數」（error score），其間之關係，可用以下數學公式來表示：

$$\chi = t + e$$

　　上述公式看似簡單，卻蘊涵著測驗發展上諸多的假設與推論。χ代表「實得分數」，t 代表「真實分數」，e 則代表「誤差分數」。「實得分數」是指學生在某份測驗上作答後實際得到的分數，是可以透過觀察與測量而得。「真實分數」則是指學生在該份測驗上真正能力的表現結果，代表的是學生潛在的特質或能力，是教師最關心的分數，也是設計測驗的最重要目的。而「誤差分數」則是指測驗無法真正測得的部分，大致可分成較為固定與一致的「系統誤差」和較隨機與無規則性的「非系統誤差」，系統誤差主要像是學生的遺忘、訓練等，非系統誤差像是學生臨場身心狀態、測驗時的外在情境等，誤差分數與真實分數合併構成了實得分數，古典測驗理論假設誤差分數和真實分數之間是沒有任何關係存在的（余民寧，2002）。

　　舉例來說，甲生的第一次段考數學科成績獲得 80 分，這 80 分就是他的實得分數，我們一般也都會以 80 分當成甲生第一次段考數學科的表現，也是他在此次測驗上的能力。但若依循古典測驗的理論深入分析，會了解到這 80 分並不是他在這次測驗中的真實分數，實際的真實分數不容易僅由一次測驗就獲得，因此和實得分數間多少會有落差，這落差就是誤差分數。假設甲生在此次考試中可能真正會作答的題目只有 60 分，不會作答的題目則將近有 40 分，但是甲生有可能會猜對部分題目，甚者有可能因作弊而答

對部分題目，如果甲生猜對了 20 分（誤差分數），那再加上真正會作答的分數 60 分（真實分數），總和就是 80 分，即為實得分數（如下所示），結果就是這些系統性或非系統性的誤差分數提高了實得分數，降低了實得分數的可靠性。

80　＝　60　＋　20
實得分數　真實分數　誤差分數

另外，誤差分數也可能是負值，亦即甲生原本可能會作答的題目有 90 分，但受到模糊不清的題意或身體不適等因素影響，減低了真實分數（如下所示），這也是另一種造成實得分數和真實分數有差距的可能型態。

80　＝　90　－　10
實得分數　真實分數　誤差分數

事實上，真實分數和實得分數間永遠都會有誤差存在，但理論上若能進行多次測驗，再計算這些測驗分數的平均值，由於正、負誤差間會相互抵銷，就能夠縮小誤差分數，提升真實分數，拉近真實分數和實得分數間的距離。不過，每一測驗都進行多次施測並不容易，思索如何運用其他方法，以縮短真實分數與實得分數的差距，這就是測驗專家和教師必須努力追求的目標。試想，要以一張測驗紙去衡量學生大腦內的學習成果，這張紙的內容豈可隨意搪塞，一定要盡可能逼近真實情境。一份好的測驗要能夠真正測量出學生的潛在特質，並且透過實得分數顯示其表現，因此，若誤差分數愈小，真實分數就能夠愈大，就會愈接近實得分數，這就代表測驗分數的可靠性與精確性愈高，測驗的結果就更值得信任，測驗目標才更能夠達成。

古典測驗理論的發展為時已久，可說是測驗領域流傳最廣、最具規模的理論。又因為它公式簡單明確，也較容易為一般研究者或教師接受。不過它也存在者諸多的缺失，像是無法考量個別差異、過度樣本依賴（sample dependent）、複本（parallel forms）要求不合乎實際，以及忽略相同分數下不同反應型組（response pattern）差別的現象等等，這也使得晚近在測驗

領域發展上才會有更新的「試題反應理論」（item response theory，簡稱 IRT）的誕生（余民寧，2002）。在考量信度與效度的諸多概念時，多少和古典測驗理論有密切關係，不過由於本書關切的主題並非測驗理論，因此有關古典測驗理論或試題反應理論的更多相關內容，讀者若有興趣可自行參閱余民寧（2002）的專書，或其他測驗相關書籍，在此不再多做介紹。

本章值得再提醒的是，雖然信度與效度是一份測驗、量表，或問卷的重要特徵，不過在本質上，信度與效度都是一種統計概念，是一種量化數值，所以，如果使用邏輯的、詮釋的、偏質化的分析方法，來分析量表的穩定性與有效性，可能無法提供估計信度與效度有效的證據（郭生玉，1990；Gronlund, 1976），較容易遭受質疑，效果上不如量化估算來得有利。因此站在提高信、效度的立場上，建構一份評鑑標準的量表或問卷時，如能對每一項目賦予數量化的評估數值，像是等第或排序，就能估算出較精確的信度與效度，也會增加標準的量表或問卷的實證依據。

第二節　信度

一、信度的定義

信度是指測驗與評量結果的「穩定性」（stability）與「一致性」（consistency）。如果測驗工具具有信度，那麼就代表此份工具應用在不同團體間，應會有相近的效果。一份具有信度的測驗工具就好比一支好而精準的手錶，好的手錶走起來很精準，日復一日，不容易受到溫度變化、颱風下雨等外在環境改變的因素，而失去準確性。同樣的，好的測驗經過重複施測後，是不會改變原有特性的，它不會因使用團體不同，或是使用情境的不同而喪失其穩定性，其不同時機的測驗結果是值得信賴的。如果一份測驗的命題範圍超過學生所學，試題內容又過分艱深，那麼學生在作答時，很容易因不會寫而隨便猜答案，如此一來不論學生程度好壞，每一次測驗

的結果都不太相同。程度好的學生這次猜的好，成績就高，下次猜不好，成績就低；程度差的學生猜的好，成績也會高，猜不好成績就低。成績好壞與否居然和學生程度無關，而是靠「運氣」造成的。此測驗的穩定性與一致性就很差，不能信賴其結果，這份測驗的信度自然就很低。

　　信度的定義雖然很簡單，不過，如果要深入了解信度的用法與估算方式，就必須先了解其數學上的定義。由於信度的概念來自於古典測驗理論，因此，信度的估計方式通常會以數量化的方式進行。簡單的說，「真實分數之變異量占實得分數總變異量的百分比例」，這就是信度的數學理論與意義。如下公式：

$$r_{xx'} = \frac{S_t^2}{S_x^2} \quad \text{（真實分數的變異數）} \atop \text{（實得分數的變異數）}$$

$$0 \le r_{xx'} \le 1$$

　　由以上公式可看出，「信度係數」（reliability coefficient，簡寫成$r_{xx'}$）的分母是實得分數的總變異量，分子則是真實分數的變異量，當測驗分數中誤差分數所占的比例較低時，其真實分數所占的比例就會相對提高，如此一來，信度係數的分子部分會較大，整個分數的數值就會提高。反之，當誤差分數所占的比例增加時，則真實分數所占的比例就會相對降低，分子的數值降低，信度係數就會較低。當測驗的信度係數為 0 時，代表分子部分的真實分數為 0，測驗完全沒有信度，所測量到的都是誤差分數；而當測驗的信度係數為 1 時，代表分子的真實分數和分母的實得分數一樣，沒有誤差分數，測驗能完全反應真實，幾乎完美無瑕（余民寧，2002）。由上可知，信度係數其值會介於 0 與 1 之間，愈接近 1 代表信度愈高。根據學者的觀察，一般測驗的信度值最少要能達.80 以上，但若牽涉某些重要的決策或結果時，則信度值應該要能達到.90以上（余民寧，2002；Nunnally & Benstein, 1994）。

131

二、信度的估算方式

如何估算一份量表或問卷的信度？綜合學者觀點，常用的方法大致有四種，分別是「再測方法」（test-retest method）、「複本方法」（parallel forms 或 alternate forms method）、「內部一致性法」（internal consistency method），以及「評分者方法」（scorer method）（余民寧，2002；郭生玉，1990；Gronlund, 1993）。各方法的原理和運用方式簡單說明如下：

(一)再測信度

再測信度又稱為「重測信度」，顧名思義，就是利用同一份測驗或量表，分別在不同時間對同一批受試者實施的前、後兩次的重複測量，再計算兩次測驗得分間的相關係數，即為「再測信度係數」（test-retest reliability coefficient）。由於此係數在測量此份測驗或量表經過一段期間後的穩定程度，故也可稱為「穩定係數」（coefficient of stability）。例如，某位教師針對某班級學生實施同一份測驗的前後兩次施測，在第一次測驗中獲得高分的同學，在兩週後的第二次測驗仍然普遍獲得高分，而在第一次測驗中分數較低的同學，其第二次的測驗成績依然較低，這就代表此份測驗的再測信度頗高，穩定性頗佳。

再測信度的計算方式甚為簡單而直接，但是，此計算方式的最大缺失就在於，人類的能力、想法與特質是會隨著時間的改變而改變，學習、遺忘、記憶……等，都是造成改變的重要因素，而且在自然生活與情境中無法避免。受試者在兩次測驗間會因為學習而改變其心智能力，影響再測信度的真實性。而再測信度又是利用相同測驗重複施測，受試者必定多少會因為記憶而影響測驗結果，此無形的測量誤差容易膨脹第二次測驗結果，常常會使得再測信度的估算值比其他如複本信度的估算值來得高。

此外，兩次測驗的間隔時間也會影響前述因素，雖然在大多數的情形下，前後測以間隔一至二週較為適當，但是這也非絕對的標準，有時還要視測驗的目標、類型、用途等條件決定。像是動作技能方面的能力或是人

格、性向等特質，因為較不容易在短時間內受影響而改變，所以會比較適合使用再測信度。但是，如果是屬於認知或是情意方面的能力或特質，則較容易在短時間內產生變化，特別是當受試者的年齡較小，成長與變化會更為明顯，因此，再測信度就比較不適合使用。

(二)複本信度

一份測驗或量表的題目可說是對某一學習內容的抽樣結果，因為我們不可能將所有的學習內容或研究者感興趣的內涵全部轉化成試題，並拿來施測，在技術上或實務上都是不可能的任務。所以，若從母群體（學習內容）中選取樣本（測驗）的概念來思考，那麼，這些樣本就可以製作出具有許多相同性質或難易程度的「複本」。複本信度就是利用複本的概念，將兩份具有相似內容、型式、難度、題數、指導語、測驗時間與例題等的測驗，都用來測量相同受試群體的特質與能力，再計算此二份測驗結果的相關係數。此相關係數即稱為「複本信度係數」（parallel forms reliability coefficient）。複本信度愈高，就代表兩份測驗所能測得到的特質或能力程度愈高，也就意味著測驗是穩定而可靠的。

通常複本測驗的實施方式可分為二種，一種稱之為「等值係數」（coefficient of equivalence），是在同一個時間內連續實施兩個複本測驗，如此方式得到的信度結果，可以看出測驗內容產生的抽樣誤差。但因連續施測，受試者身心狀況改變不大，故較無法看出受試者本身狀況造成的誤差。另一種方式稱之為「穩定等值係數」（coefficient of stability and equivalence），是在實施第一份測驗後，間隔一段時間再實施另一份複本測驗。此方式所得到的信度結果，除了可以反應出測驗內容的抽樣誤差外，也可以反應出受試者本身狀況改變造成的誤差，比其前一種等值係數法，此方法的嚴謹度相對較高。所以，假設兩個複本測驗在經過一段時間的間隔施測後，亦即同時考量到測驗內容誤差與受試者狀況誤差，還能夠具有高相關，就代表複本信度也高，測驗是能夠禁得起穩定性的考驗。

那麼，究竟何種類型的測驗可使用複本測驗？通常如果測驗或量表是屬於某一特定領域的知識，是認知與情意方面較容易在短期內產生變化的

133

能力，因為不適合使用再測信度，就可以使用複本信度。至於複本信度的缺點，就技術層面而言，主要還是在於複本測驗的編製不易，除了成本較高之外，也頗為費時與費力。每一份測驗、量表或問卷如果都要編製複本，就現實情況上而言，可行性就會受到限制。

(三)內部一致性信度

前述再測與複本信度的估算方法都有一個相似的步驟，就是都必須實施兩次測驗。所以不論如何避免，實施兩次測驗對研究者而言除了麻煩與費時外，對受試者而言一定也會產生厭煩、疲勞等反應，動機和意願都會降低。於是就有學者發展出只利用一次測驗結果來估算信度的方法，稱之為「內部一致性法」。而採用內部一致性法來估算信度的方法又有很多種，這裡僅介紹較常使用的三種方法，分別是「折半方法」（split-half method）、「庫李方法」（Kuder-Richardson method），以及「α 係數」（coefficient alpha）。

折半方法是將一次測驗的結果，以隨機方式將其拆成兩半，再求取這兩半測驗結果的相關係數，此相關係數就稱為「折半信度係數」（split-half reliability coefficient）。從原理上來看，折半信度和前述同時間連續施測的複本信度非常類似，可用來說明測驗內容取樣的適當性，故折半信度愈高，表示測驗內容的一致性程度也愈高。在估計折半信度時，必須謹慎地將試題以隨機方式處理，通常會先將試題依難易程度的順序排列，然後再分成奇數題與偶數題兩個部分，經積差相關計算其相關係數，即得折半信度係數。不過，由於折半信度僅是半份測驗的信度，必須注意半個測驗的信度會低於原來測驗信度的問題。不少測驗學者針對此問題提出了校正折半信度用的公式，有興趣的讀者可參考測驗相關書籍，在此不多說明。

庫李方法是由 Kuder 與 Richardson 兩位學者所創，也稱之為「K-R 方法」。其也是利用一份測驗，但不須折成兩半，主要是根據受試者對所有試題的作答反應，分析各個題目間的一致性（inter-item consistency），以確定測驗的試題是否能夠測量到相同的特質。庫李方法在使用上最適合用於「二元化計分」的資料（dichotomously scoring），像是「對或錯」、

「是與否」的測驗題型。至於其計算公式，較常用的為庫李 20 號與 21 號公式，此部分同樣的還請研究者自行參閱其他相關書籍。

α 係數是由 Cronbach 於 1951 年所創，所以又稱為 Cronbach α 係數，是一般社會科學研究在使用問卷時最常見的信度計算方法。主要原因在於 α 係數不同於庫李方法僅適用於二元計分的測驗，它可適用於「多重計分方式」的測驗或量表，像是使用普遍的「李克特式五等量表」（Likert's five-point rating scale）。此類量表會使用連續性的尺度來蒐集受試者反應，像是填答「非常滿意」得 5 分、「滿意」得 4 分、「普通」得 3 分、「不滿意」得 2 分，以及「很不滿意」得 1 分，共五個等級來進行量表的評分，很符合心理態度量表與社會科學領域問卷的實施情境，故受到相當多研究者的運用。其估算公式如下：

$$\alpha = \frac{n}{n-1} \left[1 - \frac{\Sigma S_i^2}{S_x^2} \right]$$

α ：信度係數
n ：題數
S_i^2：每一試題分數之變異數
S_x^2：測驗總分之變異數

上述公式是從庫李 20 號公式所發展出來，由公式可看出就是將每一試題分數之變異數加總，再比較其和測驗總變異數的差距比例。若分母的 S_x^2 值大於分子的 ΣS_i^2 值時，代表每個試題間的變異數較小，具有共變數存在，試題間的相互關聯性較高，試題頗能測量到共同能力或潛在特質。公式再經過 1 去相減後，測驗的信度估算值就會愈大。

至於公式前面 n 的 /(n-1)，其目的在校正題數多寡，當測驗題數愈多時，n/(n-1) 的數值會較小，對信度估計的校正就會較小。反之，當測驗題數偏少時，n/(n-1) 的數值會較大，對信度估計的校正也就會較大。

以 α 係數估算信度的方式非常符合量表或問卷的實際需求，因此，在主要的統計軟體如 SPSS（the Statistical Package for the Social Sciences）與 SAS 中，都有提供計算程式，在使用上非常方便。我們在建構評鑑標準

時，若有設計五等量表形式的工具，利用α係數來估算信度，應是非常合適的選擇。

綜合三種內部一致性分析方法，可發現由於只需一次實施測驗就可以獲得信度值，所以在實際應用上頗受到研究者的喜愛。事實上，內部一致性分析法也是大多數研究者在估算測驗信度時最常用的方法，透過每一個試題或題項和總量表間的相關大小，研究者得以分析並判斷每一題項的適合程度，並做出是否刪減的決定。

㈣評分者信度

前述幾項信度估計方法主要是適用於「客觀」測驗與試題，如果教師或研究者所發展的測驗或量表，是必須經由評分者主觀的判斷方式來評分，像是論文式的測驗以及各種評定量表，則評分結果就容易受到不同評分者主觀思考與判斷的影響，而產生評分上的誤差。此時就可以利用計算評分者信度來估計不同評分者評分上的一致性，以提供主觀測驗信度的資訊。

計算評分者信度常用的方式，通常會從測驗或量表中抽取一些樣本，再單獨由兩位（或多位）評分者對每一試題評分，然後再計算兩份（或多份）評定結果分數間的相關係數，此相關係數即為評分者信度，亦稱為「評分者間（inter-rater）的評分者信度」。在計算評分者信度時，也會依循評分者人數與評分量尺的不同，而採用不同的公式。以評分者僅有兩位，以及以等第方式評分時為例，此時信度的計算可以使用斯皮爾曼（Spearman）等級相關係數來計算，公式如下：

$$\rho = 1 - \frac{6\Sigma d^2}{N(N^2 - 1)}$$

公式中ρ為評分者信度係數，d 為評定等第之差，N 為被評定者之人數。計算時，先將兩位評分者對不同學生分數表現的等第列出，逐一相減後會得到 N 個 d 值，將 d 平方以去除負號後相加再乘 6，即得分子。然後再依學生人數計算出分母，簡單計算後即得評分者信度。

不過，如果評分者不只兩位時，則信度的計算方式可改以肯德爾和諧

係數（Kendall coefficient of concordance）來計算較為方便。又如果評分者不是以等第方式評分，而是以連續性的量表評分時，則又建議改採用皮爾森（Pearson）積差相關法來求評分者信度。當然，不論採用何種公式，當評分者間信度係數愈高時，即代表評分者間的評分結果愈一致；而當評分者間的信度係數愈低時，則表示評分者間的評分結果愈不一致，評分者間的誤差就相對較大。

第三節　效度

一、效度的定義

　　效度也是一份測驗或量表的重要特徵。廣義而言，效度是指某項事物的運作結果，能夠接近事實與真相的程度。若從測驗的角度來看，效度指的是測驗與量表的正確性與有效性，亦即測驗分數能夠代表它所欲測量的潛在特質的程度，也就是指測驗能夠達到其目的有效程度。例如：某位數學老師想要了解其班上同學計算三角函數的學習成效，一份具有高效度的測驗就應該要能測得學生學習三角函數的實際結果，亦即三角函數計算程度較好的同學，在此份測驗上的分數表現就會高於程度較差的同學。反之，如果此份測驗題目敘述常常過於冗長複雜，測驗結果成績較高的同學反而是那些平時國語文閱讀能力較佳的同學，而非三角函數程度較佳的同學，那就代表此份測驗所測量到的可能是國語的閱讀能力，並不是三角函數的能力，則此份測驗無法達成原有的測驗目的，測驗的效度就不高，不具有正確性及有效性。不過這個例子也告訴我們，一份測驗的效度會依其測驗目的而改變。能測得學生國語閱讀能力的測驗，對了解三角函數能力的目的而言可能不是好的測驗，但對測量閱讀能力的目的來說就是好的測驗，這就顯示了效度在使用目的上有其特殊性與針對性。一份測驗若符合原有測驗目的，就可說具有高的效度。

要進一步了解效度的數學定義，可根據前述古典測驗理論的原理來說明。一般而言，一份測驗的總變異量包括三個部分（余民寧，2002；郭生玉，1990），分別是：

㈠共同因素的變異量（common factor variance）：指測驗與其他測驗共同分享或相關聯的變異量。

㈡獨特的變異量（specific variance）：指測驗的單獨存在的變異量，不與其他測驗共同分享或相關聯的部分。

㈢誤差的變異量（error variance）：指測驗測量不到或解釋不到之潛在特質或能力的部分。

三者間的關係以及效度的公式如下所示：

$$r_v = \frac{S_{co}^2}{S_x^2} = 1 - \frac{S_{sp}^2}{S_x^2} - \frac{S_e^2}{S_x^2}$$

$$0 \leq r_v \leq 1$$

由上可知，共同因素的變異量（S_{co}^2）占實得分數（S_x^2）變異量的比例，就是效度（r_v）的數學定義。所謂共同因素的變異量是指測驗與其他測驗所共同分享的變異量，也就是指某測驗與它要測量的潛在特質共同分享的部分。而這共同分享的變異量（分子）占總實得分數變異量（分母）的比例愈高，就代表效度係數愈高，測驗分數就愈能代表所欲測量的潛在特質。所以這數值也和信度一樣，其值會介於 0 與 1 之間，數值愈接近 1，即表示測驗分數效度愈高，測驗正確性與有效性愈佳；反之，效度係數愈接近 0，即表示測驗分數效度愈低，測驗的正確性與有效性愈差，測驗愈不能夠測量到它要測量的潛在特質或能力。好的測驗或量表其效度當然也是愈高愈好，大抵而言，效度值如果能高於 .80 以上，我們就可說是一份符合測驗目的的好測驗。

二、效度的種類

由於一份測驗的效度和它測驗的目的息息相關，因此，效度的估算方式會依照測驗的使用目的不同而有所分類。依據美國教育研究協會

（AERA）、美國心理學會（APA）、國家教育測量委員會（NCME）此三個教育專業團體組成的聯席委員會的分類標準，他們將效度分成「內容效度」（content validity）、「效標關聯效度」（criterion-related validity），以及「建構效度」（construct validity）三種（余民寧，2002）。

(一)內容效度

所謂內容效度是指測驗或量表的內容能符合教學目標的程度，是考驗抽樣試題是否具有代表性與適切性的一種指標。所以，一份測驗要有高的內容效度，能否符合「教學目標」與「教材內容」兩個層面，就成為關鍵的因素。例如，一份教師自編的國語文成就測驗，如果此測驗的題目能涵蓋課程中的教材內容與範圍，並且試題也能夠明確測量出學生國語文的學習成效，達成教學目標，那麼，此份國語文測驗就具有良好的內容效度。

在分析教學目標與教材內容用以了解內容效度時，主要是採用邏輯的分析方法。此法是邀請領域或學科的專家學者，針對測驗試題，透過理性與邏輯性的分析過程，仔細判斷是否符合教學目標與教材內容。一般教育測驗領域中常用的「雙向細目表」（two way specification table），係以教學目標為縱軸，以教材內容為橫軸，所畫出的一個二向度分類表，其功能是盡量使試題能充分涵蓋要評量的教學目標和強調教材內容與範圍，可說是很適合的邏輯分析方法，用以判斷測驗的內容效度。表 6-1 是一個國文科唐詩教學成就測驗的雙向細目表，此份試卷共三十五題，從表中可清楚看出試題之教學目標和教材內容間的分布情形。橫軸的教材內容共分成四個向度，包括唐詩的起源與背景、唐詩的名家、體製與分類，以及押韻與平仄，各向度的題數接近，顯示測驗中教材內容平均分配，沒有偏廢。而縱軸為教學目標，由於此次唐詩教學設定著重學生認知方面的學習，因此，教學目標放入的是屬於認知層面的四個層次目標，分別是知識、理解、應用、分析。其中屬於知識的記憶共有十二題，屬於概念理解有十一題，應用與分析等較高層次的認知能力分別有七題與五題。從百分比中可看出前兩個層次的題目較多，而後兩個較高層次的題目較少，顯示此份試題較偏向於認識、記憶與理解的教學目標，也就是說試題應偏於簡單，屬於唐詩

基礎的認知型測驗。

表 6-1　國語文唐詩教學成就測驗之雙向細目表

教學目標 教材內容	知識	理解	應用	分析	總計	百分比
唐詩的起源與背景	3	3	2	2	10	28.6%
唐詩的名家	4	2	1	1	8	22.9%
唐詩的體裁與分類	3	3	2	1	9	25.7%
唐詩的押韻與平仄	2	3	2	1	8	22.9%
總計	12	11	7	5	35	100%
百分比	34.3%	31.4%	20.0%	14.3%	100%	

資料來源：研究者自行整理。

　　透過雙向細目表的分析，可了解試題取樣的代表性，就可以確認測驗是否具有適當的內容效度。此種利用理性分析與邏輯判斷的方式，兼重量化與質化判斷，也可稱之為「理性或邏輯效度」（rational or logical validity）。

　　既然經過理性與邏輯的分析歷程，那麼，另一個常被誤認為和內容效度相同的概念——「表面效度」（face validity），就應可以獲得釐清。表面效度指的是一份測驗或量表能夠測得何種能力或特質的第一印象（looks like），並沒有像內容效度般有系統的邏輯分析歷程，所以，測驗能測量到的可能也不是實際上的特質。不過，因為表面效度屬於測驗的第一印象，如果表面效度高就好比一句很吸引人的「廣告標語」，會吸引人們的興趣與關切，會讓受試者「認為」可測量到某種能力，而表現出接受測驗的意願。因此，表面效度和內容效度並不一樣，不能被用來取代較客觀的內容效度。不過由此看來，一份具有內容效度的測驗，大致上也會具有表面效度；反之則不成立，亦即僅有表面效度的測驗，就不一定具有好的內容效度。

在傳統的看法上，內容效度並沒有一套數值化的計算公式，一般都認為透過「專家判斷」的邏輯方式，是分析內容效度最直接而有效的方法，也是運用最廣的方法。而既然無法直接計算效度，也因此有學者提出了替代性的實證分析方式，主要是考量信度和內容效度的相似性，故提出以「內容信度」來取代內容效度的方式，以方便效度的計算。

(二)效標關聯效度

為了能以實證且數值化的方式計算效度，效標關聯效度的概念因此發展出來。其估算方式就是研究者選定一個與原測驗或量表有關聯的外在效標（external criterion），再計算此測驗分數與外在效標間之相關性。如果測驗分數和外在效標間的相關愈高，就代表效標關聯效度愈高，外在效標可以支持和確認測驗結果，也可表示測驗分數愈能夠有效解釋和預測外在效標。而所謂的外在效標，是指測驗所要預測的行為表現或量數，通常必須符合客觀、可靠等要求。例如，像是某科的學業成績，就可用來作為學業性向測驗的外在效標。而由於外在效標的使用目的和取得時間不同，效標關聯效度又可以分成兩個類型，即「同時效度」（concurrent validity）與「預測效度」（predictive validity）（余民寧，2002）：

1. 同時效度

所謂同時效度，即指計算測驗分數與同一時間取得之外在效標間之相關係數，目的在利用測驗分數來估算受試者在外在效標上的實際表現情形。例如，某教師欲了解一份新編製完成的數學測驗的同時效度，可利用該群受試學生某次的數學段考成績作為外在效標，並求其相關。如果相關係數高，代表同時效度頗適當，就可以說此份新的數學測驗，很適合用來了解學生目前數學學習成果的大致情形。

2. 預測效度

至於預測效度，是指先有了測驗分數，經過一段時間後取得外在效標，再計算此二種分數間的相關係數。主要目的在利用測驗分數預測個人未來在外在效標上的表現。一般像是性向測驗或是成就測驗，如果這些測驗分

數會常常被用來預測學生未來學習的成就或表現，那麼普遍都會需要較高的預測效度。也就是說，如果一份測驗的預測效度頗高，就表示此測驗的分數可以用來預測學生未來在效標上的學習成就。

(三)建構效度

由於心理學或教育現象中有一些理論構念或是特質，是屬於抽象的行為或特徵，不太容易透過內容效度發掘，甚至找不到適用且可靠的外在效標。因此，要能解釋這些觀察不到，或是不易直接測量的理論性假設行為，就必須利用心理學上「建構」（construct）的理念。所謂建構效度，就是指測驗或量表能夠測量到理論上建構的概念或特質的程度，以協助解釋測驗分數所代表的真正意義。例如：要了解一份動機量表的有效程度，我們可以透過蒐集受試者在有激勵情境中的表現結果，與在沒有激勵情境中的表現結果，利用實際的證據來檢驗原有動機量表的效度。

基本上，建構效度的建立是透過理論建構而來，所以嚴謹而系統化的建構歷程就顯得重要。這就好像是一個教育研究的過程，首先研究者必須先提出理論架構，接著形成問題與假設，再蒐集相關資料以驗證假設，最後還要有反覆修正與檢討的過程，以形成嚴謹而具體的建構結果。前述內容效度與效標關聯效度，分別代表了理性邏輯與實證分析的重要方法，都可用來作為分析建構效度的證據。以下就列舉幾種常用來驗證建構效度的方法（余民寧，2002；郭生玉，1990；Anastasi & Urbina, 1997），如下所示：

1.內部一致性分析法

顧名思義，內部一致性分析法就是透過檢驗測驗本身內部的同質性，來驗證建構效度的方法。係以測驗本身的總分作為內在效標，再計算個別試題與總分間之相關係數。常用的計算方式大致有二種：第一種是採用團體對照的方式，先將全體受試者依總分高低排序，分別選出高分組與低分組，逐題分析高分組與低分組的答對百分比，若發現高分組答對百分比優於低分組答對百分比，則表示該試題具有較佳的內部一致性；反之，若高

分組答對百分比反而低於低分組答對百分比，那就表示該試題區辨能力差，試題無效，應將此題刪除。此團體對照法和測驗「難度」與「鑑別度」的計算方式相近，很容易了解並應用。第二種是採用計算相關係數的方法，包括計算每一道試題通過與不通過的二元化得分與總分間的二系列相關，以及具有分測驗得分與總分間的相關。凡經過相關係數計算後達統計上顯著水準者，表示試題或分測驗可以被保留，否則就考慮予以刪除，以確保測驗內部具有良好的一致性。

2.因素分析法

因素分析法可說是目前研究建構效度最常使用的實證方法之一。它可以用來發現一份測驗或量表的共同因素，探究理論構念間的一致性，進而能夠確認這些因素是由哪些有效的測量試題所構成，並做出試題歸類命名與試題刪減的有效證據。近年來因為統計方法與電腦軟體的發展，許多更高階的多變量分析技術紛紛出籠，像是「線性結構關係模式」（linear structure relationship model，簡稱為 LISREL）、「結構方程模式」（structure equation modeling，簡稱為 SEM）等等，使得因素分析的發展更為成熟，關於這些因素分析與多變量技術的詳細過程，請讀者自行參閱相關書籍。

3.多特質分析─多項方法分析

發展出運用多特質─多項方法分析（multitrail-multimethod approach）來考驗測驗之建構效度，是由 Campbell 與 Fiske（1959）所提出的方法。認為一份測驗要具有良好的建構效度，必須同時滿足兩種效度，一種稱之為「聚斂效度」（convergent validity），是指測驗的分數要和測驗相同建構理論或潛在特質的測驗分數間具有高相關。另一種稱之為「區辨效度」（discriminate validity），則是指測驗的分數要和測驗不同建構理論或潛在特質的測驗分數間不具有相關。以此方法分析建構效度時，必須具有兩種以上的測量方法，以及兩種以上被測量的潛在特質。如此一來，可建立一個相關矩陣，並產生四種不同內涵的資料，其間相關的意義分別是：

(1)使用相同方法測量相同的潛在特質：分數間相關最大，相當於重測信度。

(2)使用不同方法測量相同的潛在特質：分數間相關次高，相當於聚斂效度。

(3)使用相同方法測量不同的潛在特質：分數間相關較低，相當於區辨效度。

(4)使用不同方法測量不同的潛在特質：分數間相關最低，效度也最低。

上述使用相同方法測量相同的潛在特質，與使用不同方法測量相同的潛在特質所得的相關係數，應該會比使用相同方法測量不同的潛在特質，與使用不同方法測量不同的潛在特質所得之相關係數還高。符合此現象即可稱測驗具有建構效度存在。不過，此種多項方法分析因為要尋求測量相同特質，且要使用不同的方法，實施上較為不易，普遍性因此受到限制。

第四節　信度與效度的關係

從前述信度與效度的說明可大致了解其理論背景與計算方式，不過，另一個常為人們關心的議題就是，信度和效度間的相互關係為何？是否一份測驗或量表信度若高，效度也就會跟著高？以及如何釐清兩者之間的關係，並做出有效的解釋等問題。有關信度與效度之關係，可從以下兩方面說明：

一、從數學定義來看

我們先把效度的公式列出來並展開，觀察其各項分數的意義：

$$r_v = \frac{S_{co}^2}{S_x^2} = 1 - \frac{S_{sp}^2}{S_x^2} - \frac{S_e^2}{S_x^2}$$

（此二項相減就是真實分數的變異量）

所以公式可進一步寫成：

$$r_v = \frac{S_{co}^2}{S_x^2} = \frac{S_t^2}{S_x^2} - \frac{S_{sp}^2}{S_x^2}$$

$$= r_{xx'} - \frac{S_{sp}^2}{S_x^2}$$

由上公式可看出，效度就等於是信度減去獨特變異量的比例，以文字表示即可寫成：

信度＝效度＋獨特性

所以，信度和效度間之關係，就是效度包含在信度之內，也就是說，一份測驗或量表的信度總是會大於效度。換句話說，效度係數不會大於信度係數的平方根，如下公式：

$$r_v \leq \sqrt{r_{xx'}}$$

故假設一個測驗的信度值是.80，代入公式後.80 的平方根是.89，所以其效度值絕對不會大於.89。以此可看出信度和效度在數學理論上之相互關係。

二、從文字定義來看

若從信度與效度的定義來看，信度是指測驗或量表的一致性與穩定性，而效度則是指測驗或量表能測量到所欲測量潛在特質的程度，代表的是測驗的正確性與有效性，兩個定義間的關係也非常密切。我們常常會以打靶圖來描述信度與效度間之關係，如圖 6-1。

從甲、乙、丙三個靶面的彈著點來看，甲的靶面上三發都射中靶心，偏差很小，除了正確有效外，一致與穩定性也高，因此信度好、效度也好。乙的靶面三發彈著點集中在左上角，完全沒有擊中靶心，所以正確性與有效性很差，但是三發都很集中，一致性與穩定性很高，代表信度好、效度卻很差。至於丙靶面三發都沒有擊中靶心，而且四處分散，很不集中，顯示不僅正確性和有效性不佳，連一致性與穩定性都沒有，所以信度差、效

甲
信度好、效度也好

乙
信度好、效度差

丙
信度差、效度也差

圖 6-1 以打靶圖呈現信度與效度的關係

資料來源：研究者自繪。

度也差。此外，信度與效度除了此三種組合外，從字義上應該還有一種「信度差，但效度好」的組合方式。不過，事實上此種信度差、效度好的現象在現實情境中幾乎不可能出現，因為從數學定義中可知效度包含在信度之內，如果連信度都不高的話，效度如何能高？因此，信度可說是效度的「必要條件」，而非充分條件。若以打靶圖來檢視，可發現此種狀況下彈著點根本畫不出來，證明其在現實情境中也不易存在。

歸結前述說明，信度和效度的關係可推論成：

> 信度高，效度不一定高。
> 信度低，效度一定低。
> 效度高，信度一定高。
> 效度低，信度不一定低。

第五節　如何分析一套評鑑標準的信度與效度

在對信度與效度有所了解後，如何將其運用至標準建構的情境，讓建構完成的標準具備穩定性與有效性。一般而言，通常標準的建構結果會以

條列式與題目式的方式呈現，而其評鑑效標就可設計成量表或問卷等連續性尺度的形式，像是最普遍的五等量表。如此一來，所建構好的評鑑標準就可以蒐集到受試者數量化的意見，就能夠計算並分析標準的信度與效度。也就是說，標準建構過程可參考一般測驗或量表計算信度與效度的方式，只是前提必須是先將所建構的標準設計成量表的形式，以方便預試及正式施測時信度與效度的計算。

　　為了讓讀者了解標準建構時信度的實際估算情形，在此舉個實例說明，並使用一般估算信度時最常用的「內部一致性分析法」來計算，以方便深入了解一套量表信度的檢驗過程。

一、信度分析實例

　　某研究者欲了解時下青少年學生對工作的態度與價值觀，於是初步建構了一套簡易的標準，名為「青少年工作態度量表」（Royse, Thyer, Padgett, & Logan, 2001）如表 6-2 所示。

　　此量表共有十六項標準，為了考驗量表的信度，約有一百名青少年樣本參與預試，研究者使用內部一致性分析法，將資料登錄後以統計軟體運算，主要計算每個標準的變異數，並計算每個標準與總量表間之相關係數，以及用 Cronbach α 係數估算總量表的信度係數。

　　不過，此量表在登錄資料時必須特別注意，主要是因為第 1 題、第 2 題、第 5 題、第 6 題、第 7 題、第 9 題、第 12 題、第 13 題，以及第 16 題，此九題為正向題，登錄時不須改變計分方式。但是第 3 題、第 4 題、第 8 題、第 10 題、第 11 題、第 14 題，以及第 15 題等七題是屬於反向題，登錄資料時必須以相反的方向來計分，亦即勾「是」的選項，代表的是負面的工作態度，因此要反過來登錄成「否」，如此才會有正確的結果，否則一旦登錄錯誤，所有的資料計算起來就變得毫無意義。

表6-2　青少年工作態度量表

			青少年工作態度量表

說明：以下各題項的敘述，如果符合您的看法請在「是」的選項打「✓」，如果不符合請在「否」的選項打「✓」，如果無法決定，則請在「？」的選項打「✓」。

是	否	？	題　　項
			1.我希望未來能有一份全職的工作
			2.對我而言，為生活而工作是一份令人興奮的事
			3.如果我有一份工作，我會希望它是無聊的
			4.每週工作40小時是浪費時間的事
			5.我寧願有一份薪水很少的工作勝過沒有工作
			6.獲得一份薪水對我來說很重要
			7.擁有一份工作帶給我很好的感覺
			8.除了工作外仍然有許多方式可以賺錢
			9.有了工作我會獲得更多的自我尊重
			10.工作所得常常會低於我所付出與應得的結果
			11.只有傻子才會為了生活而工作
			12.人們常常會享受自己的工作
			13.當我長大時我希望能被雇用
			14.我寧願沒工作也不希望薪水太低
			15.我寧願沒工作也不希望老闆使喚我
			16.有工作的人會比沒工作的人更有自尊

資料來源：修改自 *Program evaluation: An introduction. 3rd.* by Royse. D., Thyer. B. A., Padgett. D. K., & Logan. T. K., 2001, p. 270.

表 6-3 是沒有考慮反向題的登入方式，結果在第三欄「此題項與總量表之相關係數」中，有兩個題項（第 5 題與第 8 題）的相關係數為負，總量表的α係數為.77。根據此表，研究者在分析信度時，若觀察第四欄「刪除此題項後量表之α係數」的結果，發現在刪除第 5 題與第 8 題後，總量表的α係數會顯著提升，分別由原來的.77 提升至.82.與.81，在提升量表信度的考量下，研究者很可能會刪除第 5 題與第 8 題，來提升整個量表的信度。不過這個處理方式並非正確，因為第 5 題與第 8 題之所以會拖累量表的信度，其原因並不是因為題目本身不良所造成的，而是研究者登錄上的疏失，因此正確的解決方式並非刪除題項，而在登錄方式的修正，如表 6-4。

表 6-3　錯誤的青少年工作量表信度分析（無考慮反向題登錄的結果）

題項	刪除此題項後之量表平均數	刪除此題項後之量表變異數	此題項與總量表之相關係數	刪除此題項後量表之α係數
1	36.8	28.3	.55	.72
2	37.4	25.0	.61	.70
3	37.2	26.2	.54	.71
4	37.1	26.2	.59	.71
5	38.3	37.9	-.71	.82
6	37.0	28.2	.37	.73
7	37.1	26.4	.57	.71
8	38.0	35.9	-.46	.81
9	37.1	25.8	.64	.70
10	37.2	25.5	.61	.70
11	36.8	30.3	.24	.74
12	36.9	28.4	.47	.73
13	36.9	28.6	.41	.73
14	37.1	26.3	.55	.71
15	37.2	25.3	.64	.70
16	37.3	27.2	.42	.73

Cronbach α＝.77

資料來源：修改自 *Program evaluation: An introduction. 3rd.* by Royse. D., Thyer. B. A., Padgett. D. K., & Logan. T. K., 2001, p. 271.

　　表 6-4 為第二次修正後有考慮反向題登錄方式的計算結果，我們將發現第三欄「此題項與總量表之相關係數」中，第 5 題與第 8 題並沒有負值出現，且總量表的α係數提升至.89。再觀察第四欄「刪除此題項後量表之α係數」的結果，發現若依照剛才刪除第 5 題與第 8 題後，α係數並沒有顯著改變，刪除此二題對提升整體量表的信度並沒有多大變化。也就是說，第 5 題與第 8 題並非設計不良的題目，表 6-3 刪除題項與表 6-4 的計算結果差異甚為明顯。表 6-3 不僅提供錯誤的刪除訊息，也對量表信度的影響甚大，所以建構者必須謹慎考量正確的登錄方式，以避免提供錯誤的信度訊息。

表 6-4　正確的青少年工作量表信度分析（有考慮反向題登錄的結果）

題項	刪除此題項後之量表平均數	刪除此題項後之量表變異數	此題項與總量表之相關係數	刪除此題項後量表之α係數
1	38.6	54.1	.52	.89
2	39.2	48.8	.65	.88
3	38.9	50.4	.60	.88
4	38.9	51.1	.58	.89
5	38.9	49.5	.72	.88
6	38.8	53.4	.41	.89
7	38.8	50.8	.61	.88
8	39.2	51.0	.47	.89
9	38.9	50.2	.66	.88
10	39.0	49.9	.62	.88
11	38.6	56.4	.25	.89
12	38.7	53.9	.48	.89
13	38.7	54.0	.44	.89
14	38.8	50.0	.66	.88
15	39.0	49.3	.68	.88
16	39.0	52.0	.45	.89

Cronbach α=.89

資料來源：修改自 *Program evaluation: An introduction. 3rd.* by Royse. D., Thyer. B. A., Padgett. D. K., & Logan. T. K., 2001, p. 272.

為了詳細分析所建構量表的信度，表 6-4 中，我們除了列出總量表的 Cronbach α係數外，表中第三欄則列出每個題項與總量表的相關係數值，用以檢視每個題項和整體量表的相關性與一致性。而第二欄、第三欄與第五欄，則分別列出刪除此題項後對整體量表平均數、變異數與α係數的影響。此步驟讓我們得以逐一分析各題項的信度相關指標，就可以確認量表的整體信度，提供給研究者與利害關係人參考。

其實，這些數量化的指標代表的就是一種證據，如果所建構量表的信度很低，也並不是全然說明依理論或經驗所建構量表毫無價值，而是缺少了可信賴的證據，信度低將使得我們無法保證，後續研究經重複操作後仍然能夠獲得相同的結果。

二、效度分析

在此實例的效度分析上，我們可以運用建構效度中內部一致性分析的概念，來考驗所建構標準間之關係。同樣的，我們可以採用計算相關係數的方法，以量表本身的總分作為內在效標，再計算每一道試題填答「是」與「否」的二元化得分與總分間的相關。凡經過相關係數計算後達統計上顯著水準者，就表示此題項可以被保留，否則就考慮予以刪除，以確保測驗內部具有良好的一致性。所謂相關係數達顯著水準的意思，就是青少年對工作具有良好態度者，其在量表中的得分，應會顯著高於那些工作態度差的青少年，如此的結果在某種程度上就可證明此量表具有好的效度。

由於效度的分析較缺乏直接、系統與標準化的估算方式，所以，「專家判斷」通常是分析內容效度最直接而有效的方法，也是運用最廣的方法。在心理學創造力的評量研究中，Amabile 提出所謂的「共識性評量技巧」（consensual assessment technique, CAT），也是運用專家團體的專業知識對產品的創造力做判斷，且其信度與效度逐漸受到肯定。Hickey（2001）曾以此技巧評估學童在音樂作曲上的創造力，結果發現當被博學的評分者團體使用時，共識性評量技巧可以具有良好的信度（引自葉玉珠，2006，頁 201）。顯示運用專家判斷來提升量表信效度的方式甚為有效可行。

在建構評鑑標準或指標時，必須致力於避免效度不佳的情形發生，不論採用內容、效標關聯，或是建構效度等何種效度的類型，不論運用相關分析、因素分析、多特質分析，與專家團體法等的估算方式，研究者都必須能確保對他們要評估的議題，有足夠與深入的了解，運用適當的信、效度分析方式，真正命中標靶中心，達到測驗與量表的真正目的。

綜而言之，每個建構的標準都有它的理論與實務知識背景，要證明有好的信度與效度必須依賴有意義的、適合的，以及有用的分數來考驗。所以在計算信度與效度之時，我們不能忽略一個事實，就是信度與效度所代表的並非絕對就是量表的真正價值，反而絕大部分的價值是單指我們所蒐集到資訊的分數表現。要確認取樣過程的代表性，就不能忽視「方案評鑑標準」A5 與 A6 給我們的提醒，包括：

> A5、有效的資訊
> 蒐集資訊的程序必須選擇及發展，以確保施行後其解釋對預定用途是有效的。

以及

> A6、可信賴的資訊
> 蒐集資訊的程序必須小心的選擇及發展，以確保施行後這些訊息對預定的用途上是可信賴的。

最後，信度的計算是非常樣本依賴導向的，它會因為取樣的差異而變化。因為我們知道信度的公式是以樣本變異數的計算為基礎，不同樣本團體的變異情形會影響信度的大小，異質性愈高的樣本團體會產生愈高的變異量，而愈高的樣本變異量就會產生愈高的信度分數。所以，同一份測驗或量表會因為樣本團體偏向同質性與異質性的不同，產生不同的信度分數。這點也是我們在分析評鑑標準量表信度時不能忽略的因素。

參、
實務篇

第七章

一般領域的評鑑標準

　　在教育評鑑領域邁向專業化的過程中，評鑑標準的建立及其權威性扮演著舉足輕重的角色。有了權威性的評鑑標準，教育評鑑得以在明確的「共同語言」下，提供概念性架構與操作型定義、協助實務議題的價值判斷、促進利害關係人充分溝通合作，最後獲得教育評鑑的實質效益與大眾的信任。目前教育評鑑及方案評鑑領域中最具權威且廣為運用的評鑑標準，首推「美國教育評鑑標準聯合委員會」所發展之「方案評鑑標準」。在許多教育評鑑的相關情境中，包括政策計畫、教育或課程方案、學校校務等，常常會以「方案評鑑標準」為參考基準與藍本，再配合實際情境修正標準內容，使之符合需求。不論國內、外，教育評鑑在發展標準時，「方案評鑑標準」的運用可說是頗為盛行。

　　另外，在其他一般的方案評鑑領域中，第二章曾介紹早在 1982 年，「評鑑研究學會」（ERS）就曾發展出「評鑑研究學會方案評鑑標準」，適用的領域較方案評鑑標準更廣，包括教育、健康、勞工、法律實施、公共政策與安全、社會福利、大眾運輸、執照與認證、社區發展等方面。標準的內容共有六大面向，合計五十五項評鑑標準。後來至 1986 年，「評鑑研究學會」與「評鑑網絡」（Evaluation Network，簡稱ENET）合併為一，並更名成「美國評鑑學會」（American Evaluation Association, AEA），於1995 年出版「美國評鑑學會方案評鑑原則」（AEA Principles for Program Evaluation），共有五個原則和二十三條規範性標準，用以補充說明原有ERS的標準（Stufflebeam, 2000c）。比起「美國教育評鑑標準聯合委員會」

之「方案評鑑標準」，ERS 的標準適用領域與範圍更為廣泛，不只局限於教育評鑑的範圍。也由於此二評鑑標準都具有普遍可用的特性，適合大多數的評鑑領域，在某些特定目標與議題中也可稍做修正而適用，所以可稱之為「一般領域」的評鑑標準。

本章介紹「一般領域」的評鑑標準，主要焦點是著眼於標準具有普遍適用的特性與價值，而非針對特定議題所發展的評鑑標準。因此，會以「方案評鑑標準」與「ERS的標準」為例。除了介紹其發展過程與標準內容外，也援引實際個案，以美國馬里蘭州的 Prince George County 建構的「磁力學校方案」為例子，說明並分析方案評鑑標準的實際運用情形。

第一節　兩大方案評鑑標準

一、評鑑研究協會的方案評鑑標準

「評鑑研究學會」的「ERS 方案評鑑標準」適用的範圍甚為廣泛，跨越相當多領域。主要發展背景是基於「教育評鑑標準聯合委員會」之方案評鑑標準關注的重點僅在於教育方案，未能涵蓋評鑑研究學會成員的需求，因此另行邀請評鑑專家，於 1982 年 9 月發展出另一套「ERS 方案評鑑標準」，分為「規劃與協商」、「結構與設計」、「資料蒐集與準備」、「資料分析與解釋」、「溝通與公布」、「結果利用」等六大面向，共有五十五項標準。而此六大面向、五十五項標準主要是依據評鑑的流程來設計，每一標準皆以簡要的說明來呈現，涵蓋了評鑑過程中必須特別注意的各項工作（Evaluation Research Society Standards Committee, 1982），標準的內容說明如下。

(一)規劃與協商（formulation and negotiation）

此面向共有十二項標準，在進行評鑑計畫之前，評鑑者必須先與相關

的當事人進行規劃與協商的工作。對於評鑑的內容及問題，甚至可能發生的限制與障礙，評鑑者與當事人都必須能夠清楚的了解與評估各種現象。並提醒隨著評鑑逐漸推動和情境改變時，必須彈性的檢視及修正初期的規劃。十二項標準分別是：

1. 對於受評方案或活動的目標和特質之敘述，必須盡可能正確詳細。
2. 對於委託者、決策者和其他潛在的評鑑結果使用者必須加以確認，並釐清他們的資訊需求與期望，以及方案的公共利益。
3. 評鑑的型態必須合適、評鑑的對象必須釐清、評鑑的範圍必須明確。
4. 評鑑方案與變通方案的成本估算須慎重與合理，且合乎健全的會計原則。
5. 對於評鑑提供資訊的價值性、適用性與判斷成本的潛在利用性，必須在評鑑開始前達成協議。
6. 對於評鑑的可行性，必須經過非正式或正式的評鑑可行性評估。
7. 對於獲取評鑑資訊和結果的限制，評鑑者和委託者事先必須清楚地確立並達成協議。
8. 潛在的利益衝突必須確認，並採取步驟以免危及評鑑歷程和結果。
9. 對於涉及評鑑的所有群體的權利與福祉之尊重與保障，必須是協商過程中的主要考量。
10. 評鑑技術和經費管理的績效責任，必須明確界定。
11. 在協商達成的所有協定必須以文字詳細說明，包括程序、義務和涉入評鑑的所有群體，以及獲取資料的策略和程序。當計畫或條件改變時，這些協定也應詳細說明。
12. 對於超越評鑑者的專業限制或資源條件的要求，評鑑者不應完全接受。

(二)結構與設計（structure and design）

此面向共有六項標準，評鑑計畫的結構與設計常常會因要求的條件狀況不一樣，而受到政治、經費、方法論等各個不同層面的影響。不同性質的評鑑間多少會存在一些差異，不過，還是會有一些共通性的標準。評鑑

計畫要能明確地呈現其結構與設計，驗證其正當性、抽樣過程、資料蒐集工具，並妥善安排評鑑所有利害關係人的合作關係。六項標準分別是：

1. 對於各種的評鑑，必須詳細說明其途徑與設計，並判斷其與評鑑結論和推論的合適性。
2. 對於評鑑過程未處理部分的效果評估，和完成此項評估的特定方法等設計，必須完整地描述和判斷。
3. 所採用的樣本必須依據評鑑的必要條件及概括原則詳細分析，描述及判斷樣本分析方法的細節。
4. 評鑑方法和工具必須明確敘述，並以受評的母群或現象考驗其信度和效度。
5. 必須提供評鑑程序和工具合適性的判斷。
6. 對於方案的人員、受影響的機構、有關群體的成員，以及直接涉入評鑑的人員之間的合作關係，必須安排並確保合作無間。

(三)**資料蒐集與準備**（data collection and preparation）

158

此面向共有十二項標準，資料蒐集過程必須事先規劃，分析過程中如果發生方法或環境上的問題與改變，則原有資料蒐集的設計及實施就必須隨時調整以符合實際需要。此十二項標準說明如下：

1. 資料蒐集的準備計畫必須在資料蒐集之前發展完成。
2. 對於背離原來設計的檢驗與調解必須有所準備。
3. 評鑑人員必須加以選擇、訓練和監督，以確保其勝任性、一致性、公平性和倫理性的要求。
4. 所有資料蒐集的活動必須加以管理，確保個別的權利、福祉、尊嚴和價值都能獲得尊重和保障。
5. 資料蒐集工具和程序的預測信度、效度，必須在一般的實施環境加以檢證。
6. 必須進行資料來源正確性的檢驗，建立品質保證和控制的適當措施。
7. 資料蒐集和準備的程序必須提供保護措施，避免評鑑發現和報告受到資料蒐集者的偏見所扭曲。

8. 資料蒐集活動應在無損害受評方案的完整下進行，並在資料提供者或機構最小負擔的情形下實施。

9. 對於可能產生相反效果或危險的程序，必須嚴格檢討，然後僅使用受影響群體所同意的程序。

10. 資料必須管理和保管，以免落入未經許可者的手中，對於個別認可資料的取得，應限於有必要知道者。

11. 文件必須保存資料來源、蒐集方法、蒐集環境，以及各項資料的準備過程。

12. 採取適當的保護措施，以防意外事件造成無法挽回的資料損失。

(四)資料分析和解釋（data analysis and interpretation）

此面向共有九項標準，強調的是，在評鑑實施的限制下，資料分析與解釋必須能配合資料的特性，並使用最適合的分析方法，重點是要將資料客觀而真實地呈現。九項標準包括如下：

1. 分析的程序必須符合評鑑目的、設計和蒐集資料的特性。

2. 所有分析程序和其假定與限制必須詳細描述，選擇該分析程序的理由也應說明清楚。

3. 分析的程序必須適合使用者的評鑑特質與需求，並顧及資料的質化與量化屬性。

4. 分析的單位必須適合資料蒐集的方式和結論型態。

5. 對於資料分析的合適與否必須明確判斷。

6. 文件必須適合進行重複的分析。

7. 若進行量化的比較，必須提供有關統計和具有實質意義的指標。

8. 關於因果解釋要能參照原設計，也要確認和排除看似合理的反面說明。

9. 評鑑結果的報告方式必須能區別出客觀發現、意見、判斷和推測之間的差異。

(五)溝通與公布 （communication and disclosure）

此面向共有十項標準，強調整個評鑑過程中，必須使用有效的溝通方式。特別是在評鑑報告的公布階段，良好與有效的溝通是首要而基本的要件，同時也是下一階段是否能有效利用評鑑結果的先備條件。在公布評鑑報告時，必須注意的標準如下：

1. 評鑑的發現必須清晰地、完整地、公平地呈顯出來。
2. 評鑑的發現必須以決策者和其他利害關係人能理解的語言來組織與敘述，並且任何建議必須明顯的和這些發現相關聯。
3. 評鑑發現和建議的呈現架構，必須能指出二者間相關的重要性。
4. 評鑑假定必須明確的為人所認定。
5. 必須陳述有關時間、資源和資料所造成的限制。
6. 對於如何發現的完整描述，必須是可接受的。
7. 對於評鑑有貢獻的個人、群體和組織，必須得到符合其需求的回饋。
8. 評鑑報告的公布，必須遵守事先同意的合約內容。
9. 授權官方公布的評鑑資料，必須明確說明。
10. 完成的資料庫和相關文件，必須與使用者認知上一致的方式來組織。

(六)結果的利用 （use of results）

此面向共有六項標準，強調實施評鑑最終的目的就在於結果的利用，以提供利害關係人了解狀況及做決策的資訊。也唯有如此，評鑑的目的才會顯現出來。為了確保評鑑結果得到有效的利用，考慮的標準如下：

1. 評鑑結果必須在做成相關決策之前，先讓使用者適度的了解。
2. 評鑑人員必須預防評鑑資訊的誤解與誤用。
3. 評鑑人員必須提醒決策者和其他相關的聽取者，注意評鑑過程中可能產生的正面或負面的副作用。
4. 評鑑人員必須精確的區分評鑑發現和根據評鑑發現所提出的政策建議。
5. 在提出有關修正的建議時，評鑑人員必須仔細考慮和指出建議方案

的可能效果和成本。

6. 評鑑人員必須在評鑑人員的角色和可能扮演的支持角色間維持明確的界線。

後來經過「評鑑研究學會」與「評鑑網絡」（Evaluation Network，簡稱 ENET）合併為「美國評鑑學會」（AEA）後，為了補充說明 ERS 評鑑標準，遂於 1995 年出版「評鑑學會方案評鑑原則」，共有五個原則，主要目的是為評鑑者的行為，提供倫理的規範。這五個原則包括（Stufflebeam, 2000c）：

1. 系統的探究（systematic inquiry）：評鑑者於評鑑時必須實施系統的、資料本位的探究。下有三項規範陳述。

2. 勝任能力（competence）：評鑑者必須對利害關係人提供足以勝任的表現。下有三項規範陳述。

3. 公正與誠實（integrity/honesty）：評鑑者在評鑑過程中必須公正與誠實。下有五項規範陳述。

4. 尊重他人（respect for people）：評鑑者必須尊重所有與他互動的利害關係人。下有五項規範陳述。

5. 對一般社會大眾的責任（responsibilities for general and public welfare）：評鑑者必須清楚說明與考量和一般社會大眾福祉有關利益和價值的多樣性。下有五項規範陳述。

二、美國教育評鑑標準聯合委員會之方案評鑑標準

當「美國教育研究協會」（AERA）、「美國心理學會」（APA），以及「國家教育測量會議」（NCME）此三個機構，認為有必要再邀請其他教育領域之重要團體或組織，另外成立一個專責的委員會，專門負責教育方案評鑑的相關研究與議題時，「美國教育評鑑標準聯合委員會」於成立後在 1981 年先發展出第一套適用於教育方案評鑑的標準，即為「教育方案、計畫、教材評鑑標準」。至 1994 年，原有的「教育方案、計畫、教材評鑑標準」歷經修正，新的標準即稱之為「方案評鑑標準」，成為現階段

教育評鑑領域最重要的參考標準。以下將新版的標準內容略做說明，並介紹標準建構與修正的過程。

(一)方案評鑑標準的內容

1994 年出版的「方案評鑑標準」分成「效用性」（utility）、「可行性」（feasibility）、「適切性」（propriety），以及「精確性」（accuracy）四個面向，其下共有三十項評鑑標準，各項標準的摘要如表 7-1 所示。

表 7-1　方案評鑑標準內容摘要表

U、效用性（utility）： 效用性標準目的在確保評鑑能夠為有意願的使用者提供必須的資訊。
U1、評鑑利害關係人的確認（stakeholder identification） 確認所有參與評鑑或受評鑑影響之利害關係人，並重視他們的需求。
U2、評鑑者的可靠性（evaluator credibility） 評鑑人員必須值得信任，並有能力勝任評鑑工作，使得評鑑結果能達到最佳可信度與可接受度。
U3、資訊的範圍與選擇（information scope and selection） 廣泛蒐集的資訊必須強調和方案的適切性，並對特定當事人或利害關係人的興趣與需求負起責任。
U4、價值的確認（values identification） 解釋評鑑發現的觀點、程序及理論基礎必須詳細敘述，以利價值判斷的基礎能清楚明白。
U5、報告的清晰性（report clarity） 評鑑報告必須能清楚描述被評鑑方案的背景、目的、過程及發現，使呈現出的訊息能輕易的被人了解。
U6、報告的及時性與傳播（report timelines and dissemination） 一些重要的及時發現與報告必須傳達給當事人，使其可以運用及時資訊。

U7、評鑑的影響（evaluation impact） 評鑑的規劃、運作及報告方式，應能鼓勵利害關係人堅持完成，以增加評鑑結果的使用程度。
F、可行性（feasibility）： 可行性標準旨在確保評鑑是真實可行的、謹慎的、圓融的，與簡約的。
F1、務實的程序（practical procedures） 評鑑的程序必須是務實可行，並且在所需資訊蒐集時將中斷的可能性降至最低。
F2、政治的可行性（political viability） 評鑑的規劃與實施必須考量各種利益團體的不同立場，一方面獲得合作，另一方面消除其對評鑑運作的抵制或對評鑑結果的偏見與誤用。
F3、成本效益（cost effectiveness） 評鑑必須有效率，並使產出的資訊具有充分的價值，讓資源的耗費有正當的理由。
P、適切性（propriety）： 適切性標準目的在確保評鑑實施能夠合法的、合乎倫理的，並顧及評鑑參與者及受評鑑結果影響者的福祉。
P1、服務導向（service orientation） 評鑑的設計必須能幫助各個組織團體及參與者，皆能獲得充分的服務。
P2、正式的協議（formal obligations） 評鑑正式參與人員的義務必須有書面的協議（包括應做的事、如何做、誰來做，以及何時做），使參與人員能善盡責任或正式的重新協商。
P3、受評者的權利（rights of human subjects） 評鑑的設計與執行必須保護受評者的權利與福祉。
P4、人際間的互動（human interactions） 評鑑者應尊重所有評鑑關係人的尊嚴和價值，避免威脅與傷害。

163

P5、完整和公正的評估（complete and fair assessment）

評鑑必須完整和公正的檢驗和記錄受評方案的優點及缺點，使優點可以被信任，而問題也可以被強調。

P6、結果的公布（disclosure of findings）

正式的評鑑團體必須確保所有的評鑑結果，能在適切的限制下，讓所有受評鑑影響的人及其他具合法權利相關人員所接受。

P7、利益的衝突（conflict of interest）

利益衝突時必須誠懇的公開，避免衝突危及評鑑程序與結果。

P8、會計的責任（fiscal responsibility）

評鑑者對資源的分配與開支，應有良好的績效責任與程序，並負起道德責任，使經費運用適切並具績效。

A、精確性（accuracy）：

目的在確保評鑑能夠顯示並傳達受評方案特徵的適當訊息，以決定受評方案的優缺點與價值。

A1、方案文件（program documentation）

評鑑方案要能清楚而精確的描述和文件化，使得方案能夠清楚的定義。

A2、情境分析（context analysis）

方案所在的情境必須詳細的檢視，使其影響方案的因素能獲得確認。

A3、目的與程序的描述（described purposes and procedures）

評鑑的目的和程序必須有詳細的監控和描述，使其能獲得確認與評估。

A4、具辯護力的資訊來源（defensible information sources）

評鑑方案中的資訊來源必須詳盡描述，並評估資訊的正確性。

A5、有效的資訊（valid information）

蒐集資訊的程序必須選擇及發展，以確保施行後其解釋對預定用途是有效的。

A6、可信的資訊（reliable information）

評鑑資訊的蒐集程序必須仔細選擇、發展與運用，確保資訊的取得在特定使用時有足夠的可信度。

A7、系統化的資訊（system information）
評鑑資料的蒐集、處理過程及報告必須系統化的檢視，並修正所有發生的錯誤。

A8、量化的分析（analysis of quantitative information）
評鑑中的量化資訊必須系統且適切的分析，務必使評鑑問題都能獲得有效率的答案。

A9、質化的分析（analysis of qualitative information）
評鑑中的質化資訊必須系統且適切的分析，務必使評鑑問題都能獲得有效率的答案。

A10、正當化的結論（justified conclusions）
評鑑結論必須明確的正當化，以利於利害關係人進行評估。

A11、公平的報告（impartial reporting）
評鑑的報告程序應盡量避免受到個人情感和任何群體偏見的扭曲，才能使得評鑑報告公平的反應評鑑結果。

A12、後設評鑑（metaevaluation）
評鑑本身也應參考適切標準進行形成性與總結性評鑑，使評鑑過程有適當的指引，而評鑑利害關係人也可依此檢驗評鑑的優缺點。

資料來源：研究者自行整理。

(二)新版方案評鑑標準修正過程

1. 組成效度確認小組

　　新標準的推出必定會因為實際運用而產生諸多的討論。超過二萬份的發行量，使得聯合委員會收到許多來自中、小學實務工作者的口頭與書面修正意見。在 1990 年的委員會議中，「美國教育評鑑標準聯合委員會」站在後設評鑑的角度去考量這些建議，為了能詳盡而徹底的修正評鑑標準，於是又做出了新的決定，就是成立另一個任務編組，稱之為「效度確認小組」（Validation Panel），其小組成員除了有委員會內部單位的代表外，也有由委員會主席選出外來具代表性的公正人士。小組的主要任務在發揮監

控修正版標準的後設評鑑功能,具體的任務如下(Gould, Basarab, McGuire, Robinson, Walser, & Wigdor, 1995):

(1)定義並考量對標準的假定。

(2)參考「美國國家標準局」(ANSI)的流程和後設評鑑來批判修正過程。

(3)評量修正版標準在不同國家和國際間的適用程度。

(4)對委員會理論性與實證性的研究報告提出質疑。

(5)為修正版標準的最後評估結果提出公開報告。

「效度確認小組」於 1991 年開始他們針對標準修正過程的後設評鑑工作,同時兼重形成性和總結性評鑑的功能,並定時於「美國教育評鑑標準聯合委員會」的年度會議中提出研究的進度報告。報告的內容除了對修正中的標準提出意見外,也重視標準發展過程中的方法與相關處理方式。根據「效度確認小組」的報告,可發現評鑑標準修正的過程與方法,整理分析如下(Gould, etc, 1995):

(1)確認評鑑標準之目的與意義

「效度確認小組」首先綜覽了此三十個分成四大類標準的定義,從較屬上位概念的四大向度開始,一一檢視了「效用性」、「可行性」、「適切性」,以及「精確性」,確認四個向度的主要目的與意義。接著,「效度確認小組」進一步提出尚待完成的工作,包括每一個標準也都必須詳加檢視其目的、發展單一標準運用時的指引、提供一般性錯誤的範例,和更多的個案說明與分析等等。這些工作完成後,對於標準的概念才有正確而清楚的說明,在實際運用時才不至於曲解意涵,產生錯誤的判斷。

(2)提升標準修正版發展過程中的效度

「效度確認小組」在確認新標準發展過程中的效度時,關切的是不同背景或場域的使用者,是否能在同樣的操作與訓練下,對教育方案做出相近的評鑑結論。基於這個關切點,小組主要參考兩個標準,一個是標準修正參與者的代表性及共識如何形成,另一個則是標準發展的歷程。

(3)參與者的代表性

參與標準修正的人員，大致可分成委員會代表與個人代表兩類。

委員會代表：委員會代表指的是委員會選出的人員，這些人員經由「美國教育評鑑標準聯合委員會」的十五個會員團體共同推薦產生。他們的身分包括一般公、私立學校或單位的教師、校長、行政人員、課程專家、教育研究人員、諮商師、評鑑專家等。另外，也有來自非委員會直接選出的人員，主要是一般社會大眾、家長或是民意代表，但普遍都經過教育專業方面的洗禮。

個人代表：相對於委員會代表的推派方式，個人代表大多是無給職且自願性的加入，當然也有一些個人代表是因為他的主管是委員會成員，使得他間接提供了標準修正意見。不過，這些個人代表並非透過委員會議討論的方式參與，大都是利用書面的方式來表達意見。

不論是委員會的學校組織代表或個人代表，在標準修正過程中都挹注了相當多的協助，這些協助來自於多種形式，有些人直接擔任委員會成員或顧問，有些人參與國家或國際會議，有些則推動實地測試，有些透過公聽會提供相關問題與證據。毫無疑問的，重視參與者的代表性問題會讓專家的「內容效度」更顯提升，而此大規模的參與對增進標準的廣度與深度也會有正面性的貢獻。這種現象顯示出委員會在標準修正的過程中，非常重視利用專家提升內容效度的方式，這也是前述建構標準最常用且最有效的建構方式。

(4)焦點團體

在標準的發展歷程中，「美國教育評鑑標準聯合委員會」為了使修訂工作更有效率，通常是利用小型的「焦點團體」來考量修正意見或進行草案的撰寫。此時，「效度確認小組」的成員會輪流並交替參與不同的焦點團體，隨時加入討論並提供意見。不過，修正草案整理與撰寫的任務還是在焦點團體成員上，不會由「效度確認小組」的成員來承擔。當焦點團體產生標準修正決議時，就會將其決議提交到委員會，由大會來共同討論。而「效度確認小組」的成員也可以在大會討論時參與，並提出自己的看法，也就是說，「效度確認小組」可自由參與任何焦點團體與委員會議的討論。此也凸顯出標準發展歷程中，重視討論績效與形成性專家意見的程度。

既然「效度確認小組」被賦予高度的信賴和重視，小組就有相對性的重要工作要完成，就是他們必須定時提出形成性的報告，而「美國教育評鑑標準聯合委員會」也會很重視這些報告，不會遺漏任何一項批判或建議。

(5)一致性同意

在「美國教育評鑑標準聯合委員會」的年度會議中，成員會就標準發展的進度與內容進行意見交換，以增加對標準不同意見的討論。根據委員會的法規規定，主要決策或決定必須透過成員投票而產生，由於標準的修訂是屬於重大議題，因此幾乎所有的標準在修訂前，都經過了委員會成員接近一致性的同意，所謂接近一致性的同意，就是至少必須有三分之二以上的委員投票才算通過。

(6)撰寫小組

撰寫小組的工作是將委員會的評論或決議，在盡量接近原意的原則下，將修正草稿撰寫出來，這當然也包括對標準字句表達的美化工作。在「美國教育評鑑標準聯合委員會」的數年標準修正過程中，撰寫小組的成員常常補充新血。根據統計，為符合新標準撰寫更多元化的需求，委員會前前後後總共聘請過二十八位撰寫人員。由於他們的努力，可看出修正後的標準更符合各領域的需求，這些領域至少包括各級學校、大學、法律、醫藥、護理、軍事、商業、政治、社會服務等等。修正後的標準在字裡行間也更能說明與呈現標準的意義。

(7)國際的修正意見

1992 年修正版標準的草稿正式完成，聯合委員會邀請了七十四位美國境內以及十四位來自國外的專家學者來檢視修正版草稿，結果這八十八位專家學者對修正草稿提出了相當多正面和反面的評論和建議。雖然這些多元意見的整合和摘錄，讓委員會的行政工作倍感吃力，不過卻也提供了委員會成員更充足的考量訊息。「效度確認小組」也要求委員會行政工作人員盡可能整併意見，並且有秩序的歸類排列，讓委員能夠更清楚方便的考慮主要的重點。如此大規模的蒐集專家意見可以增加標準的效用和接受程度，以提升標準的內容效度。

(8)實地測試

測試的目的是對產出的標準進行考驗。「美國教育評鑑標準聯合委員會」在 1993 年委託三十二個專業團體，包括一般學校、大學、民意機關、市立機構、企業公司、工業、政府機構、社服團體等等，分別為修正版標準進行實地測試，並要求提出他們的專業判斷和評論。同樣的，這些意見也受到委員會高度的重視，用來修正即將修正完成的標準。比起最初版本標準，修正後的標準應更能顯出經驗分享後的實用價值。

(9)公聽會

委員會於 1993 年共舉辦了三場公聽會，主要邀請關切標準發展的人員參與，並且都會事先寄發修正版標準和公聽會時程表供其預先參考。三場公聽會舉辦下來，共有四十六位與會人員提供正式的評論與證據。經過委員會審慎的過濾與考量後，再對標準進行最後階段的修正，至此，修正版標準的發展歷程算是告一段落。

綜觀前述「美國教育評鑑標準聯合委員會」在提升標準修正版發展過程效度所做的努力，可簡單歸納成「重視參與者代表性」與「發展歷程系統化」此二個面向。二面向都在透過廣徵博引、集思廣益的理想，達成標準修正的終極目的。很顯然的，聯合委員會和效度確認小組都對這樣的發展過程頗為認同，並認定此建構方式為發展標準的可行且有效模式。美國國家標準局（ANSI）也認可通過 1981 年版與修正版的標準，認為夠資格成為美國教育方案評鑑的國家標準。事實上，美國國家標準局在認可一項標準時，所採取的認可步驟和前述「美國教育評鑑標準聯合委員會」的發展模式，也可說是大同小異。

第二節　方案評鑑標準的運用實例

方案評鑑的績效因為關係著整個方案運作過程中，各個階段任務或元素，是否能充分發揮被賦予的功能與意義，而使評鑑產生最大功效與價值，因此一直是教育評鑑學者最重視的課題，這在教育評鑑專家學者心目中的重要性，也應會優於一般大眾較關心的評鑑結果。這多少意味著「外行人

看熱鬧，內行人看門道」的道理。

　　而評鑑標準要如何運用，才能有效提升方案評鑑的績效？本節以美國一個個案為例，希望能清楚呈現教育方案評鑑標準的運用方式，並討論運作過程產生的重要議題。

　　美國馬里蘭州的 Prince George County 從 1985 年開始，為了讓家長和學生有更多的教育選擇機會，建構了「磁力學校方案」（Magnet program）。歷經數年的推動，許多教育專家與實務工作者認為應該有一套績效評量的機制，來評估方案執行的成效。因此，該郡教育局的「研究、評鑑與績效」辦公室（Research, Evaluation and Accountability，簡稱 REA），運用教育方案評鑑的理念，開發了一個兼具形成性和總結性的評鑑，並統整了學校行政資源、評鑑標準，及測量理論，成為一完整的方案評鑑計畫，稱為「實務評鑑模式」（Enacted Practices Evaluation Model，簡稱 EPEM），主要用以評估「磁力學校方案」的推行績效（Adcock; Sipes; Lehman, & Miller, 1997）。

　　具體的說，「實務評鑑模式」目的在提供客觀而可信任的評鑑訊息，讓教育工作者與一般大眾了解「磁力學校方案」的運作。其運作方式是由「研究、評鑑與績效」辦公室（REA），參考「聯合委員會」開發出的「方案評鑑標準」，嚴謹地將方案運作過程逐一和四類三十項標準對照比較，強調隨時監控並提供訊息的形成性任務，並檢視是否符合評鑑標準的最低需求。以下分幾個層面分別說明此項教育方案和評鑑標準的比較與對照方式，如此應有利於我們對評鑑標準實務運用更進一步的了解。

一、檢視評鑑推動的組織與人員

對照之方案評鑑標準
U1、評鑑利害關係人的確認 確認所有參與評鑑或受評鑑影響之利害關係人，並重視他們的需求。

在檢視推動評鑑的組織與人員方面,「實務評鑑模式」遵循與對照的標準為「U1、評鑑利害關係人的確認」。所以,為了確保評鑑能充分發揮相關組織與人員的力量,協助方案達成最終目的,並且符合大多數利害關係人的需求,「實務評鑑模式」大量擴充外部專業機構與專家學者的參與。他們會將學校人員設計出來的方案內容交給外部專業機構與人員參閱,並希望能提供諮詢與修正的貢獻。根據他們的說明,共有四個專業組織、團體或人員共同合作,並提供諮詢服務,分別是:「磁力學校方案」辦公室、「研究、評鑑與績效」辦公室、所有參與磁力學校的校長、主管和相關教學人員,以及外部專家學者。

上述四個專業組織、團體或人員中,前述三個隸屬於學校或學區,對方案的評鑑有職務上的義務,而外部專家學者則依約定的事項完成評鑑工作。「實務評鑑模式」此時參照的標準為:

對照之方案評鑑標準
P2、正式的協議
評鑑正式參與人員的義務必須有書面的協議(包括應做的事、如何做、誰來做,以及何時做),使參與人員能善盡責任或正式地重新協商。

經過討論與協商,四類團體在評鑑過程中分工的情形可參考表 7-2,並分述如下:

表 7-2 四類團體在評鑑過程中的主要工作內容

階段	工作內容	主導機構
1	選擇方案及主管認可	• 「磁力學校方案」辦公室
2	定義可測量的項目	• 「研究、評鑑與績效」辦公室 • 學校內部人員
3	草擬計畫需求表 選擇外部專家	• 「研究、評鑑與績效」辦公室
4	檢視評鑑計畫	• 「研究、評鑑與績效」辦公室 • 「磁力學校方案」辦公室 • 磁力學校的校長、主管和相關教學人員 • 其他相關人員
5	評鑑計畫推薦書寄達學校	• 教育局長
6	接受合約並核准「實務評鑑模式」	• 學區
7	方案起始階段工作（計畫、會議、方針）	• 「研究、評鑑與績效」辦公室 • 「磁力學校方案」辦公室 • 磁力學校的校長、主管和相關教學人員 • 外部專家
8	確認評量工具與分析	• 外部專家 • 「研究、評鑑與績效」辦公室
9	報告與呈現	• 外部專家 • 「研究、評鑑與績效」辦公室
10	個別評鑑結果通知各個學校	• 「研究、評鑑與績效」辦公室 • 磁力學校的校長、主管

資料來源：*Enacted practices evaluation model,* by Adcock, E. P., Sipes, D., Lehman, K., & Miller, 1997, p. 8.

(一)「磁力學校方案」辦公室

　　主要的工作較集中於起始及結束階段，起始階段的工作重點在選擇適用的評鑑方案、在主管的認可下謹慎運用評鑑相關資源、建立績效評估的方法，以及負起評鑑經費規劃及運用的責任。同時，辦公室也要釐清與確認評鑑的範圍和重要時間點，並主導外部評鑑專家的選擇。此時參酌的標準為：

對照之方案評鑑標準
F2、政治的可行性
評鑑的規劃與實施必須考量各種利益團體的不同立場，一方面獲得合作，另一方面消除其對評鑑運作的抵制或對評鑑結果的偏見與誤用。

　　至於結束階段則必須掌握好評鑑結果運用的時機。由於辦公室是最先獲得評鑑結果的單位，所有評鑑利害關係人，包括政策制訂的官員、學校人員、研究人員，特別是家長等，都會期待知道評鑑的結果，因此如何公告與宣傳是很重要的工作。辦公室此時要和其他三類團體商討，如何能夠多樣性，又有效率將評鑑結果傳達出來，而且要能聚焦於評鑑的主要發現與重點事項，切勿因考量不周而模糊了評鑑結果的焦點。此時參酌的標準則為：

對照之方案評鑑標準
U7、評鑑的影響
評鑑的規劃、運作及報告方式，應能鼓勵利害關係人堅持完成，以增加評鑑結果的使用程度。

(二)「研究、評鑑與績效」辦公室

　　此辦公室的工作在具體執行評鑑過程中重要的細節任務。這些任務主要是和外部專家及磁力學校方案的工作人員，共同依據評鑑標準設計出適用的評量方式或工具，並且運用至「磁力學校方案」辦公室規劃的方案，具體落實至實務層面，以確保評鑑推動過程的品質。可以說是整個方案評鑑執行的核心單位。在評鑑初期階段，「研究、評鑑與績效」辦公室要先建構出可測量出實務的方式或工具、草擬計畫需求表（request for proposal），以及遴選外部專家。在發展可測量的方式或工具時，辦公室通常會和外部專家一起討論，並以已有的「方案評鑑標準」為基礎，力求所發展的方式或工具能掌握評鑑信度、效度等方面的要求。而發展過程中，也會參酌磁力學校方案工作人員的實務意見，讓方法或工具也能符合實際需求。另外，前述所謂可測量出實務的方式或工具，就是將計畫需求表中的項目賦予「操作型的定義」，使各項目都能夠讓外部專家和相關評鑑人員清楚的了解，不會曲解其意涵。一般說來，評鑑過程中，資訊來源的對象不外乎是來自於家長、教師、學生、評鑑者……等團體，而評鑑資訊來源的方式主要是透過測量、焦點團體討論、晤談、觀察、文件分析……等方式。「操作型的定義」能讓這些多元及多樣的資訊來源與方式獲得較明確的方向，如此一來，也比較能確保多元資訊來源的正確性和穩定性。

　　辦公室為確認測量的工具具有信度和效度，所參酌的「方案評鑑標準」為以下兩項：

對照之方案評鑑標準
A5、有效的資訊 蒐集資訊的程序必須選擇及發展，以確保施行後其解釋對預定用途是有效的。

```
┌─────────────────────────────────────┐
│        對照之方案評鑑標準              │
├─────────────────────────────────────┤
│        A6、可信的資訊                 │
│ 評鑑資訊的蒐集程序必須仔細選擇、發展與 │
│ 運用，確保資訊的取得在特定使用時有足夠 │
│ 的可信度。                           │
└─────────────────────────────────────┘
```

　　通常評鑑資訊蒐集的過程中，常會遭遇的問題之一就在於時間的壓力。因此，資訊的蒐集在評鑑開始前就應該積極的作業，盡可能在評鑑開始前就大量蒐集相關資訊，並在蒐集告一段落後儘速離開受評單位（一般主要是學校），避免對受評單位產生過度的干擾。此部分參酌的「方案評鑑標準」為：

```
┌─────────────────────────────────────┐
│        對照之方案評鑑標準              │
├─────────────────────────────────────┤
│        F1、務實的程序                 │
│ 評鑑的程序必須是務實可行，並且在所需資 │
│ 訊蒐集時將中斷的可能性降至最低。       │
└─────────────────────────────────────┘
```

　　在資訊蒐集階段，外部專家會透過前述一些特定的方式來蒐集訊息，像是焦點團體、晤談、教室觀察等，而這些方式主要也是由外部專家來主導進行與分析。此時，「研究、評鑑與績效」辦公室必須扮演輔助者的角色，協助事前準備與行政庶務相關事宜，讓資訊蒐集過程邁向系統化，擔負起資訊蒐集階段品質監控的重要任務。此時參酌的「方案評鑑標準」則為：

```
┌─────────────────────────────────────┐
│        對照之方案評鑑標準              │
├─────────────────────────────────────┤
│        A7、系統化的資訊               │
│ 評鑑資料的蒐集、處理過程及報告必須系統 │
│ 化的檢視，並修正所有發生的錯誤。       │
└─────────────────────────────────────┘
```

　　經過數階段的推動，「研究、評鑑與績效」辦公室在評鑑報告撰寫階段，仍必須負起協助外部專家撰寫報告的任務。辦公室要能提供評鑑報告的架構和報告內容的細節規定，像是章節安排的順序或是撰寫的體例格式等，讓外部專家依既定規定撰寫報告的內容。目的在使評鑑報告的內容能盡量清楚而明確。當評鑑報告需要在公眾場合發表時，辦公室人員也要和外部專家一同出席會議，協調出最適合該場次觀眾的發表形式，使其輕易了解內容，並共同回應利害關係人所提出的問題。所參酌的「方案評鑑標準」為：

對照之方案評鑑標準
U5、報告的清晰性
評鑑報告必須能清楚描述被評鑑方案的背景、目的、過程及發現，使呈現出的訊息能輕易被人了解。

(三)所有參與磁力學校的校長、主管和相關教學人員

　　學校校長至校內相關人員在評鑑過程中的主要任務在於「檢驗真實性」（reality check），提供學校真實狀況供評鑑設計與運作之參考，避免因不符合學校真實狀況而產生對學校或人員不真實且不公平的對待。此部分參酌運用的「方案評鑑標準」為：

對照之方案評鑑標準
P5、完整和公正的評估
評鑑必須完整和公正的檢驗和記錄受評方案的優點及缺點，使優點可以被信任，而問題也可以被強調。

此外，除了對評鑑方案提出真實性檢驗的工作外，學校內部人員也會提供學校一般性的年度計畫或工作文件作為評鑑之參考。其他關於學生、家長、教師或課程安排等發生在校內，甚至教室內的活動，像是課堂觀察、家長意見調查表等等，也都會透過校內工作人員的合作來完成。由此可大約看出，校內人員參與的目的在使評鑑的真實性能夠獲得有效的提升。此部分參酌運用的「方案評鑑標準」為：

對照之方案評鑑標準
A1、方案文件 評鑑方案要能清楚而精確的描述和文件化，使得方案能夠清楚定義。

㈣外部專家學者

第四類團體和前述三類團體的組成特性不太相同，是來自於評鑑相關領域的專家學者，屬於短期的任務編組。由於經過推薦或挑選，其專業性和代表性必定存有較高的肯定，因此，外部專家的工作幾乎都是評鑑工作的核心。他們設計許多評量的內容與標準，並說明評量的結果。大抵而言，外部專家代表的重要意義在於：

1. 外部專家和評鑑無直接的利害關係，客觀性和可靠性較佳。
2. 外部專家因具有方案評鑑的知識與經驗，評鑑會收到較佳的效果，價值會因此提升。

關於聘用外部專家的效益，參酌運用的「方案評鑑標準」為：

對照之方案評鑑標準
F3、成本效益 評鑑必須有效率，並使產出的資訊具有充分的價值，讓資源的耗費有正當的理由。

外部專家和「研究、評鑑與績效」辦公室在評鑑的過程必須密切合作。透過「研究、評鑑與績效」辦公室的協助，外部專家發展出像是焦點團體、晤談、教室觀察時使用的工具或問卷。此外，外部專家也必須蒐集並分析相關文獻，這些文獻有的是來自國家或其他個州，有些則是來自學校單位。重點是要能分析這些文獻，並從中獲得對方案的具體貢獻。在最後階段，外部專家還必須對評鑑結果進行呈現與報告，必要時，報告的次數並不會僅有一次而已。

事實上，當我們不斷談到評鑑的可靠性、可信度，或可接受程度等評鑑績效的問題時，相信絕大多數人應該會同意，沒有任何一個評鑑要素會比推動評鑑工作的「人」來得重要。這裡所謂的「人」包括了兩類人士，除了外部專家外，推動評鑑工作的行政人員則是另一群辛苦而重要的「人為」因素，也必須慎重考量其工作成效。關於評鑑人員的可靠性，還有另一項參酌運用的「方案評鑑標準」為：

對照之方案評鑑標準

U2、評鑑者的可靠性

評鑑人員必須值得信任，並有能力勝任評鑑工作，使得評鑑結果能達到最佳可信度與可接受度。

二、確認方案可測量的特色

就評鑑專家學者的角度來說，方案評鑑是一項頗為複雜的工作，為何如此說呢？其中一個很重要的原因在於，所有評鑑人員都希望能夠將實務導向的方案，塑造成可確實測量的項目。但是，從經驗與事實看來，卻常常事與願違，有許多的事件和因素並非如此容易可以達此目標。以 Prince George County 的公立學校而言，共有十七種不同類型的磁力學校，而每個磁力學校又都有其獨特的教學與學習活動，因此要能明確定義每個評鑑方

案可測量的特色，實在不是一件容易的差事，可說是相當具有挑戰性。

　　這種挑戰首先遇到的是如何將方案的內涵明確定義與確認。「研究、評鑑與績效」辦公室的評鑑專家通常會在進行「計畫需求表」時，引導磁力方案的工作人員對各項目進行可測量的闡述；而外部專家則會在評量工具發展過程中，將目標的定義予以修正潤飾。對每個評鑑計畫而言，「研究、評鑑與績效」辦公室會和「磁力學校方案」辦公室共同合作，協同學校提出能測量方案實質效益的方式。而這個部分勢必要遭受批判，如此才能獲得足夠的證明，來支持這些可測量的方式。此時可參酌運用的「方案評鑑標準」共有兩項，分別為：

> **對照之方案評鑑標準**
>
> **A3、目的與程序的描述**
> 評鑑的目的和程序必須有詳細的監控和描述，使其能獲得確認與評估。

以及

> **對照之方案評鑑標準**
>
> **A1、方案文件**
> 評鑑方案要能清楚而精確地描述和文件化，使得方案能夠清楚地定義。

　　至於要如何明確定義與描述評鑑方案，使之符合「方案評鑑標準」中對目的與程序的監控。舉例來說，若方案中要提升學生的文學能力與素養，為了能清楚描述與定義，我們可能會設定教學目標的評量標準為：

> 學生每個月必須撰寫讀書心得報告

此教學目標明確指出學生必須完成的工作，也符合可測量標準的要求。理論和實務上來說都算是正確的設計。不過，我們可再看看針對同一教學目標，另一種評量標準的寫法：

> 方案要透過閱讀和分析文章的過程，確保學生能擴展其文學撰述能力

這個評量目標的標準很明顯的較前一個標準來的「質化」，也就是比較概念性的描述。不過，它卻也很明確的描述出方案的目標，就是確保學生擴展其文學撰述能力，而教學的方式就是要重視學生閱讀和分析文章的過程。若比較此二個標準的優缺點，前一個標準雖然明確指出每月心得報告的要求，但這其實隱含著幾個重大缺點，首先是教師選用或學生自選的書籍與閱讀材料，在評量標準沒有特別說明的情況下，是否能引導學生培養出分析文章的技能？再者，學生若遵循標準的要求，每月撰寫讀書心得報告，此心得報告的內容是否真的能夠反映出學生的文學撰述能力。也就是說，後者標準會比前者標準顧及到「品質」的問題，後者標準確實考量到方案必須評量的特色，而非只是單純重視易於量化或測量的「產出」與「結果」。

三、如何精確地評估

評估一個問題或是方案的成效時，為顧及諸多面向的精確可行，「三角檢定法」（triangulation）是一種常用的方法。由於實務的真實情境常具有多面向的發展與呈現，故多元的評量方法也就具有存在的必要性。三角檢定法是多元評量方法的通稱，可包含不同資料來源、方法、研究者與理論之檢定（潘慧玲，2003; Lincoln & Cuba, 1985; Miles & Huberman, 1994; Patton, 2002）。其中包括晤談法、觀察法、問卷調查法，以及文獻分析法等，都是常用的方式（Denzin, 1978）。研究者針對同一問題，蒐集家長、教師、學生等人的看法，此屬於不同資料來源之檢定，如果使用觀察、訪談、學生檔案查閱等蒐集資料，則屬不同方法之檢定（潘慧玲，2003）。

一般會將三角檢定法歸類於質性研究建立信實度的重要方式，不過在實際運用時，也並非完全不選用量化方法來輔助精確的評估。

　　同樣的，「實務評鑑模式」在蒐集資訊的過程中，為了能廣泛獲得不同的觀點與意見，也使用了三角檢定法的概念。他們運用調查法、焦點團體法，或是兩者合併混合交替使用，針對家長、教師、學生等三類校內族群，進行對方案主觀意見的蒐集。另外，他們也聘請和學校內較無直接利害關係的校外專家學者，協助他們運用檢閱教學計畫、晤談利害關係人、教室觀察等方法蒐集資訊，並對這些資訊分析後提出價值的判斷。如此廣泛的以多元化之三角檢定法蒐集資訊，目的在求精確的評估方案推行成效，主要參酌的「方案評鑑標準」為 U3，如下所示：

對照之方案評鑑標準
U3、資訊的範圍與選擇 廣泛蒐集的資訊必須強調和方案的適切性，並對特定當事人或利害關係人的興趣與需求負起責任。

　　透過多元方法蒐集來的資訊，絕對有助於評鑑者去判斷並獲致結論。有時候幾個相近的問題，如果能夠蒐集不同來源的資訊，並施以多重比較，則結果的真實性必定會因證據的豐富化而更顯其價值。而多元的資訊來源，也會因為不同利益團體基於本位思考，對事情產生不同的動機與關切點。往往團體中的一個小觀點，可能就是後來影響評鑑結果的重要因素。因此，這些多元資訊極賴詳盡而有系統的分析。可參酌的「方案評鑑標準」為 A9：

對照之方案評鑑標準
A9、質化的分析 評鑑中的質化資訊必須系統且適切的分析，務必使評鑑問題都能獲得有效率的答案。

當然，在多元資訊蒐集與三角檢定法實施的過程中，資訊的可信程度是很重要的。「研究、評鑑與績效」辦公室對於資訊的信度相當重視，每個評鑑方法推行時都要求要有足夠的取樣代表性和規模，以確保資訊的可信度。此時參酌的「方案評鑑標準」為 A6：

對照之方案評鑑標準
A6、可信的資訊
評鑑資訊的蒐集程序必須仔細選擇、發展與運用，確保資訊的取得在特定使用時有足夠的可信度。

四、如何完成評鑑報告

評鑑最後階段的最重要工作，就在於評鑑結果及報告的撰寫與發表。如同前所述及，完整的評鑑報告應由外部評鑑專家主導完成。「研究、評鑑與績效」辦公室則在報告撰寫過程中提供架構的規範，使得報告能夠符合評鑑利害關係人的要求，在普遍獲得他們信賴的情境下，公平地陳述評鑑結果，充分發揮報告的最大價值。就如同「方案評鑑標準」A11 的規範：

對照之方案評鑑標準
A11、公平的報告
評鑑的報告程序應盡量避免受到個人情感和任何群體偏見的扭曲，才能使得評鑑報告公平的反應評鑑結果。

評鑑報告也必須在獨立的形式下呈現，避免和其他較不相干的報告混淆在一起，模糊了焦點。由於許多利害關係人可能不具備評鑑的專業知識，因此，報告的內容與呈現方式要盡可能符合他們能接受的方式，讓他們能

充分了解報告的內容與意涵。如同「方案評鑑標準」U5 所揭示的內容：

對照之方案評鑑標準
U5、報告的清晰性 評鑑的報告應清楚描述被評鑑方案的背景、目的、程序和結果，使得呈現的訊息能夠輕易的被了解。

　　如何能夠提高評鑑報告的清晰性？其中一個很重要的方法就是對方案情境的詳述。評鑑報告內容中對方案背景、目的、程序與結果的描述，最好要能達到詳盡分析的境界，確保方案的情境脈絡能夠在評鑑過程中得到重視，如同「方案評鑑標準」A2 所示：

對照之方案評鑑標準
A2、情境分析 方案所在的情境必須詳細的檢視，使其影響方案的因素能獲得確認。

　　評鑑過程中，評量工具的運用也必須在評鑑報告內說明清楚。像是調查與焦點團體進行時的問題為何？評量訊息蒐集的方法為何？統計或質性分析的技術為何等等。而做結論時，正向與負向的結果也都要清楚且真實的呈現。甚者，初期的評鑑發現和偶發的評鑑發現都必須認真思考，如何讓這些發現都在評鑑報告中忠實的顯現出來。此時參酌的「方案評鑑標準」如下 P5：

對照之方案評鑑標準
P5、完整和公正的評估 評鑑必須完整和公正的檢驗和記錄受評方案的優點及缺點，使優點可以被信任，而問題也可以被強調。

關於某些特別的評量資訊，也應能夠盡量蒐集並詳加敘述。像是進行調查時的項目，或是焦點團體成員的評論與意見等等。並且符合「方案評鑑標準」A10 的規範，如下：

對照之方案評鑑標準

A10、正當化的結論
評鑑結論必須明確的正當化，以利於利害關係人進行評估。

至於評鑑報告的呈現應如何進行？在此例中，磁力學校評鑑方案的期初報告在經過「研究、評鑑與績效」辦公室，以及外部專家的討論後，可算初步完成。此時會由外部專家主導對大眾進行口頭報告的任務，「研究、評鑑與績效」辦公室則會在第一次正式口頭報告進行前，完成對期初報告的再檢閱與修正建議。參酌的「方案評鑑標準」為 P6：

對照之方案評鑑標準

P6、結果的公布
正式的評鑑團體必須確保所有的評鑑結果能在適切的限制下，讓所有受評鑑影響的人及其他具合法權利相關人員所接受。

第一次的口頭報告會議的對象主要是面對「主管委員會」（Superintendent's Executive Council）。會議進行是先由外部專家針對評鑑結果提出簡短的說明，然後由與會者（除前述人員外，尚包括「研究、評鑑與績效」辦公室人員、「磁力學校方案」辦公室人員、磁力學校的主管和相關人員等等）討論並交換意見。會議結束後，也是由「研究、評鑑與績效」辦公室與外部專家主導委員意見的彙整，如果需要，還必須對報告進行修正。

報告經過修正後並非就束之高閣，還必須對磁力學校方案的相關主管

機關進行口頭或書面說明。這些主管機關除前面曾述及的機構團體外，主要是更高層次的管理機構，像是學區和社區諮詢委員會（Community Advisory Council，簡稱CAC）。當然，身為上級主管機關，對於方案評鑑結果也能提出修正的看法，必要時得提供援助，甚至是決定性改變的建議。此種「由上而下」（top-down）的援助或建議，也常會發生在方案評鑑的過程與結果中。

例如，在某個「科學、數理、科學磁力學校方案」中，就曾發生及時性「由上而下」的援助實例。該評鑑方案進行過程中，發現學校內部的電腦硬體並非完善，此不利因素無形中會影響到數學和科學課程的教學。經過評鑑報告的說明後，所有方案中的學校不久即獲得電腦硬體設備的升級。地區上級主管機關扮演了「由上而下」的援助角色。另一個例子則發生在一個「蒙特梭利評鑑方案」中，該評鑑結果發現家長參與方案不夠平均，呈現出很不適當的區域分配。經過主管機關介入協助，結果在五棟大樓間建構了教師網絡，協助家長分享教學實際經驗，家長參與不均衡的現象得以獲得紓解。

修正後報告的另一個重要的功能則在提供回饋。這些回饋後來對磁力學校其實都產生了顯著的影響，特別是在學校年度的改善計畫中。值得一提的是，這些影響並非全部來自於評鑑的書面報告。不少「研究、評鑑與績效」辦公室以及「磁力學校方案」辦公室的工作人員，後來都和學校相互合作，參與了學校年度的改善計畫。由於他們在評鑑過程中多少看到受評學校可能或已經面對的缺失，這些經驗足以讓他們看清學校問題，並對學校未來發展提供建設性的建議。

在整個評鑑過程中，共參酌了二十個方案評鑑標準，有十個評鑑標準並沒有使用到，而過程中也有部分評鑑標準被重複使用。顯示出評鑑推動者能彈性運用的原則。

第八章

特殊領域的評鑑標準

　　不同於前述「方案評鑑標準」具有一般性與普遍性的特質，特殊領域之評鑑標準，是指考量不同領域的專業性與特殊性，針對特定的目的、用途、人員、環境等，主、客觀情境所發展出的評鑑標準，配合受評對象的實際狀況，以便提供評鑑時更具體而明確的依據。國內、外推動教育評鑑實務時，在符合領域與區域差異的考量下，常常會發展適合個別情境的評鑑標準。這些標準有的是參考已發展完成的權威性標準，像是前述的「方案評鑑標準」，而修正建構完成。有的則是依指定需求投入研究，建構出全新的標準。不論採何種方式發展，強調的重點都在於「因地制宜」與「量身定做」，期望建構出符合個別需求的評鑑標準。以校務評鑑為例，針對大學所建構的校務評鑑標準，就會和中、小學校務評鑑之評鑑標準不同。而高中校務評鑑標準又和國中、國小，甚至高級職業學校等的評鑑標準有所差異。更甚者，單就高中評鑑標準來說，不同地理區域，像是台北市、台北縣，以及其他縣市間也可能存有差異，所以各個標準使用單位會自行開發適合當地教育情境的評鑑方式與標準。就國內教育評鑑的現況而言，大多數的評鑑標準在性質上是比較屬於特殊領域評鑑標準的性質，和前述「方案評鑑標準」的性質不太相同，在設計上更具特定性、實務性，以及具體性。

　　國內、外針對特定領域建構的評鑑標準非常多，有些標準已有實際推動的經驗，另外也有已建構完成但未有實戰經驗的標準，內容可說五花八門。以下以一個具實務推動且具領域權威性的「師資培育機構專業認可標

準」為例，係由美國「全國師資培育認可委員會」（NCATE）發展完成，詳細介紹該評鑑標準的建構過程與實施認可方式，並探討標準的架構與內容，最後則說明與分析標準的特色，方便讀者吸取其經驗，並與前述一般性標準進行比較。

第一節　NCATE之師資培育機構專業認可標準

隨著全球教育改革運動的持續發展，這改革的力量當然也在師資培育上逐漸產生效應。既然希望能培育出符合現代生存環境的學生，那麼優秀的師資就是首要的條件，現代教師除了要能活用專業知識，具備理性分析與問題解決能力外，也應具有尊重多元文化與價值的觀念。為了使師資培育的方式與歷程能達到培育優秀師資的目標，發展適合的「教師專業標準」以及「師資培育評鑑標準」，就成為評估師資培育成效的重要工具。

美國「全國師資培育認可委員會」（NCATE）成立於 1954 年，主要宗旨在於對師資培育機構的品質提供專業的判斷，並發展評鑑標準以推動認可制度，協助師資培育品質的改善。NCATE 是一個經過美國教育部認定，可對大學師資培育機構進行評鑑與認可的機構，其性質為非官方且非營利的組織，由超過三十個教育專業團體組成，故其決策具有廣泛的民主基礎，也受到全美國教育界的尊重。近年來為了對師資培育機構進行認可，並引導專業師資培育改革與發展的方向，NCATE致力於專業評鑑標準的建構，所以，標準的發展可說是 NCATE 一項非常重要的工作。像是 2001 年修訂完成之「專業發展學校之標準」（Standards for Professional Development School），提供「專業發展學校」（PDSs）自我檢視與評鑑的依據。又如同本章將介紹的「師資培育機構專業認可標準」（Professional Standards for the Accreditation of Schools, College, and Departments of Education），係發展自 NCATE 2000 年的標準，並經過逐年的修訂，是針對師資培育機構評鑑而設計的標準，早已是美國師資培育機構認可過程最重要的評鑑指引。以下簡單介紹NCATE近年來修訂標準過程與應用步驟，並探討 2006 年版

標準的架構與各項內容。

一、標準修訂與認可過程

　　NCATE 下設有一「認可標準委員會」（Standards Committee of NCATE's Unit Accreditation Board），負責標準的發展與修訂工作。從 1997 年開始，此委員會大約每五年會更新認可標準，修訂時程每次約兩年，以確保標準皆能正確反應現階段教學的實際情形。近年來則幾乎每年都會修正標準的內容，目前 2007 年版本已於 5 月間修正通過並出版。而每次標準修正後，NCATE 也會比較修正後版本的差異，方便一般社會大眾參考比較。一般而言，委員會除內部委員外，也會邀請師資培育專家學者與師資培育機構代表參與修訂工作，但少有中央或地方政府官員參與。而資料的蒐集方面，主要從相關研討會、網路留言版、電子郵件等管道，蒐集到關於標準修正的意見與建議，而一般學術或實務單位有關於教學與學習方面的研究結果、師資培育效能相關研究結果，以及認可制度相關研究結果，也都會作為更新現有標準的參考。當然，委員會本身也會進行深度的專案研究，包括自己與其他單位發展出之教師證照標準、標準與評量相關議題的探討等。基本上，NCATE 發展標準的共識性目標在於，師資培育機構培育出的教師必須能夠有效的協助學生學習。

　　師資培育機構在尋求認可的過程中，首先要向 NCATE 提出認可申請，接著就進入前置作業階段，主要是依據 NCATE 的「師資培育機構專業認可標準」進行內部自我評鑑。當前置階段的自我評鑑完成後，NCATE 就會安排實地訪視的時間。實地訪評時的訪評委員約三至八名，訪評時受評機構必須準備簡報，逐一說明是否達成評鑑標準的要求。接著訪評委員會檢視受評機構提供的所有資料，並安排與教師、學生、行政人員、畢業生，以及中、小學教師進行晤談。訪評委員訪視完後，會將評鑑結果整理成書面報告，並提供受評機構參考，使之有申覆的機會。最後，所有評鑑資料都會彙集至 NCATE 的認可委員會，並做出認可通過與否的決定。整個認可過程的相關作業內容與程序都可以在 NCATE 的網站上看到，以召示公

平、公開的評鑑歷程。

二、標準的架構

在認可的過程中，NCATE的「師資培育機構專業認可標準」是整個評鑑的基準，其重要性可想而知。根據NCATE（2006）的說明，「師資培育機構專業認可標準」主要分成兩個大面向，其下分成六大標準，第一個大面向關注的是「師資生的表現」（candidate performance standards），下有二項標準，分別是「師資生的知識、能力與態度」與「機構的評量與自評機制」，而此二項標準下又分別有七項與三項較具體的評鑑「要素」（elements）。另一個大面向關注的則是「機構的運作狀況」（unit capacity standards），下有四項標準，分別是「實習制度」、「多樣性」、「教師素質、表現與專業發展」，以及「行政管理與支援」，而此四項標準下又分別有三項、四項、六項與五項較具體的「要素」。為使讀者熟悉其架構，以下將NCATE評鑑標準之架構以階層圖的方式呈現，如圖8-1。

由圖8-1可看出，NCATE的評鑑標準分成兩個面向，共六項標準，二十八個要素，三層結構分明，甚為簡要且明確。

三、標準的內容與項目

為能讓使用者確實了解評鑑標準的主要目的與理念，NCATE特別在各項標準敘述之前，撰寫了「概念架構」（conceptual framework）此一前置說明，可說是評鑑進行時的中心思想。關於NCATE評鑑標準的概念架構、六項標準的內容，以及標準的評定要素，分別闡述如下。

(一)概念架構

一般社會大眾、讀者與受評者在正式進入六項標準的敘述前，必須先了解標準之概念架構的意義。一般說來，NCATE 在開始認可一個單位之前，一定會先要求受認可的機構明確地提出機構本身的概念架構。這概念

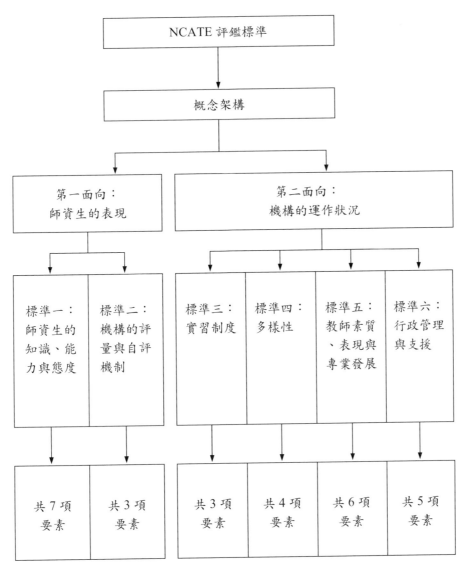

圖 8-1　NCATE 的「師資培育機構專業認可標準」架構圖

資料來源：研究者自繪。

架構的主要內容，包括師資培育機構之願景、課程規劃、教學、師資生表現、學術、服務與行政績效等等，方便 NCATE 評鑑小組熟悉受認可單位的發展方向。更明確的說，概念架構包括下列五項內容或要素：

1. 機構的發展願景與使命。

2. 機構的存在價值或哲學、設立目的，以及具體目標與標準。

3. 機構在知識本位（knowledge-based）上的理念，包括理論價值、學術研究、實務的智慧，以及組織政策的方向等。

4. 師資生在知識、技能、科技與專業態度上之表現，是否能符合各界對其專業精熟上的期待。

5. 自我評量系統對機構表現的總結性闡述。

通常師資培育機構在第一次尋求認可時，其前置作業就是要明確的提出上述五項概念架構。如果是第二次之後的認可，其概念架構就還必須包括前次認可後的改變，讓 NCATE 評鑑委員了解單位改變後的情形，並在檢討會與年度會議中提出報告。

在概念架構之後，即是對六項標準的說明。NCATE 有結構性的將六項標準歸納成兩個面向，首先重視的是「師資生表現面向」，以特別強調師資生學習的成果，以及單位自我評量的績效。接著則是第二個「機構的運作狀況面向」，關切單位內部的行政運作與支援情形。NCATE 認可小組就是以此六項標準作為訪評的基礎。為求標準化與一致性，此六項標準皆由三個部分組成，分別是：

1. 標準本身的文字陳述（類似一個題目的「題幹」）。

2. 標準內涵與運用的說明。

3. 標準評估等第的說明，共分成三個等第，不可接受（unacceptable）、可接受（acceptable），以及理想目標（target）。

此三部分可說是構成了評鑑效標系統。而為求落實評鑑工作，每項標準下分別規劃了三至七項「要素」，六項標準總共有二十八個要素，具體說明各標準的評鑑重點。以下就分別闡述六項標準的評鑑內容與要素，並以表列方式呈現評定等第的說明。

(二)師資生表現面向

此面向主要關注的是師資生學習的成效。師資培育機構必須提供職前的師資生在教育知能上成長的證據，並利用評鑑標準來檢視與提升學習成

效。因此，標準的內容是有系統的檢視師資培育過程，包括多種調查與成效報告，以及機構推動自我評鑑的情形。較著重師資培育過程中的「產出評鑑」，共有兩項標準。

標準一：師資生的知識、能力與態度

此標準關切未來將在學校服務的師資生及學校其他專業人員，所學習到的內容知識之成效，包括他們教育學上的內容知識與技能、專業的知識與技能，以及專業的教學態度等。評鑑時必須能指出師資生是否有符合一般專業的、各州的，以及各機構已有的標準，其下共有七項要素，分成三類。

1. 和「內容知識」（content knowledge）有關的要素，共二個

(1)師資生的內容知識。
(2)師資生的教育學內容知識與技能。

2. 和「專業與教育知識、技能、態度」有關的要素，共三個

(1)師資生專業的教育知識與技能。
(2)學校其他專業人員的知識與技能。
(3)師資生及學校其他專業人員的專業態度。

3. 和「協助學生學習」有關的要素，共二個

(1)師資生協助學生學習的知識技能。
(2)學校其他專業人協助學生學習的知識技能。

至於各項要素如何評估其等第？也就是評鑑效標如何設計與規範？前曾述及各項標準的要素均以三等第的量尺評估之，分別是不可接受、可接受，以及理想目標。不過，各項要素對各自評估等第的要求並不太一致，每個要素會因應自身需求，而發展出有差異的評鑑效標（評分等第）說明。舉例而言，第一項要素（師資生的內容知識）與第二項要素（師資生的教育學內容知識與技能）的評鑑效標或評估等第，分別說明如表8-1與表8-2。

193

表 8-1 「師資生的內容知識」評估等第說明

要素 1：師資生的內容知識		
不可接受 （unacceptable）	可接受 （acceptable）	理想目標 （target）
1. 師資生的教學方面的內容知識不符合一般專業的、各州、各機構已有的專業標準。 2. 教師證照之通過率低於80%。 3. 參與教師進修課程師資生缺乏教學內容知識的深度。	1. 師資生對教學方面的內容知識有所了解，也能說明一般專業的、各州、各機構已有專業標準的原則。 2. 教師證照之通過率高於80%。 3. 參與教師進修課程師資生在教學內容知識上有足夠的深度。	1. 師資生對教學方面的內容知識與一般專業的、各州、各機構已有的專業標準均有深度了解。 2. 師資生能夠有批判性與系統性的分析主題。 3. 教師證照之通過率為100%。 4. 參與教師進修課程師資生被認可為在教學內容知識上的專家。

資料來源：研究者自行整理。

表 8-2 「師資生的教育學內容知識與技能」評估等第說明

要素 2：師資生的教育學內容知識與技能		
不可接受 （unacceptable）	可接受 （acceptable）	理想目標 （target）
1. 師資生對教育內容與特定內容之關聯性，以及一般專業的、各州、各機構已有的專業標準皆不甚了解。 2. 師資生無法解釋理論與實務間之關係，也無法運用有效的教學策略來提升學生學習成效。	1. 師資生對教育內容與特定內容之關聯性有所了解，也能廣知一般專業的、各州、各機構已有的專業標準及其教學策略知識。 2. 能整合科技運用有效的教學策略，對學生學習內容做清楚且有意義的解說。 3. 參與教師進修課程師資生能深入了解領域與教育知識之關聯，並有效運用教學策略提升學生學習成效。	1. 師資生對教育內容與特定內容之關聯性，以及一般專業的、各州、各機構已有的專業標準有全面性且深入的了解。 2. 能運用真實世界知識與科技至教學策略，對學生學習內容做多元且清晰的解說。 3. 參與教師進修課程師資生能在社區與學校中發揮教育專業所長，亦能有批判性與系統性的分析，結合理論與實務經驗，幫助所有學生的學習。

資料來源：研究者自行整理。

由表 8-1 與表 8-2 可看出標準一的前二個要素中，三個評估等第在敘述上呈現出的差異。這兩項要素的三個評鑑效標都會用一般專業的、各州、各機構已有的專業標準，來檢視師資生內容知識的深度。再者，也會評估師資生實際運用教學策略，以輔助學生學習的成效。不過，這些評鑑效標的說明幾乎都是使用闡述式的、質化的敘述方式，較少有數量化的評估內容。除了第一項要素「師資生的內容知識」中，有提到教師證照之通過率（以 80%為基準）以外，第二項至第七項要素在說明時還是以闡述式的、質化的敘述為主，甚至包括接下來標準二至標準六所有的標準。由這些說明其實可看出 NCATE 期望對每一項標準下的每一項內容要素都做詳細的說明，再加上運用簡單的三等第評估，盡量將質化的敘述賦予客觀一致的評鑑效標，目的都是希望協助評鑑小組於「不接受」、「接受」與「理想目標」之間做出合理的判斷。以下再列出其餘五項要素的評鑑效標說明，分別如下表 8-3 至表 8-7，讀者可自行觀察各要素間大同小異的評估等第說明。

表 8-3　「師資生專業的教育知識與技能」評估等第說明

要素 3：師資生專業的教育知識與技能		
不可接受 （unacceptable）	可接受 （acceptable）	理想目標 （target）
1. 師資生對專業的教育知識與技能並不熟練，對一般專業的、各州、各機構已有的專業標準也不甚了解。 2. 師資生缺乏對學校、家庭、社區內涵的了解，亦無法因此發展學習經驗。 3. 參與教師進修課程師資生疏於提升專門領域知識的需求，忽略對學校、教學、學習實務的鑽研，也沒有使用專業社群發展有意義的學習經驗。	1. 師資生能運用專業的教育知識與技能，及一般專業的、各州、各機構已有的專業標準來幫助學習。 2. 師資生會考量學校、家庭、社區內涵的情形，並因此發展有意義的學習經驗。也會應用教育研究的發現改善實務。 3. 參與教師進修課程師資生能夠提升專門領域知識的需求，了解學校、家庭、社區情形，並使用專業社群發展有意義的學習經驗，也能夠分析教育研究與政策。	1. 師資生對專業的教育知識與技能，以及一般專業的、各州、各機構已有的專業標準有全面的了解並有意義的運用。 2. 師資生知道學生如何學習與評量他們，也會考量學校、家庭、社區內涵情形，並運用至真實世界。 3. 參與教師進修課程師資生能基於研究與經驗發揮教育專業所長，在專業社群中與同儕合作改善學校情形。

資料來源：研究者自行整理。

表 8-4 「其他學校專業人員的知識與技能」評估等第說明

要素 4：學校其他專業人員的知識與技能		
不可接受 （unacceptable）	可接受 （acceptable）	理想目標 （target）
1. 學校其他專業人員並不熟悉一般專業的、各州、各機構已有的專業標準之相關知識。 2. 學校其他專業人員不會運用資料、研究結果，與科技。 3. 學校其他專業人員在提供專業服務時不會融入學校的文化脈絡。	1. 學校其他專業人員並明瞭一般專業的、各州、各機構已有的專業標準之相關知識。 2. 學校其他專業人員熟悉學生、家庭和社區情形，並實際運用資料、研究結果與科技。 3. 學校其他專業人員透過專業服務支持學生學習。	1. 學校其他專業人員並深入了解一般專業的、各州、各機構已有的專業標準之相關知識，並能提出批判與系統分析。 2. 學校其他專業人員實際運用資料、研究結果與科技，支持並改善學生學習。

資料來源：研究者自行整理。

表 8-5 「師資生學校其他專業人員的專業態度」評估等第說明

要素 5：師資生及學校其他專業人員的專業態度		
不可接受 （unacceptable）	可接受 （acceptable）	理想目標 （target）
1. 師資生及學校其他專業人員的專業學習態度不符合一般專業的、各州、各機構已有的專業標準，也不符合學生學習過程公平性的信念。 2. 師資生及學校其他專業人員的專業態度不足以作為學生、家庭、同僚，社區的模範。	1. 師資生及學校其他專業人員的專業學習態度符合一般專業的、各州、各機構已有的專業標準，也符合學生學習過程公平性的信念。 2. 師資生及學校其他專業人員與學生、家庭、同僚，社區的工作中能反映出專業態度。	1. 師資生及學校其他專業人員與學生、家庭、同僚，社區的工作中能反映出專業態度，並符合一般專業的、各州、各機構已有的專業標準。 2. 師資生及學校其他專業人員創造支持與關懷的學習環境，並鼓勵學生自我學習。 3. 師資生及學校其他專業人員能有計畫的自我調整專業態度。

資料來源：研究者自行整理。

表 8-6　「師資生協助學生學習的知識技能」評估等第說明

要素 6：師資生協助學生學習的知識技能		
不可接受 （unacceptable）	可接受 （acceptable）	理想目標 （target）
1. 師資生無法評量學生學習成效，也無法發展學習經驗。 2. 參與教師進修課程師資生不了解如何評量學生學習及其相關理論。 3. 參與教師進修課程師資生不會運用教室訊息發展教學策略，也不會利用社區資源支持學生學習。	1. 師資生重視學生學習成效，能夠評量並分析，依結果調整教學策略，發展有意義的學習經驗。 2. 參與教師進修課程師資生了解如何評量學生學習及其相關理論。 3. 參與教師進修課程師資生能分析學生、教室與學校資訊，並發展適合之教學策略，也會利用學校與社區資源支持學生學習。	1. 師資生重視學生學習成效，能夠評量並分析，依結果調整教學策略，監控學生學習，對學生學習有正向的助益。 2. 參與教師進修課程師資生對如何評量學生學習及其相關理論有全面性的了解。 3. 參與教師進修課程師資生能分析學生、教室與學校資訊，並與同僚合作發展創新適合之教學策略以支持學生學習。

資料來源：研究者自行整理。

197

表 8-7　「學校其他專業人協助學生學習的知識技能」評估等第說明

要素 7：學校其他專業人協助學生學習的知識技能		
不可接受 （unacceptable）	可接受 （acceptable）	理想目標 （target）
1. 學校其他專業人員不會扮演好學校角色以幫助學生學習。 2. 學校其他專業人員不會在其職責內創造正向的學習環境。 3. 學校其他專業人員不了解工作的多樣性與政策內容。	1. 學校其他專業人員能夠在其職責內創造正向的學習環境。 2. 學校其他專業人員能為不同層級學生提供服務。 3. 學校其他專業人員了解學生、家庭、社區的多樣性與政策內容。	1. 學校其他專業人員對學生學習脈絡具批判思考能力。 2. 學校其他專業人員能夠建立教育環境以支持學生學習，並能蒐集分析資料，運用策略改進學生學習。

資料來源：研究者自行整理。

4.配合標準一的評鑑參考資料

整體說來，標準一強調的是師資生與未來將成為學校專業人員應具備的知識、技能與專業態度。在進行認可時，NCATE在此標準下除了列出七項要素外，也希望受認可機構配合評鑑標準提供具體的資料，以方便評鑑小組審閱，這些資料至少包括（NCATE, 2007）：

(1)教師對師資生學習成果的主要評量與計分方式為何，請舉例說明（配合標準二相互說明）。

(2)最近幾年來師資生參與州政府舉辦相關領域教師證照考試的分數結果。

(3)曾經為了國家相關評鑑所做的自評報告。

(4)曾經為了其他教育專業相關的認可過程所做的自評報告。

(5)最近一次州政府訪評的紀錄與報告。

(6)師資生相關評量結果的綜合報告（至少要包括入學成績、重要課程與實習成績、修畢成績等）。

(7)師資生的工作成果，請舉例說明（例如：不同表現水準的檔案錄）。

(8)師資畢業生的追蹤調查資料。

(9)學校或雇主的滿意度調查資料。

⑽師資生在教學態度與其他綜合表現上的評量報告。

標準二：機構的評量與自評機制

標準二也是歸類至「師資生的表現面向」，主要是關切師資培育機構是否為了確保機構運作以及學生表現，而有建立適合的自我評鑑與評量系統。此評量系統不僅必須符合一般專業的、各州、各機構已有的專業標準，也必須呼應師資培育機構本身的中心概念架構。此外，更必須具有自發性的自我評鑑精神，隨時對機構運作及學生表現進行監控與診斷，以維持一個持續性的開放系統。至於標準二下共有三項要素，分別是「評量系統」、「資料的蒐集、分析與評鑑」，以及「運用資料以改良機構運作」。為了避免逐一列出評估等第表而過於繁雜，以下僅簡要說明此三項要素在評估

等第上所關切的內容。

1.評量系統

此要素評估的重點在於機構中的評量系統是否有確實的建立。如果有建立系統，那麼系統是否有反應機構的概念架構，以及符合州政府或其他專業評鑑團體所訂定的標準。此外，系統在評估師資生表現時是基於多元的評量結果，且是常態性的運作。機構必須致力於研究與發展公平、精確，以及持續性的評量歷程，並能夠因應研究結果彈性運用至實際狀況。這自我評量系統應具備下列特徵：

  (1)機構中的教師和成員能透過專業社群的合作概念，去運用與評估此評量系統。

  (2)重視各專業團體、各州，以及各機構已有的專業標準，並為師資生表現評量時主要的參考依據。

  (3)兼顧形成性與總結性評鑑的目的，並提供師資生及時的回饋。

  (4)多元化與多樣化的師資生表現評量指標與形式。

  (5)重視外部資訊的運用（教師證照考試、學校雇主反應……等）。

  (6)重視評量系統的公平性、一致性、精確性，並避免誤差。

  (7)建立師資生學習表現的評分方式，以確認其表現等級與水準。

  (8)有效運用評量結果至課程、教學、實習與行政運作等層面。

  (9)評量資料的來源廣泛，對象包括教師、行政人員、夥伴學校等，而內容則含括教學、實習、行政管理等層面。

2.資料的蒐集、分析與評鑑

評量系統要能夠提供諸多的評量資料，像是課程的品質、單位的運作情形，以及師資生各學習階段的表現等。這些評量資料的來源也必須多元，包括來自於內部與外部的人員，如師資生、畢業生、教師，以及其他專業相關人員。所有資料必須經過有系統的分類、分析、彙整，並提出公開性的報告。關於師資生的抱怨或申訴等訊息也有系統的紀錄，而機構也能持續發展與改進蒐集與分析資料的技術。

3.運用資料以改良機構運作

　　師資培育機構能夠系統性與常態性的運用相關資料，去評估及改良課程、實習、行政等方面的效能。而機構也不只是參考資料並做改變而已，更要能夠有系統地分析改變後的效果，以確保組織行政與課程真正的改善。師資生與教師也必須在評量後能根據資料結果提升自我專業並成長。

4.配合標準二的評鑑參考資料

　　整體說來，標準二強調的是師資培育機構應有專業上的責任。為提升師資培育專業與品質，在師資生的表現與單位行政運作上，機構都必須能建構出自我評量的系統。在進行認可時，除了上列三項要素外，如同標準一，NCATE也希望受認可機構配合評鑑標準提供具體的資料，方便評鑑小組審閱，這些資料至少包括（NCATE, 2007）：

　　(1)師資培育機構相關評量系統的詳細書面資料。

　　(2)師資生從入學到進入職場培育過程中主要的評量方式（舉例說明）。

　　(3)有關評量系統發展與改良的會議紀錄。

　　(4)管理或掌控學生抱怨與申訴事件的相關措施。

　　(5)回應學生抱怨與申訴事件的檔案資料。

　　(6)運用資訊科技管理學生表現相關資料的情形。

　　(7)依據評量結果進行課程、行政等改進方案的實例。

　　(8)確保資料能持續提供改進的相關政策或機制。

(三)機構的運作狀況面向

　　此面向關注的則為師資培育機構提供行政支援與教學活動的情形，包括教育專業課程的多樣性、教育實習制度的設計、師資，以及行政支援等。下有四項標準，分述如下：

標準三：實習制度

　　此標準關切的是師資培育機構與夥伴學校間的運作情形，包括實習制度的設計規劃、實施、評鑑等。師資生如何發展並展現其教學知識、技巧，

以及其專業態度。此標準下也包含有三項要素，分別是「師資培育機構和夥伴學校間的合作」、「實習制度的設計、實施與評鑑」，以及「師資生發展並展現其教學知識、技巧，以及其專業態度」。

1. 師資培育機構和夥伴學校間的合作

師資培育機構和夥伴學校間要能彼此相互合作，不僅共同設計、規劃、實施、傳遞，以及評鑑教育實習制度，也要積極參與專業社群成長的相關活動，透過活動分享觀念心得，並整合支持師資生學習的資源。

2. 實習制度的設計、實施與評鑑

實習制度要能夠確實營造出讓師資生充分發揮與學習的環境。師資生在實習期間是觀察者，同時也是被觀察者，和學生、家長、行政人員、指導教授，以及相關視導者間須有良好且持續的互動，並隨時調整與修正自身教學的實務。參與教師進修課程的師資生在實習時，則必須更以批判性、系統性的觀點來探討教育的理論與實際。

3. 師資生發展並展現其教學知識、技巧，以及其專業態度

實習制度提供師資生一個實際的試煉場域和機會，師資生要能夠和同儕與指導教師共同合作，致力於提升自我教學知識與技巧。在多元與多樣（不同種族、不同性別、不同文化背景、不同社經地位等）的現實情境下，發展並展現自身教學知識、技巧，以及其專業態度。

4. 配合標準三的評鑑參考資料

標準三關切的是師資培育機構與夥伴學校經過共同合作下，所規劃產生的實習制度。實習帶來的臨床經驗是一般師資生發展教師生涯的起點，就在職進修的師資生而言，則是更延展及深化其教學知識、技巧及專業態度的機會。在進行機構認可時，可從以下幾個具體面向來評估機構在標準三的表現狀況，包括：

(1)機構對師資生入學與畢業時資格要求上的變化。

(2)師資生在內容知識、教育理念上的表現是否符合機構的標準。

(3)師資生在教育實習上的表現。

(4)師資生運用教學知識、技巧，及專業態度的情形，以及對中、小學學生是否有正向的影響。

(5)師資生和同儕、家長、社區的工作情形。

當然，除了上列三項要素以及具體面向外，NCATE也會要求受認可機構配合評鑑標準提供具體的書面資料，方便評鑑小組審閱，至少包括以下數種（NCATE, 2007）：

(1)師資培育機構與夥伴學校建立關係的相關會議紀錄。

(2)教育實習制度的現況描述。

(3)夥伴學校的多樣性。

(4)學生教學實習手冊。

(5)教育實習的評量工具與計分方式。

(6)教學評量相關的工具。

(7)實習前與實習後師資生評量結果報告。

(8)每學期師資生完成教育實習的比例。

(9)具學校本位經驗的實習指導教授之遴選標準。

(10)與學校實習輔導教師座談的時程安排表。

標準四：多樣性

師資培育機構除設計、實施，與評鑑課程外，並提供師資生學會教學知識、技巧，及專業態度的實務經驗。而這些實務經驗也包含了訓練師資生能夠熟練的面對多樣化的情境，以及如何與各種不同的人（從高等教育到初等教育人員、師資生同儕團體、中小學學生等）共事。在標準四中的要素共有四項，主要強調的是和不同對象的共事或相處經驗，分別是：

1. 課程與經驗的設計、實施，與評鑑

在設計課程與實習制度時，師資培育機構要能以概念架構為基礎，並協助師資生拓展面對教學與學習多樣化的能力。在此要求下，師資生的教學要能符合多元文化學生的差異，以及多樣化的教室或學校氣氛。師資生和其指導教授也必須經常性的評量其在面對多元學生教學上的表現。

2.與不同教師互動的經驗

師資生除了和其指導教授的相互討論外，也必須經常和其他大學或教育團體的教育專業人員互動，以及不同性別、種族的學校教師相互交流。至於其互動與交流的方式則不限於傳統的方式，現今許多科技化與資訊化（遠距）的互動方式也非常重要。

3.與不同師資生共事的經驗

此要素強調的是不同師資培育機構的師資生彼此交流分享的經驗。透過多樣性師資生團體間的互動，並討論分析不同經驗間的心得，據此得以提升教學上的專業成長。而其互動與交流的方式也不限於傳統的方式，科技化與資訊化（遠距）的互動方式也必須列入考量。

4.與不同中、小學學生相處的經驗

此要素強調的則是師資生與不同背景的中、小學學生相處的經驗。師資培育機構要鼓勵師資生多方面且大量的設計實務教學，並安排與協助師資生和特殊學生，以及來自不同文化、道德、種族、性別、社經背景、語言，與宗教的中、小學學生相處，以提升教學上智能，發展出更適合學生學習的教學策略。而其互動與交流的方式也不限於傳統的方式，科技化與資訊化（遠距）的互動方式也會列入考量。

5.配合標準四的評鑑參考資料

由於學校中學生的文化背景愈趨多元，因此，未來培育出的教師也必須逐漸要求其面對多元與多樣化的能力。標準四的主要目的就在於期望師資生都能夠擴展其全球化的視野，幫助所有學生正常的學習。師資培育機構就必須具有提供此方面學習的觀念與機制。至於在進行機構認可時，NCATE 要求受認可機構配合評鑑標準提供具體的書面資料至少包括（NCATE, 2007）：

(1)課程內容能涵蓋多元文化的議題。

(2)列出對師資生應具有多元能力與熟練程度的期待。

(3)與多樣化有關的評量工具與計分方式。

(4)師資生評量結果的綜合說明（應與標準一相比較）。

(5)開課教師、師資生，以及實習學校的多樣化程度。

(6)訂有與其他師資培育機構教授或學校教師經驗交流的相關政策與實務。

(7)訂有提升學生多元實習經驗的相關政策與實務。

標準五：教師素質、表現與專業發展

標準五主要的評鑑重點在於師資培育機構中，專任教師的資格、專業素養，及其發展與表現。除了在學術上、服務上，以及教學上表現卓著外，也必須自我評估對師資生表現的貢獻，並經常與學科間或校內同儕合作。此外，師資培育機構也能夠有系統的評鑑教授群的表現及其專業素養與能力。在標準五中共有六項要素，分別是：

1. 教師的資格

師資培育機構中的教師具有博士學位，或是特定領域的專家。在學校教學領域具有專業的素養與經驗，或有相關的證照。

2. 教學上的專業表現

教師對教學工作具有深度的了解，熟悉領域教學的相關實務。教師的教學能符合一般專業團體與各州的標準，教學過程多樣化且科技化，也能運用適切的教學評量來評估學生學習成效，並隨時自省調整內容提升教師效能以符合學生需求。教師在教學上的專業表現要能獲得師資生與中、小學教育人員的肯定。

3. 學術上的專業表現

此要素重視教師在教學相關或自身專門領域上學術表現。師資培育機構也有鼓勵教師從事學術發展的機制。

4. 服務上的優良表現

教師能提供專業機構、大學、中小學，以及社區有關教育工作方面的服務。像是積極參與以及合作辦理教育相關活動，領導當地的、各州的、

全國的，甚至世界各層級的教育活動。

5.教師評鑑

師資培育機構會定期且有系統的對教師進行評鑑，包括教學表現、學術表現，以及服務情形等。重視教師專業能力與活力。

6.機構對教師專業發展的協助

師資培育機構會確認教師在專業發展上的需求，訂定鼓勵教師持續學習成長的政策與實務，像是新進教師的輔導機制，提供教師投入教學或學術研究的辦法等等。

7.配合標準五的評鑑參考資料

標準五強調的是師資培育機構中教師的專業素養與表現，關切的是教師在教學、學術研究，以及行政服務三大面向的表現。而機構本身也應制訂鼓勵教師學習發展的相關措施，協助教師專業成長，並定期辦理教師評鑑工作。至於 NCATE 在進行機構認可時，會要求受認可機構配合此一評鑑標準提供的書面輔助資料，至少還包括（NCATE, 2007）：

(1)教師資歷、排課與工作情形的整體說明。

(2)實習輔導教師或相關協助教師的學經歷證明。

(3)教師運用教學策略（包括科技運用）情形的整體說明。

(4)教師參與學術活動的說明與範例。

(5)教師評鑑的形式與範例。

(6)教師評鑑的結果。

(7)有關教師評鑑的整體說明。

(8)教師與專業社群合作的相關會議紀錄。

(9)教師與專業社群共同完成之專案計畫的整體說明。

(10)教師參與專業發展活動情形的整體說明。

(11)師資培育機構辦理專業發展活動情形的整體說明。

(12)師資培育機構訂定專業發展的相關措施或辦法。

標準六：行政管理與支援

標準六評鑑的重點在於師資培育機構在行政運作方面的情形，包括像是行政領導、授權、經費預算、人員、設備，以及科技資源等方面，並關切行政運作如何協助師資生達到一般專業的、各州的、各機構已有的專業標準。此標準六中共有五項要素，分別是：

1. 機構的領導與授權

機構能領導並分層授權的規劃與運作，所有的行事曆、出版物，及相關規定都清楚呈現並符合現況。機構也能領導教師間相互合作，提供學生諮詢等服務，在校園中扮演好教育社群領導者的角色。

2. 機構的經費預算

師資培育機構能有足夠的預算，並足以支持師資生達成的專業學習，也能支持日常校內工作與校外實習工作的推動。

3. 機構的人員

人員的工作負荷量要適切合理，讓人員除了能在教學、學術研究、服務等專業活動上正常運作外，也鼓勵他們能對社區、州、地區，甚至國家能有所貢獻。教師教學時數上，大學部以十二小時為上限，研究生則以九小時為上限，實習指導教授每學期以不超過十八個指導學生為上限。機構能適度的運用兼任教師、兼任助理來協助工作推動，也必須能提供人員專業發展的訓練和機會，提升人員的專業成長。

4. 機構的設備

師資培育機構有充分且完善的設備，提供給教師與師資生日常教學研究之用，這些設備也能確實支持他們在科技上的需要。

5. 機構的資源

師資培育機構能有效率的分配資源，讓各個計畫與活動都能獲得基本而必須的資源。機構也有足夠的資訊科技方面資源，並有最新的圖書、課

程材料，以及電子資訊可以使用，協助師資生達到一般專業的、各州的、各機構已有的專業標準。

6.配合標準六的評鑑參考資料

　　標準六強調的是師資培育機構行政運作與資源的狀況，包括機構應有的領導與權威地位、充分的經費預算、合理的人員工作負荷、足夠的設備與資源等等。當然，NCATE 在進行機構認可時，也會要求受認可機構配合此一評鑑標準提供輔助資料，至少還包括（NCATE, 2007）：

　　⑴機構的組織架構圖。

　　⑵機構的招生與甄選辦法。

　　⑶機構對學生的輔導與諮商相關策略。

　　⑷機構行政管理與運作的策略。

　　⑸機構管理與架構的說明。

　　⑹各項行政會議的紀錄。

　　⑺各項行政措施的概況說明，像是出版品、行事曆、評分辦法等。

　　⑻關於補助科技方面經費的規定。

　　⑼機構經費與其他單位比較情形。

　　⑽機構設備清單，包括電腦教室與課程資源中心等。

　　⑾人員工作負荷量之說明。

　　⑿教師授課時數與工作負荷情形。

　　⒀行政支援人員情形說明。

　　⒁教師發展支出狀況說明。

　　⒂機構或課程的宣傳海報範例。

第二節　NCATE 評鑑標準的特色與評析

　　NCATE 負責美國大多數師資培育機構的認可工作，所以，其「師資培育機構專業認可標準」勢必具有相當程度的公正性與權威性，才能在較不

受到質疑的情形下，順利推動評鑑工作。NCATE的評鑑標準是為師資培育機構評鑑而量身打造，著重在師資培育品質的評鑑，因此可算是針對特殊領域所建立的評鑑標準，有明確的適用對象與情境。而因為評鑑標準的結構化高、敘述也具體詳細，有評鑑效標的設計，也有助於提升評鑑標準的客觀性與實務運作過程。和前述聯合委員會的「方案評鑑標準」存有諸多的差異。綜觀 NCATE 評鑑標準的內容，我們可以大致歸納出下述標準的特色，包括：

一、標準數量不多，結構、層次與說明亦簡單清楚

　　NCATE 的評鑑標準分成兩大面向，下有六項標準，一共二十八個要素。雖然就字面上看來標準僅有六個，不過其下的二十八項「要素」，其實就類似於更細層次的「標準」。亦即若以一般階層的概念來區分NCATE的評鑑標準，那麼兩大面向可視為第一級標準，六項標準則為第二級標準，而二十八個要素則可視為第三級標準。標準及其下要素的數量並不多，比「方案評鑑標準」的數量更少。所以，NCATE的六項評鑑標準其實目的是指出評鑑的大方向，然後再利用更下一層的二十八個要素來做更細部與更具體的說明。由於評鑑標準數量不多，結構、層次與說明也簡單清楚，故實地訪評時不論是訪評委員或受評單位，應該都不太會感到模糊與繁複，很容易掌握到評鑑的重點。最重要的是各師資培育機構於自評與訪評時，也能針對同一個要素的限制，呈現出各自發展的特色、現況與成果。

二、重視師資培育機構的中心理念，提出概念架構

　　為了協助進行認可時能確實了解師資培育機構的表現，NCATE除了六項標準外，規劃了「概念架構」這個評鑑要項，並要求受認可的機構須事先提出機構本身的概念架構。若仔細觀察概念架構的內容，主要包括師資培育機構之願景使命、設立目的與價值、知識與政策方向、師資生表現，以及自我評鑑機制等等，可以說是屬於對整個機構「上位精神」的評鑑。

可協助受評機構認真思索這些願景、目標、政策方向等上位精神是否還存在於機構中，以及是否有因應時代的變化而隨之改變。國內目前校務評鑑或師資培育評鑑的評鑑內容，普遍也會有學校願景、目標或發展計畫的評鑑項目，但較少獨立於所有評鑑標準之外，也較少置於各標準之前而特別說明。NCATE於各項標準前設計出「概念架構」，顯示其重視機構中心理念的程度。

三、兼重背景、輸入、過程與結果評鑑

CIPP 模式中明確建議，完整的評鑑工作應同時兼顧背景、輸入、過程，與結果評鑑，才能確保評鑑的完整性。事實上，一直以來國內的教育評鑑，特別是校務評鑑領域，重視的多為「輸入」型的評鑑標準，像是學校辦學目標、經費投入、軟硬體設備、圖書、師資名額、課程設置、行政管理等，關切的重點是投入了多少資源、師資設備是否完善等等。不過，近年來受到 CIPP 模式以及績效責任觀念的影響，此現象逐漸在調整中。以師資培育評鑑為例，師資生參加國家檢定考試結果，以及師資生就業率都開始成為評鑑時之參考。NCATE的標準僅有兩大面向，其中第一個面向就是評估師資生的表現，較屬於「結果」型的評鑑標準，顯示結果評鑑受到高程度的關切。而前述對機構概念架構的評鑑，則可視為 NCATE 對背景評鑑方面的重視。所以整體檢視 NCATE 的評鑑標準，可看出其兼重背景、輸入、過程，與結果等評鑑的特性。

四、評鑑效標說明詳細，但以質化敘述為主，量化敘述則少見

NCATE 的標準雖然不多，但針對每一項標準與要素的說明卻非常詳細，特別是對評鑑效標（評定等第）的說明可說是相當清楚，三個等第（不可接受、可接受、理想目標）分別有各自的說明提供判斷時參考。不過，這些說明是屬於比較質化的敘述式說明，使用量化的操作型定義或說明則

較為少見。國內大多數的評鑑標準很少對評鑑效標（評定等第）說明得如此詳細，大部分都是使用五等量表連續性尺度的概念，讓評鑑者就 5 分、4 分、3 分、2 分、1 分中自行決定是哪一個評定等第。NCATE 對各等第的詳細說明多少可統一評鑑委員對單一等第的認知與判斷，將不同評鑑委員對同一等第的認知差距降至最低。如果 A 委員認為的「可接受」和 B 委員認為的「可接受」是相近的結果，絕對有助於評鑑結果的一致性和可靠性。

五、重視自我評鑑與評量機制之建立，特別是形成性自我評鑑的概念

NCATE 的六項標準中，第二項標準的內容就是評估機構是否有自我評鑑與評量的機制，其中包括機構運作自評、教師評鑑與自評、學生評量等等，充分顯示 NCATE 重視機構內部自我評估與團隊成長的動力，以及有效的運用評量技術提升教師與學生學習之成效。而此自我評鑑與評量機制也很強調形成性評鑑，就是重視教學活動與行政運作過程中，隨時監控以提升品質的概念。這種重視自我評鑑與評量機制的建立，其實頗能符合師資培育機構此種非營利高等學術團體的特質，利用團體自覺力量增進組織與成員的專業成長。國內不少關於自我評鑑的研究也強調教育評鑑中自我評鑑機制的重要價值（王麗芬，1998；王保進、王麗芬，1999；郭昭佑，2000a；符碧真，1997；梁暖茱，2002；許籐繼，1995；譚以敬，2004；蘇錦麗，1997），值得國內評鑑實務推動時仔細考量。

六、除了重視一般軟硬體的設備外，特別強調科技方面設備的重要性

在機構的設備方面，NCATE 的標準不斷提及資訊與科技方面的重要性，並重視機構成員運用資訊科技的能力，此種觀點應該是順應現代化社會環境的關係。師資生未來將至中、小學服務，現在青少年對資訊科技的接受度與學習能力都很高，如果師資生無法在培育過程中習得充分的資訊

科技能力，那麼，如何能期望他未來教職生涯能夠讓學生在此方面獲得滿足。因此，NCATE的標準一方面重視組織設備的科技化與資訊化，同時也強調教師與師資生在資訊科技方面的學習與能力。

七、廣徵公開的修正意見，專業與時效性兼顧

NCATE的評鑑標準並非建構好就算完成，他們近年來每年都會進行標準修訂的工作。此修訂工作是由「認可標準委員會」來負責，通常委員會會尋求各種管道蒐集修正意見，這些管道像是電子郵件、電子布告欄、傳統書信往來、討論會與公聽會，或是受認可機構的意見等，隨時都有公開的徵詢管道。在經過意見蒐集後，則由委員會邀請教育相關領域的專家學者，針對所蒐集的意見做專業的討論和判斷，最後形成修正的共識。在每次標準修正後，NCATE也會比較修正後版本的差異，方便一般社會大眾參考比較。最新的2007年版本已於5月間修正通過並出版，顯示此一評鑑標準是能夠隨著時間而調整需求，以符合最新的教育趨勢與變化。

211

第九章

我國師資培育後設評鑑標準之建構

經過前兩章對一般領域及特殊領域評鑑標準的介紹，可了解一套完善且受人信任的評鑑標準，必須以系統而客觀的方法來集合眾人智慧，致力於尋求多方意見的最大公約數，修正再修正，才能確保建構歷程及架構內容的完整。國外的建構成果給了我們很好的借鏡，故本章依據前述理論與方法，嘗試建構我國師資培育後設評鑑標準，但在方法上受限於個人研究能力與財力等因素，必不及前兩章中範例的規模，不過因歷經系統建構的方式與問題探討，應能提供讀者更清楚了解標準建構的實務。

213

第一節　前言

國內在師資培育開放多元後，現有為數眾多且型態多樣的師培機構，是否能維持師資培育過程的品質，已成為近年來教育工作者密切關注的焦點。各大學師資培育中心的結構與運作參差不一，教學上也有明顯的校際差別，不同類型師資培育中心的教學實施及效果常有顯著的差異（林生傳，1998）。而由於開放師資培育管道後產生中、小學師資供需失調的現象，也使得教育部除了限制大專校院增設師資培育中心，也積極對各師資培育機構採取較為嚴格的品質要求，甚至希望建立所謂的「退場機制」，逐年

刪減師資培育的數額。綜合這些狀況，為確保各師資培育機構致力於提升師資品質，也配合縮減師資培育名額之政策，具有實質功效與公信力的師資培育評鑑制度也就顯得重要。

　　基本上，師資培育評鑑能協助發掘師資培育過程及結果的問題及困境，亦將激勵大學校院致力於師資培育方式的改進。而主管機關則可依據評鑑結果，督導並支持學校改善，有助於師資培育功能的發揮及現代化（吳明清，1997）。但反過來說，如果評鑑無法發現師資培育過程的缺失並提供有效的建議，則評鑑的意義盡失，徒具「擾民」之實。美國 Fordham Foundation 就質疑其國內「國家教學專業標準委員會」（The National Board for Professional Teaching Standards, NBPTS）所認可之熟練教師資格，是採行與學生表現無關而有缺陷的標準和評量；並認為有關師資教育的投資，包括課程設計、實施及評鑑等，都有待重新思考和定位（引自沈翠蓮，2001）。因此，教育評鑑能否達到最初目標，評鑑本身也必須被評鑑的觀念就應該受到重視，此即後設評鑑（metaevaluation）之目的所在。也因為後設評鑑具有評估評鑑績效、改善評鑑技術、監控評鑑過程、呈現評鑑現況等功用，為有效達成評鑑目的，後設評鑑將會是教育評鑑發揮功效必須具備的條件。至於如何能發揮後設評鑑最佳功效，Stufflebeam（2000d）認為要有效將後設評鑑的問題聚焦，關鍵的方法在於現實狀況和專業的標準相互比較。故在進行後設評鑑時，評鑑標準即為不可缺少的重要指引。在國外，歐美先進國家會以具權威性的評鑑學會或組織來建立專業化的評鑑標準，供相關領域參考使用。國內教育評鑑領域則尚未有此規劃與措施，雖有研究者參考國外經驗進行後設評鑑相關研究，但針對師資培育評鑑領域則甚為少見，關於師資培育後設評鑑標準之建構與應用則未曾述及。

　　據此，本章主要在嘗試建構適合我國師資培育後設評鑑進行時之評鑑標準，並因此反應出我國師資培育後設評鑑的主要內涵。不過，建構評鑑標準僅是後設評鑑系統化的重要過程之一，不能將之視為推動後設評鑑的唯一工作。期望透過系統化與專業化的歷程，協助與深化我國師資培育後設評鑑之發展。故研究的主要目的在於：

一、根據國內、外師資培育與後設評鑑之相關文獻，分析師資培育後設評
　鑑標準之理論基礎與應有內涵。

二、建構一套符合我國師資培育之後設評鑑標準，提供主管機關及後續研
　究參考。

第二節　師資培育後設評鑑的內涵與現況

一、師資培育評鑑的內涵

　　師資培育評鑑究竟應包括哪些內涵或歷程？即「我們要評鑑什麼？」
以及「我們要如何進行評鑑？」。Smith（1982）認為在設計一個評鑑模式
前，評鑑者要考慮五個問題，分別是「評鑑什麼？」、「為何評鑑？」、
「發問的問題？」、「使用什麼方法？」，以及「評鑑模式適用否？」。
就如同一般專業性評鑑，師資培育評鑑亦須有一套完整的內涵或模式，這
些內涵至少還應包括完整的評鑑目的、明確的評鑑內容、合理的評鑑歷程
與具體的評鑑標準等四個要素（王保進，1997）。

　　所謂完整的評鑑目的，是指師資培育評鑑要能夠有效看出師資培育的
過程及結果，並提供決策時的資訊，協助擬定出中長期的發展計畫，確保
師資培育之績效責任。故評鑑目的充分釐清可說是實施評鑑工作的首要任
務。

　　至於師資培育應有哪些明確的評鑑內容，一般認為應該包含師資培育
過程中，學生從進入學程到其完成實習所有相關的學習與生活內容。Clark、
Ayers 和 Gephart（1988）就認為師資培育評鑑的內容應包括六個項目，主
要是：

（一）組織及單位：包括師資培育的組織條件（硬體與設備）、一般性政策（認
　　　可標準），及組織氣氛等。

（二）入學條件：指學生的入學背景（性別、社經背景、學術性向、學業成

績）、智力、動機，及人格特質等。

㈢學程課程結構：包括教學目標、課程規劃與內容、師資、教學評量方式等。

㈣學程結果：指結業生的知識能力、安置紀錄、參加國家教師考試結果、任教生涯時間等。

㈤追蹤評鑑：指結業生之實習表現，包括教學過程、班級經營能力，及人際關係等。

㈥學生學習結果：指結業生任教班級之學生學習表現。

　　上述六點中包含了師資培育歷程中，從投入、學習過程，到結果及追蹤等階段，後面三項則幾乎發生於教育實習及之後的時期，屬於產出評量的範疇，顯示師資培育評鑑應重視學生學習成效的觀點。

　　再者，由於師資培育過程為一個動態性的系統，因此合理的評鑑歷程會顯得重要。完整的評鑑歷程通常會包含形成性及總結性兩種評鑑。形成性評鑑的目的在透過過程的監控了解目標達成程度，可利用自我評鑑的方式，由單位內部人員為之。自我評鑑是一種專業而嚴謹的評量，受評單位必須在訪評前，先自行評估單位運作的方案、措施，以及改變與需求的適合程度（Samaras, et al., 1999; Lee & Gavine, 2003; Oja, 2003）。而總結性評鑑則提供確認師資培育最後品質的資訊，以檢驗培育結果的績效責任，做出修正的建議及決策。可利用外部評鑑由專家學者或實務工作者為之。就評鑑者及參與者的角度來看，內部評鑑者通常較適於進行形成性評鑑，強調隨時監控的歷程。而外部評鑑者則較適於總結性評鑑，了解方案的整體成效（潘慧玲，2002）。Siegel 和 Hanson（1994）更提出師資培育評鑑須加上一項驗證性評鑑（confirmative evaluation），用以了解學生畢業後二至三年至學校實際教學的情形，利用追蹤研究來確定師資培育的功效，驗證其長期效果。Dean 和 Lauer 也認為評估師資培育品質其中一項重要的方式，就是師培生通過國家教師證照考試的比例（Dean & Lauer, 2003; Lauer & Dean, 2004），此一觀念再度說明師資培育中產出評鑑的重要。國內近年來也愈來愈重視師培生參加國家檢定考試的通過率與教師甄試的錄取率，並強調師培生的生涯就業輔導。而此種類似「產品績效」的觀念，也已經

被建議放在我國師資培育評鑑的評鑑標準中。

　　至於評鑑標準乃用以判斷受評對象優點或價值的依據，關係評鑑結果的公信力，故宜妥為訂定（蘇錦麗，1995）。而評鑑標準亦應同時涵蓋量化及質化的標準，以期能夠充分反應出所欲評鑑目標的基本內涵。美國「全國師範教育認可審議會」（NCAT）是負責大學師資培育相關學程認可工作的主要機構，其核心工作就在於認可標準的訂定，目的在提供美國師資培育認可制度使用。站在師資培育評鑑的角度，建立具體的評鑑標準，也可提供師資培育機構投入自我評鑑，及供外部專業團體進行外部評鑑參考時使用。

　　由上可知，完整的師資培育評鑑內涵從評鑑目的與問題界定開始，包括評鑑內容的規劃、評鑑標準的建構，到整個評鑑動態的歷程，都是我們必須考量的焦點。因此，在建構後設評鑑標準時，要盡可能顧及前述評鑑時的各個重要層面。

二、國內師資培育評鑑現況

　　國內師資培育評鑑已行之多年，九十四年度的評鑑甫進行完畢，共有四十五個學校五十九個師資類科接受評鑑，其中 32.2%（十九個）師資類科獲評「一等」，59.33%（三十五個）師資類科獲評「二等」，8.47%（五個）師資類科獲評「三等」（教育部，2005）。姑且不論評鑑結果的成效與優缺，研究者綜觀目前師資培育評鑑制度，大致可歸納出以下特徵：

㈠評鑑的主要目的一方面在了解各師資培育機構辦理情形，提供師資培育機構改進的參考，另一方面教育部並依此擬定師資培育策略。九十四年度起開始依據評鑑結果之等第，刪減與關閉各師資培育機構之招生名額，師資培育評鑑成為推動「退場機制」的運作方式。

㈡過去幾年主要由教育部主導並執行評鑑工作，這一、二年來教育部開始規劃委託外部教育專業機構辦理評鑑相關事宜。九十四年度首度委託社團法人台灣評鑑協會辦理。

㈢不論教育部或委託外部專業組織辦理，評鑑方式的規劃皆以專家學者組

成之外部評鑑小組進行訪視評鑑為主，但也建議師資培育機構先行自我評鑑。不過根據觀察，師資培育機構甚少辦理正式或大規模的自我評鑑。

㈣評鑑內容與標準有逐年修正，但變動情形並不太大。主要內容包括：教育目標與發展特色、組織定位與人力資源、學生遴選與輔導、圖儀經費與空間、教師員額與研發成果、課程與教學、實習與就業輔導、地方教育輔導與在職進修等。各項內容的比重則依不同年度略有調整。

㈤評鑑項目（含百分比）及重點皆有對受評單位述明，亦會針對評鑑內容項目召開公聽會徵詢受評單位意見。此外，為了避免誤導外界以各校師資類科等第加總排名，評鑑結果原則上僅公布各校師資類科等第的學校名單。

前述特徵大致反應了現行師資培育評鑑制度施行情形。相關研究方面則有符碧真（1997）針對八十五學年度教育部辦理師資培育機構之評鑑結果提出建議，主要是成立具公信力、公正，及權威性的專業評鑑團體、加強後設評鑑工作、增加實地訪評時間、宜有追蹤評鑑，以及評鑑項目增列結果評鑑向度等。張德銳和李俊達（2002）則從美國師資培育學程的認可制度，提出對國內教育學程評鑑的建議，包括：成立全國性的師資培育認可機構、發展評鑑標準及程序、遴選與培訓師資培育評鑑專業人才，以及持續進行師資培育評鑑的相關專案研究等。兩個研究結果頗有不少相似的建議。在評鑑模式及評鑑標準的研究上，王保進和王麗芬（1998）研究師資培育教育學程評鑑的可行模式，並探討美國 NCATE 認可模式後，提出適合我國師資培育評鑑的可行模式建議。吳佳芬（1999）和楊玉伊（2003）則分別從學校、教師、學生三方面，運用 CIPP 評鑑模式，建構師資培育評鑑標準及國民小學師資培育評鑑的規準，提供師資培育評鑑參考。這些研究像是修正評鑑內容、委託專業評鑑單位辦理、採納受評單位意見、建構評鑑標準……等建議，在近年來的評鑑工作中都有論及，並獲得具體的改進，顯然國內師資培育雖無大規模或系統化的推動後設評鑑，但因當代評鑑績效普獲重視的趨勢，使得師資培育後設評鑑概念事實上已逐漸的推動並持續發展。

三、後設評鑑標準與檢核表的建立

最早提出「後設評鑑」此一名詞的 Scriven 認為，後設評鑑就是所謂的「第二層級評鑑」（second-order evaluation），即「評鑑的評鑑」。將原來評鑑者變成受評者，對該評鑑活動及評鑑者的表現進行價值的判斷（Scriven, 1981; 2001）。Stufflebeam（1981）解釋後設評鑑是一種評鑑的形式，他將後設評鑑視為對一項評鑑優缺點的評估過程，定義為：後設評鑑是使用敘述性及判斷性資料的過程，是對評鑑的效用性、可行性、適切性，及精確性進行描述和判斷資訊的歷程，並用以引導評鑑之實施，及了解其公開報告之優點與缺點（Stufflebeam, 2000d）。因此，我們不難發現，完整後設評鑑的定義至少必須符合下列幾項要求：

㈠後設評鑑是對一項進行中或已完成的評鑑進行價值判斷的歷程。

㈡後設評鑑是有系統的描述問題、蒐集資訊和分析資訊的過程。

㈢後設評鑑必須注重其效用性、可行性、適切性，及精確性。

國內關於後設評鑑標準的建構有適用不同階段與對象的研究成果。研究者蒐尋國內教育資料庫，鎖定後設評鑑標準相關研究，將這些研究的屬性與評鑑標準的架構，簡單整理如表 9-1。從表 9-1 中可大致看出國內在後設評鑑的研究對象上遍及甚廣，但從研究名稱與內容來看，大多是針對校務評鑑或特定領域的方案評鑑為主，也較偏向外部總結性之後設評鑑。研究方法較常使用的為文獻分析、觀察、訪談、問卷調查等方法。在後設評鑑標準或指標的建構上，CIPP 模式、聯合委員會之方案評鑑標準、評鑑研究學會（Evaluation Research Society, ERS）之方案評鑑標準（Standards for Program Evaluations）是較常參考的架構。至於各研究所建構出之標準，則以二至三個階層居多。

當然，為了要使後設評鑑進行過程更有效率與便利，「後設評鑑檢核表」的發展就有其實用目的（Scriven, 2004; Stufflebeam, 2001）。檢核表其實就是將評鑑標準清楚呈現的工具，方便使用者判斷與評估。早期 Harlen 及 Elliot（1982）曾設計後設評鑑檢核表，內容主要針對後設評鑑進行時的

表 9-1　國內後設評鑑標準相關研究彙整表

項目 作者 （年代）	研究名稱	研究 對象	研究方法	後設評鑑標準 之主要架構	後設評鑑標準 之內容
游家政 （1994）	國民小學後設評鑑標準之研究	國民小學	文獻分析法 德懷術 專家座談法	評鑑研究學會（ERS）之「方案評鑑標準」。	6 個評鑑層面 77 項評鑑標準
蘇錦麗 （1995）	大學學門評鑑試辦計畫成效評估之研究	大學	文獻分析法 觀察訪談法 問卷調查法 文件分析法	CIPP 評鑑模式，分背景、投入、歷程、產出評鑑，兼以適當性、周延性、效能性、回應性檢視之。	4 個評鑑類別 12 個評鑑重點 58 個評鑑問題
曾淑惠 （1996）	我國專科學校後設評鑑之研究	專科學校	觀察法 訪問法 問卷調查法 文件分析法 專家座談法	CIPP 評鑑模式，分背景評鑑、投入評鑑、歷程評鑑、產出評鑑。	4 個評鑑類別 12 個評鑑項目 85 項評鑑標準
賴志峰 （1997）	台北市幼稚園後設評鑑之研究	幼稚園	文獻分析法 檔案文件分析法 問卷調查法	「教育評鑑標準聯合委員會」之「方案評鑑標準」。	4 個評鑑類別 30 項評鑑標準
林劭仁 （2001）	我國高級中學後設評鑑指標之研究	高級中學	文獻分析法 德懷術 問卷調查法 因素分析法	評鑑研究學會（ERS）之「方案評鑑標準」。	5 個評鑑層面 16 個二級指標 65 個三級指標
許韡穎 （2002）	特殊教育後設評鑑指標之建構	特殊教育	訪談法 德懷層級程序法（DHP）	由評鑑實場人員訪談開始自編架構。	5 項一級指標 23 項二級指標 9 項三級指標
彭利源 （2002）	高級職業學校後設評鑑之研究——以台灣省高職學校為例	高級職業學校	文獻分析法 文件分析法 觀察訪問法 問卷調查法 專家座談會	「教育評鑑標準聯合委員會」之「方案評鑑標準」。	5 個評鑑類別 13 個評鑑重點 67 項評鑑題目
鄭新輝 （2002）	國中小校長評鑑系統的後設評鑑標準	國中、小校長	文獻分析法 問卷調查法	「教育評鑑標準聯合委員會」之「教育人員評鑑標準」（Personnel Evaluation Standards）。	4 個評鑑類別 22 項評鑑標準
穆慧儀 （2003）	國民中學後設評鑑之研究——以台北市為例	國中	文獻分析法 問卷調查法 檔案文件分析法	「教育評鑑標準聯合委員會」之「方案評鑑標準」。	4 個評鑑類別 7 個評鑑項目 46 項評鑑指標
蘇慧雯 （2003）	台北市幼稚園後設評鑑之研究	幼稚園	文獻分析法 問卷調查法	「教育評鑑標準聯合委員會」之「方案評鑑標準」。	4 個評鑑層面 14 個評鑑標準 55 項評鑑題目

資料來源：研究者自行整理。

重點提出問題，提醒評鑑者隨時注意維持後設評鑑實施的品質，如下表 9-2。

表 9-2　檢視〈評鑑〉評鑑的問題

1. 評鑑是否達到原先提供資料以作為決定或判斷的目的？
2. 評鑑的結果產生了什麼決定？
3. 評鑑工作的解釋與實施是否與原先的做法一致？
4. 評鑑所蒐集的資訊是否適合於評鑑的目的？
5. 資訊蒐集的過程中哪些步驟是允許發生偏差、不具代表性，及低信度？
6. 實際從事評鑑的人員是否有最佳狀況實施評鑑工作？
7. 評鑑使用的方法是否適合所需的各種資訊？
8. 評鑑的方法是否有系統及明確？
9. 那些提供資訊的人是否同意資訊蒐集的方法？
10. 評鑑中是否有充足的時間去蒐集必要的資訊？
11. 評鑑是否在最佳時機發生以達成原有目的？
12. 評鑑過程有哪些積極或消極的邊際效益？
13. 評鑑過程是否有令人滿意的程序以保障資訊提供者？
14. 作為判斷或決定的標準是否有適切而明確的陳述？
15. 評鑑報告的方式是否有效地與當事者溝通？
16. 評鑑報告對於參與者與決策者激起了什麼樣的反應？

資料來源：A Checklist for Planning or Reviewing an Evaluation. In McCormick et al. (Eds.). *Calling Education to Accoun,* by W. Harlen, & J. Elliott,1982, pp. 303-304.

　　上述問題除明確列出後設評鑑標準可以提供預計要進行評鑑的人們事前考量與評估。雖然有些標準有待明確說明與溝通，但評鑑檢核規準的發展與公布，可協助人們在評鑑實施前能夠多加思考潛在的問題，避免造成評鑑後的缺憾。近年，Stufflebeam 曾設計方案後設評鑑檢核表（Program Evaluation Metaevaluation Checklist）與評鑑人員評鑑指導原則檢核表（Guiding Principles Checklist for Evaluating Evaluators Draft）；而線上評鑑資源圖書館（OERL）曾發展評鑑資源品質準則（Quality Criteria for Evaluation Resources）；Scriven 則曾發展關鍵評鑑檢核表（引自黃曙東、蘇錦麗，2005），上述四種檢核表都曾廣泛被運用。國內方面，曾淑惠（2002）發展一套適合國內技職教育方案之後設評鑑檢核表，共分成基本、規劃階段、實施階段與結果階段四個要件，二十九個分項，以及一百四十七個細項，並提出運用時的注意事項與選用程序。黃曙東和蘇錦麗（2005）則以2001 年大學校院實施自我評鑑計畫成果報告書為例，建構後設評鑑檢核表，並進行後設評鑑分析。該檢核表中包括執行摘要、受評方案描述、評鑑概述、評鑑設計、分析程序，以及結果建議共六項二十七個品質準則，再以三等量表與文字敘述呈現質、量並重的檢核結果。檢視上述研究的共同特徵，都是運用已存與適當的評鑑標準為主要架構，再依受評對象的特性規劃標準，並運用專家判斷來修正，使之成為符合實際需求的評鑑檢核表。目的都在協助評鑑人員運用檢核表來引導評鑑，提供評鑑時輔助機制，降低疏漏事件發生的機率。

前述文獻整理從師資培育評鑑的內涵及我國師資培育評鑑現況分析中，可發現師資培育評鑑的重點與問題所在。而由後設評鑑標準與檢核表的設計，則可歸納出重要研究的建構內容與方式，作為本研究建構後設評鑑標準時的參考指引。

第三節　研究方法與實施過程

研究方法先透過文獻分析建立後設評鑑標準的初步架構與項目，再以德懷術與專家座談修正之，說明如下：

一、訂定我國師資培育後設評鑑標準問卷初稿

以研究者自編之「我國師資培育後設評鑑標準問卷初稿」為德懷術問卷工具。工具的發展先考量國內師資培育評鑑的內涵與實際狀況，並參考文獻中相關研究建構標準的架構。為了能充分含括所有評鑑面向，研究者

規劃出「流程導向」的基本架構，並以前述聯合委員會之「方案評鑑標準」檢視與補充架構的完整性。最後則採用「演繹取向」與「歸納取向」兩種常用的資料彙集與分析方式來完成問卷初稿。「演繹取向」係採用「由上而下」的建構方式，先確定目標主題，再從目標主題演繹出各主要的層面或向度，進而依各層面向度設計及選擇標準，逐步形成階層關係，完成完整的標準或指標體系。「歸納取向」則是蒐集及整合現有資料，逐漸將之歸納成接近理論模式的體系，類似「由下而上」的分析架構，較屬於實務取向的概念模式（林劭仁，2005；孫志麟，1998）。依上述方式建構出之問卷初稿內容，共分成「整體標準」、「前置標準」、「流程標準」，與「結果標準」等四大層面，四大層面下又分有十五個次層面，總共一百二十二項後設評鑑標準。

二、成立德懷術專家小組

　　由於德懷術是一種專家意見導向的研究方式，因此德懷術小組必須具有專業性及代表性。本研究專家小組的母群體著眼於師範校院及一般大學校院教育系所與師資培育中心的學者教授，加上與師資培育政策相關的教育行政人員，以及教育評鑑領域的專家學者。經參考不同地區代表性與服務單位性質，獲得十二位專家學者的同意（如表 9-3），涵蓋了學術研究者、政策制定者與實務工作者。

表 9-3　德懷術專家小組背景資料

專長分類	人數
大學師資培育中心專家學者	6
師資培育政策相關單位教育行政人員	3
教育評鑑領域專家學者	3
合計	12

三、德懷術實施過程

問卷調查共實施三次，自 94 年 4 月 25 日寄發第一次問卷開始，至 6 月底第三次回收截止，前後歷時約兩個多月。三次德懷術的時間進行流程如表 9-4：

表 9-4　三次德懷術實施時程

	第一次	第二次	第三次
寄發問卷時間	4 月 25 日	5 月 20 日	6 月 16 日
回收問卷期間	5/2 至 5/13	5/30 至 6/10	6/23 至 6/28

為能讓各專家學者清楚了解問卷內容及填答方式，每次在問卷前皆有指導語和填答說明，包括對本研究與後設評鑑的說明、評鑑標準的架構與內容，及填答與計分方式等三個部分。

彙整與分析回收問卷的方法分成一般描述統計與書面意見兩個部分。一般描述統計為了解德懷術委員對各後設評鑑標準意見的集中及分散狀況，故呈現各後設評鑑標準「重要程度」的平均數（Mean）與標準差（SD）兩種代表性數值。而各個平均數高低的選取原則，在考慮五個級分起碼不能低於 75%（即平均數不能低於「4」）的基本要求下，又期望有較高的限制，故再略為提高至「4.2」，以此為各後設評鑑標準重要程度平均數的最低參考門檻。在標準差方面，一般以不超過「1」為參考原則，但為求較高的共識，標準差的門檻將其下降至「0.8」，希望能顧及團體內較低的意見差異。

書面意見主要有「單項標準修正意見」與「綜合意見」。前者彙整專家意見，分別臚列於原有各項標準之後，以方便參考統計結果並進行比對。「綜合意見」則統一呈現於最後，依意見內容做總體性的回應。每一次統計分析及修正意見彙整結果都會伴隨問卷寄回供專家參考判斷。關於三次

德懷術修正標準之調整過程因受限於篇幅，僅將結果簡單整理如表 9-5。

表 9-5　三次德懷術修正標準之調整結果

德懷術	標準調整情形	標準數量之變化
第一次	修正：共 26 項標準（含一項二級標準） 合併：有 8 項標準合併成 4 項 調整：有 1 項標準調整位置 新增：1 項標準 刪除：共刪 31 項標準	122 項減為 88 項
第二次	修正：共 30 項標準 合併：有 4 項標準合併成 2 項 調整：有 1 項二級標準調整位置 新增：1 項標準 刪除：共刪 6 項標準	88 項減為 81 項
第三次	修正：共 9 項標準 刪除：1 項標準	81 項減為 80 項

　　問卷結束後，邀請原德懷術委員八位，另外再加上四位教育專家學者舉辦專家座談會，透過面對面溝通提供最後的修正意見。

第四節　結果與討論

一、研究結果

　　研究完成之「我國師資培育後設評鑑標準」共分成三個層級，第一層級為：㈠整體標準、㈡前置標準、㈢流程標準、㈣結果標準。第二層級分有十五個標準，第三層級則共有八十項後設評鑑標準。

　　「整體標準」下有四個二級標準，分別是「公正與客觀」、「權益與溝通」、「適切性與彈性」、「效能與效率」，其下合計十七個三級標準。主要是評估師資培育評鑑方案整體的表現狀況。除關切評鑑推動相關的問題及情境條件外，更重要在檢視評鑑整體之客觀、效用、適切與可行程度。若以「流程」的角度來看，這些標準的內容屬性不屬於任一特定階段，它可能發生或適用於任何時機，提供評鑑者檢視評鑑進行前、進行中以及進行後，整個評鑑方案存在的重大問題。

　　「前置標準」下有五個二級標準，分別是「定義與釐清」、「團隊與人員訓練」、「規劃與設計」、「方法與標準」、「宣導與協調」，其下合計二十五個三級標準。主要是評估師資培育評鑑最初階段，即評鑑工作的準備狀況，了解評鑑前所有前置作業規劃與準備的完善程度。若以CIPP模式的架構來驗證，頗類似「背景評鑑」與「投入評鑑」的內涵。包括評鑑目的與範圍的澄清、需求評估、人員訓練、理性規劃與決策、有效方法之運用等，都是此階段必須強調的內容。此部分應是評估評鑑是否達成效能，以及是否成功的先兆，若忽略可能會導致評鑑目標與問題不明確、團隊不專業、規劃不切實際等缺失。

　　「流程標準」下有三個二級標準，分別是「程序與執行」、「資料蒐集與分析」、「自評與訪評」，其下合計有十七個三級標準。企圖了解師資培育評鑑之實施流程是否適當，用以分析評鑑推動過程在實務上之精確與可行程度，是對評鑑實施流程品質上的考驗。除要了解評鑑推動的過程與程序是否適當可行，也關切評鑑蒐集與資料使用的狀況。為符合國內現況，關於自評與訪評的運作，也必須是後設評鑑標準建構的範疇。

　　「結果標準」下有三個二級標準，分別是「判斷與結論」、「結果與公布」、「檢討與運用」，其下共有二十一個三級標準。希望了解師資培育評鑑最後的價值判斷及結論，檢討評鑑結果是否合乎利害關係人需求，及是否發現優缺點，並進行持續的追蹤與運用。故包括判斷與結論的撰寫、申訴與公布、檢討與回饋等工作，都是此階段的工作要點。研究所建構之各級標準整理如表9-6：

表 9-6　我國師資培育後設評鑑標準建構結果

一級標準	二級標準	三級標準	平均數（M）	標準差（SD）	三次問卷變化情形
整體標準	公正與客觀	1. 能隨時注意評鑑工作的公正與客觀	4.90	.333	合併後修改
		2. 能積極訂定法規並依法推動評鑑事宜	4.56	.527	
		3. 能謹慎處理受評單位的不妥適行為	4.44	.667	字義修改
		4. 能依相同程序公平的處理各種陳述	4.44	.527	新增
	權益與溝通	1. 能維護受評單位之相關權益	4.78	.441	字義修改
		2. 能重視整個評鑑歷程與受評單位之溝通與互動	4.78	.441	
		3. 能尊重利害關係人的隱私權	4.44	.527	字義修改
		4. 能妥善處理利害關係人之意見反應	4.23	.667	合併後修改
	適切性與彈性	1. 能重視評鑑方案的可行性	4.78	.441	字義修改
		2. 評鑑方案能反映受評單位培育師資之實際現況	4.67	.500	字義修改
		3. 評鑑能配合受評單位特色或實際需求彈性調整	4.67	.500	字義修改
		4. 能盡量減少干擾且不加重受評單位負擔	4.44	.527	
	效能與效率	1. 能確認評鑑方案的優缺點及貢獻	4.90	.333	字義修改
		2. 能激勵受評單位利用有效方法發現問題	4.67	.500	
		3. 能喚起並激勵受評單位成員共同參與	4.56	.527	
		4. 能重視經費從預算到結算的合理運用	4.23	.667	字義修改
		5. 能發掘並評估評鑑方案可能潛在的衝突或危機	4.23	.667	合併後修改
前置標準	定義與釐清	1. 評鑑前能明確界定評鑑的主要目的	4.90	.333	
		2. 能明確定義與規範評鑑之範圍、方式與流程	4.67	.500	整項修改
		3. 能先確認評鑑利害關係人的需求	4.56	.527	
		4. 能清楚定義受評單位的權利與義務	4.56	.527	
		5. 能評估評鑑的預期成果	4.56	.726	字義修改
	團隊與人員訓練	1. 能組成公正與客觀的評鑑工作團隊	4.78	.441	字義修改
		2. 評鑑工作團隊具備符合要求的專業能力與經驗	4.67	.500	整項修改
		3. 能聘請兼重專門與專業領域之評鑑委員	4.67	.500	
		4. 有針對評鑑工作團隊安排研習或訓練	4.67	.500	字義修改
		5. 能依據受評單位不同特性聘用合適的評鑑委員	4.44	.527	字義修改
		6. 評鑑工作團隊具有解決受評單位疑惑與建議的能力與權限	4.23	.667	

表 9-6　我國師資培育後設評鑑標準建構結果（續）

	規劃與設計	1. 能規劃嚴謹且系統化的評鑑步驟	4.67	.527	字義修改
		2. 能設計適當的評鑑方法與工具	4.67	.500	
		3. 能依評鑑目的選用適當的評鑑模式	4.56	.500	字義修改
		4. 能規劃確實可行的評鑑時程表	4.56	.726	
	方法與標準	1. 能適切運用多元的評鑑方法	4.78	.441	合併後修改
		2. 能建立符合評鑑目的並反映實際狀況的評鑑標準	4.78	.441	
		3. 能設計切合實用的評鑑量表	4.78	.441	
		4. 有詳細指導語說明評鑑標準的意涵	4.78	.441	字義修改
		5. 有嚴謹的評鑑標準建構歷程	4.56	.726	
		6. 能建立彈性化標準以反映各校差異	4.44	.527	
	宣導與協調	1. 受評單位有充分的提問與協商管道	4.90	.333	
		2. 能清楚說明並讓受評單位切實了解評鑑方案	4.78	.441	合併後修改
		3. 評鑑的內容及形式能獲得大多數受評單位的同意	4.78	.441	
		4. 能具體回應受評單位關切的議題	4.67	.500	字義修改
流程標準	程序與執行	1. 評鑑程序及其調整均能符合預設的評鑑目的	4.90	.333	字義修改
		2. 能明確說明受評單位應配合事項	4.78	.441	
		3. 能有效監控並徹底執行每一評鑑程序	4.78	.441	字義修改
		4. 能確實依預定的評鑑時程表進行評鑑	4.33	.707	合併後修改
	資料蒐集與分析	1. 能有效管理及保護所蒐集的資料	5.00	.000	
		2. 能考量評鑑資料與資訊的有效性（效度）	4.90	.333	
		3. 能考量評鑑資料與資訊的可信度（信度）	4.78	.441	
		4. 能適切地使用多元的資料蒐集方法	4.67	.500	合併後修改
		5. 資料能真實反映受評單位背景及特殊性	4.67	.500	
		6. 能針對質化與量化資料特性採用合適的分析方法	4.67	.500	字義修改
		7. 能確認已蒐集到充分資訊並藉以做出判斷與決定	4.67	.500	合併後修改
	自評與訪評	1. 能充分尊重受評單位成員之尊嚴	4.78	.441	
		2. 有鼓勵受評單位確實推動自我評鑑的機制	4.67	.500	整項修改
		3. 能發揮自評與訪評互補與相乘的效果	4.56	.527	字義修改
		4. 能有充分且有效率的訪評時間	4.56	.527	字義修改
		5. 能在訪評過程中提供充分溝通的管道	4.44	.726	合併後修改
		6. 能尊重各校不同特色的發展	4.44	.527	

228

表 9-6　我國師資培育後設評鑑標準建構結果（續）

結果標準	判斷與結論	1.能秉持真相並維持獨立與客觀的立場	4.90	.333	
		2.能明確判斷出受評單位的優缺點	4.78	.441	合併後修改
		3.能提出具體可行的改善建議	4.78	.441	合併後修改
		4.結果公布前能給受評單位申覆與說明的機會	4.67	.500	
		5.能提供客觀證據以進行價值判斷	4.56	.527	整項修改
		6.能先內部（評鑑委員）充分溝通並就結論達成共識	4.56	.726	字義修改
		7.能建立受理申覆的公正裁量機制	4.44	.507	新增
		8.能詳細而具體的做成書面結論	4.33	.707	字義修改
		9.能清楚指出問題解決上的責任歸屬	4.33	.707	
	結果與公布	1.能呈現適當且可靠之結果解釋	4.90	.333	合併後修改
		2.能依評鑑前之約定具體明確的公布評鑑結果	4.78	.441	字義修改
		3.有合理的申訴與再申訴程序	4.78	.441	
		4.能有效預防評鑑報告被不當引用與過度解釋	4.67	.333	合併後修改
		5.能慎選結果公布的時機	4.56	.726	
	檢討與運用	1.評鑑結果能提供主管機關制訂政策之意見	4.78	.441	合併後修改
		2.能鼓勵受評單位有關人員確實依評鑑結果檢討改進	4.78	.441	字義修改
		3.有安排必要之追蹤評鑑	4.67	.707	
		4.有建立評估評鑑成效之後設評鑑機制	4.67	.500	合併後修改
		5.有建立對評鑑委員表現之回饋機制	4.67	.500	合併後修改
		6.有提供評鑑結果供利害關係人參考與運用	4.56	.527	字義修改
		7.能檢討評鑑結果運用上的正、負面效應	4.44	.726	字義修改
4個層面	15項二級標準	80項三級評鑑標準			

資料來源：研究者自行整理。

二、綜合討論

關於標準建構的歷程與結果，提出以下討論事項：

(一)標準架構與標準之產生方式

　　本研究先設計出「流程導向」的基本架構，然後由上而下逐步演繹出各層面及其內涵標準。其次，再由下而上歸納實務問題導向來補充評鑑標準，此時也將聯合委員會的方案評鑑標準作為修正架構與標準的主要依據。會採用「演繹取向」主要是強調標準發展的理性分析，由目標而下依序發展合理的向度與標準，而不宥於現有資料的限制。而「歸納取向」方式是尋求在現有實務資料中整合出適合的向度與標準，強調以實務的現存資料來發展標準的意義。兩種方式相互為用，互補建構時的缺憾，應頗能符合師資培育後設評鑑的真實情境。例如，在建構過程中，發現許多後設評鑑標準並不容易且不適合歸類至「前置」、「流程」、「結果」三層面中，因其具各階段普遍適用的特質。亦即這許多標準在不同階段也都是重要的評估依據，遂因此產生「整體標準」此一層面，不同於一般評鑑模式或標準的架構。但是否具有實用價值，尚待後續實際應用才得以驗證。

　　此外，原有架構僅有一項二級標準調整位置，即「方法與標準」由原來「流程標準」層面調至「前置標準」下，其餘皆為三級標準的修正與刪增，顯示此方式產生之架構大致獲得專家小組的認同。本研究參考既有之權威性標準，調整並建立適用國內師資培育的後設評鑑標準，屬性偏向特定領域之用。不過評鑑標準建構的方式很多，宜先清楚了解評鑑的目標與取向，才能選用合適的架構與建構方式。若欲利用既有已發展完成的權威性標準來直接比對評鑑表現，使用上也必須依領域特性做調整與轉換，使之符合實際評鑑的需求。

(二)標準的重要程度與分布

　　從表9-6中可看出，流程標準下之「能有效管理及保護所蒐集的資料」重要程度排序第一，平均數為5.00滿分。顯示專家普遍重視評鑑過程中辛苦蒐集與建立的資料，是否能管理與保護得當。排序居次之標準共有八項，平均數皆為4.90，分別是：「能隨時注意評鑑工作的公正與客觀」、「能確認評鑑方案的優缺點及貢獻」、「評鑑前能明確界定評鑑的主要目的」、

「受評單位有充分的提問與協商管道」、「評鑑程序及其調整均能符合預設的評鑑目的」、「能考量評鑑資料與資訊的有效性（效度）」、「能秉持真相並維持獨立與客觀的立場」、「能呈現適當且可靠之結果解釋」。可發現這些標準主要含括評鑑目的、評鑑品質、客觀公正、協商歷程，以及結果正確等方面，可看出評鑑的效用性和精確性受到較高的關注。

　　若從全體平均數觀察，「整體標準」下十七項標準的平均數為 4.57，「前置標準」下二十五項平均數為 4.66，「流程標準」下十七項平均數為 4.68，「結果標準」下二十一項平均數為 4.65。顯示四個層面標準的平均數高低分佈甚為常態，重要程度頗為相近，平均數較高的標準不會偏重於某一層面。此現象說明各層面下標準數量雖有不同，但四個層面皆有重要的核心內容，這也多少顯示後設評鑑必須重視評鑑整體與全貌的概念。

(三)標準敘述方式與數量

　　表 9-5 與表 9-6 可簡單看出標準建構過程的變化情形，「字義修改」與「合併後修改」是最常發生的變化。「字義修改」是整理專家意見對單項標準進行字義上的修正，使之更清楚明確。「合併後修改」則除了力求明確化外，還有精簡數量的考量。研究過程發現，專家對各項標準的定義與說明普遍認為必須清楚精確，單項標準的內容，若同時含有兩種或以上異質性的問題或意義，在評鑑時會很容易造成評鑑人員與受評者的誤解，模糊了原意。理想上不論是量化或質化的評鑑標準，為了防止誤解，最好都能賦予一個「操作型定義」，以明確說明單一標準的單一意義。或是對每一項標準設計「評鑑說明」，或是「指導原則」，以確保使用者能正確掌握各個標準的意涵。另外，在建構評鑑標準時，若為求詳細則易失之龐雜，面對不同或特殊情境也不容易面面俱到。但若為求精簡則有失去精確性與代表性的顧慮。研究過程中，不少專家學者都提出標準數量過多及複雜的意見，多傾向降低評鑑標準的數量。建構過程也致力於在面面俱到下盡量使標準數量「瘦身」，評鑑標準從原有的一百二十二項，減少至八十項。綜合文獻分析及調查結果可發現，一般性非特定領域的後設評鑑標準還是以原則性與精簡性為主要取向，讓人容易理解與使用。但如果是針對

較小範圍的受評對象，或是特定領域的需求，或是有明確量化資料為基礎的評定量表，則可根據該領域特殊情形決定是否增加或修改，以符合特殊需求。否則評鑑標準在數量上還是以精簡為宜，呈現上則以原則敘述為主，以方便了解核心重點，並依單位特性做彈性的配合與調整。

㈣各項標準重要性或權重的問題

通常發展一套教育指標體系時，若有足夠的證據支持，大都會對不同的指標賦予不同的權重值，用以顯示該項指標在整個指標體系中的重要程度。理論上，評鑑標準若也能給予權重來代表其重要程度，對評鑑利害關係人來說也應更能了解評鑑的主要目的與重點。本研究中，幾位專家學者提到了為評鑑標準設定權重的建議，但這其中至少牽涉了兩個關鍵問題。一是評鑑標準不同於評鑑指標，比較不屬於量化的數據，在權重的設定上不容易蒐集客觀有力的證據，可能還是必須由評鑑的專家學者或利害關係人共同決定，但這就又涉及專家主觀意念客觀化的討論。另一則從研究評鑑標準建構的結果可看出，經過修正後的各項標準其重要程度的平均數差異並不大，數量分布亦稱平均。如此一來，標準權重值的建立是否有其意義，就有待進一步分析與討論。所以，如果希望彰顯不同評鑑標準的重要性，提供更精確的判斷，也須評鑑研究者依據評鑑目的與標準（或指標）的本質，以及支持性證據的充分程度，決定是否建立評鑑標準的權重。

㈤專家建構標準的歷程與限制

集合專家的觀點來發展共識，是歐美先進國家建構標準的主要方式。不過在建構過程中，都很重視發展機構的公正權威性、多方參與、開誠布公、實地試用等歷程，建構過程甚為嚴謹。本研究受限於研究者自身財力與能力等主客觀因素，為符合嚴謹的建構原則，利用德懷術協助標準的發展。不過，德懷術雖然有集思廣益、彙集多元層面意見、專家團體共識、穩定性高、客觀性、匿名性等優點，但研究過程亦發現會產生專家的代表性與熱忱度、共識的真實性、結果是否清晰明確，以及研究者對分歧意見的處理分析能力等問題，儘管研究者在處理的過程中非常謹慎，但仍無法

克服許多先天的限制。例如德懷術進行時，為求慎重，將專家的主觀意見輔之以專家五等量表意見，以平均數和標準差作為客觀性的修正參考。不過，此種採用預先設定的統計數字作為判斷標準刪修參考之方式，卻因為專家樣本數太小，若有一位專家提出較偏極端的意見選項，則平均數與標準差很容易跟著波動，在標準評估時不見得具參考意義。研究者後來雖以眾數（Mo）輔助判斷，但此專家樣本數小的問題，仍是單一或小規模研究最大的缺憾。

　　以德懷術或其他專家判斷法建構標準時，必須謹慎考慮上述技術上的缺點與困難。不過，由公正而權威的全國性專業組織來主導評鑑標準的發展，才是日後各領域評鑑標準建構的最佳模式。

第五節　結論與建議

一、結論

　　綜合前文分析結果，主要結論歸納如下：

(一)國內師資培育後設評鑑研究尚屬起步，國外後設評鑑標準建構之經驗可供借鏡

　　從前述文獻分析可看出國內後設評鑑的研究對象上分布雖廣，但針對師資培育後設評鑑部分則較少論述。在後設評鑑推動的內涵上，也多以校務評鑑或特定領域的方案評鑑為主，性質上也多屬外部的總結性評鑑，不像國外在後設評鑑理論與實務推動上較為多樣性與系統性。而後設評鑑標準在國內雖不乏相關之建構研究，但適用師資培育領域的後設評鑑標準則未曾述及。由於後設評鑑係一專業的社會科學研究，為能達到最佳效能，嚴謹且系統化的實施原則與程序都必須確實遵守。特別是近年來師資培育評鑑廣受重視時，引用國外已頗為成熟的經驗，具有提升國內推動評鑑邁

向專業化進程的必要性。本研究分析國內、外相關研究現況以建構後設評鑑標準，涉及師資培育後設評鑑內涵與標準建構方式的探討，期望提供教育當局與師資培育機構在建構後設評鑑標準與推動後設評鑑時，多一些援用參考與依據。

(二)師資培育後設評鑑標準必須能含括師資培育評鑑的各個層面與內涵，並明確分類與呈現。各層面皆有重要內容與標準，須重視後設評鑑之全貌

　　後設評鑑的目的在檢核原級評鑑，後設評鑑標準就必須能含括原級評鑑的諸多層面與重要內涵。本研究建構之我國師資培育後設評鑑標準以流程導向建構出架構，共分成四大層面，以下再依其階層性質細分數個次級層面，共分有十五個二級標準與八十項三級後設評鑑標準。主要是考量我國師資培育評鑑的實務，從評鑑推動的流程逐一檢視各層面的內涵。「前置標準」是評估師資培育評鑑方案的需求、目標、定義、規劃，與準備的程度等內容，類似 CIPP 模式中的背景與輸入評鑑。「流程標準」關切的是師資培育評鑑實施過程的進行狀況，重視評鑑方案資料蒐集分析與訪評的過程，類似 CIPP 模式中的過程評鑑。「結果評鑑」則將焦點置於師資培育評鑑的成果，包括評鑑對單位表現的判斷、闡釋、公布，及結果運用，具有 CIPP 模式中產出評鑑的精神。又因後設評鑑標準要顧及評鑑方案中的所有行為及影響因素，因此，師資培育評鑑過程中一些不屬於前置、流程，與結果的內涵，以及不容易歸類的標準，像是評估整體評鑑方案的公正性、客觀性、適切性，及效率性等要素，在本研究中就歸類為「整體標準」。此層面又與聯合委員會所發展之「方案評鑑標準」在本質與形式上頗為一致。研究所發展的師資培育後設評鑑標準，不僅基於我國評鑑實務而依評鑑流程來建構，強調評鑑推動的各個層面，同時也重視方案評鑑標準必須符合之四個專業特性。又因各層面標準的分布甚為平均，皆有重要的核心內容，顯示出師資培育後設評鑑重視整體全貌的精神。

(三)後設評鑑標準敘述必須清楚明確，使用專家共識法符合理性發展的程序，唯標準的發展宜由全國性專業組織為之

　　每一項後設評鑑標準在敘述或說明時一定要清楚精確，最好能賦予操作型定義，或是建立「指導原則」，以確保使用者能正確掌握各項標準的意涵。在評鑑標準的數量上以精簡為宜，呈現上則以原則敘述為主，方便重點價值的浮現，並依單位特性彈性調整。另外，本研究運用德懷術透過「專家共識」的方式修正標準，整個發展程序是先根據文獻探討建構架構與初稿，再利用三次德懷術調查進行標準的修正，最後輔以專家座談會使標準的內容更趨完善。由於評鑑標準標的建構過程，必須為一理性的策略思考，有一定理想上的程序與步驟，並非全憑個人片面的判斷行為。由此檢視本研究，從確定目標主題、廣納文獻、定義建構的層面、決定發展的架構、確定使用的方法、訂出評鑑標準初稿、德懷術修正標準等等，基本上頗符合理性的標準建構步驟及程序。但受限於研究者能力、財力、時間等客觀因素，無法進行更大規模的標準建構歷程，亦沒有對所建構出的標準進行實地預試，考驗其有效程度，實為尚待努力的部分。因此關於評鑑標準的建構，實宜由公正權威的全國性專業組織來發展，透過更大規模具代表性的專家建構歷程，才能符合評鑑專業嚴謹的要求。

二、建議

(一)對教育主管機關

1.根據本研究結果發展「我國師資培育後設評鑑實施手冊」，實地推動並擴及其他領域之後設評鑑工作

　　本研究建構之後設評鑑標準可提供給教育主管機關對現行師資培育評鑑的成效進行評估，主管機關可以本研究為基礎，繼續聘請更多教育評鑑與師資培育領域的專家學者，發展出標準化與系統化之「我國師資培育後設評鑑標準實施手冊」，成為推動後設評鑑的最高指引。其內容包括師資

235

培育後設評鑑的推動目標、進行方式、評鑑工具,以及評鑑結果的運用等,建立制度化的後設評鑑制度。如此即可在每次大規模的師資培育評鑑工作結束後,再依實施手冊實地推動後設評鑑,並擴大至其他像是課程評鑑、教師評鑑等領域。未來主管機關應積極導入後設評鑑的概念,讓評鑑工作皆能發揮專業具體的功效。

2.持續或委託發展具公信力與權威性的國家級後設評鑑標準,提供師資培育甚而其他領域參考使用

綜觀國內、外文獻,評鑑標準的建構必須歷經不斷的修正才能趨於完善。以聯合委員會所發展的「方案評鑑標準」為例,其步驟是先由委員會擬定初步主題及撰寫格式,聘請三十位專家各自撰寫各主題的標準,再經會議討論決定評鑑標準草稿。進而由十二個專業團體推薦五十位專家學者,就評鑑標準的草稿進行討論,並修正內容。最後,再邀請全國相關領域的專業人員約一百人,進行公聽會及實地測試。從 1975 年開始決定發展至1981 年共花費約六年的時間,前後動員近二百位學者,終於完成四大類三十項標準,製作過程的嚴謹可見一斑。但也唯有持續地對評鑑標準投入研究,有關評鑑標準的架構、內涵、程序、應用等重要議題,才能夠獲得充分的研討,「國家級」的評鑑標準才可能誕生。當各相關領域有權威性且便利的標準可供參考時,後設評鑑才有可能普遍落實。

建議主管教育機關必須更積極的介入參與標準的建構。現階段也可像推動大學校務評鑑一般,編列經費委託評鑑專業團體或機構發展之。如能建構國家級的後設評鑑標準,國內師資培育,甚至其他領域的後設評鑑才更為優質與專業。

(二)對師資培育機構

本研究結果可提供師資培育評鑑機構或相關團體,欲檢核我國師資培育評鑑制度時,可援用的參考工具與訊息;也可提供師資培育機構未來在進行自我評鑑時,規劃評鑑制度的借鏡。由於師資培育單位屬於高等教育的範疇,不同於一般單純的營利組織,具有許多特別的屬性,像是:組織

結構鬆散而複雜、過程與產出多元又不易量化、資訊蒐集往往不足且不方便、人員專業自主比例高、決策共享、目標常缺乏共識……等等。這些特徵會使外部評鑑的公正性和有效性遭受質疑與挑戰，甚有負面反應，增加教育評鑑追求真實及促進改進的困難度。而自我評鑑具有提升組織自省與成長的功能，在師資培育機構此種高度專業化與自主化的群體中，更顯得合適與重要。

　　建議師資培育機構可參考本研究之後設評鑑標準，依「整體」、「前置」、「流程」、「結果」四個評鑑層面，逐一檢視自行規劃之自我評鑑歷程是否完備與合理；並且在普遍的標準下發展自我特色，提升機構的辦學效力與競爭力。

(三)對後續研究

1.標準應清楚定義並朝系統化研究努力

　　評鑑標準是用來判斷受評對象優點或價值的依據，由於關係到評鑑結果的公信力，為能真實反應教育現況，質化與量化的標準都必須加以呈現，並清楚說明。後設評鑑牽涉對原級評鑑的評估與價值判斷，評鑑標準會偏向質化的敘述等語意性指標為主，也因此，這些標準如何清楚的定義與規範，尚待後續研究持續修正，以提高評鑑標準之可信度與可行性。亦即除了先將標準的功能和定位說明清楚外，符合單一標準單一意義的概念，還須將所建構的標準賦予操作型定義或指導說明，重視評鑑標準客觀化與系統化的特色。

2.專家建構法在建構評鑑標準的運用上應有持續研究的價值

　　本研究利用德懷術建構我國師資培育後設評鑑標準，主要在於強調「專家共識建構」的特色。但前曾述及德懷術在使用上，也會有專家代表性與熱忱度、共識的真實性、結果是否清晰明確與研究者對分歧意見的處理分析能力等缺點。不過由於在教育領域中，評鑑標準大多為語意性的闡述，不像教育指標數量化的特性，建構時依賴的是量化與統計資料庫。所以在建構評鑑標準時，專家共識建構法還是主要有效的方法。綜觀前述國內、

外已發展出重要而有代表性的標準，其產生方式也是以彙整專家智慧及意見為主，顯見專家共識在建構評鑑標準時的重要性。故本研究最後也建議，德懷術等專家建構法的優勢與價值，值得後續研究者妥善運用，應謹慎考量增加專家樣本與投入人力，深思發展時的缺點與困難，以利未來評鑑專業化的健全發展。

第十章

建構評鑑標準的建議與展望

　　教育評鑑經過了這些年的變化與發展，已成為教育領域中很重要的課題，也已經融入所有教育工作者日常工作與生活之中，評鑑標準的發展自然也不會被置於這趨勢之外。只是面對未來的教育情境，我們應該以怎麼樣的心態來看待評鑑標準。高等教育評鑑中心基金會董事長劉維琪曾講過一個故事，這個故事來自於 1992 年諾貝爾物理學獎得主 Niels Bohr，內容如下：

　　　　一位物理學教授出了份考題，要學生利用氣壓計來測量大樓的高度。有位學生寫道：「只要把氣壓計綁在繩子的一端，從樓頂往下垂，從繩子的長短就可以得知大樓的高度。」教授很不滿意，直接給他零分，要他用物理學的方式去測量。學生想了一想，說：「從樓頂把氣壓計丟出去，根據自由落體的公式，從掉到地上所需的時間，就可測出大樓的高度。」教授還是皺緊眉頭。學生便改口：「不然就用氣壓計測量樓影的高度，透過三角幾何來推算樓高。」但教授仍然有意見。

　　　　這一次，學生的回答更妙了：「那就直接去找大樓管理員，把氣壓計當成禮物送給他，就可以問出大樓的高度了！」聽到這種啼笑皆非的答案，教授忍不住發飆：「你真的不知道利用氣壓

239

計的算法嗎？」講了四種答案都不被接受的學生終於回答：「教授，我當然知道，我只是很厭煩您一再要求我根據標準答案來作答！」（引自劉維琪，2007）

　　這個故事凸顯出我們長久以來習慣用標準答案來回答問題的現象，雖然在後現代重視多元與個別差異的教育思維中，這種現象已逐漸改變，不過在教育評鑑的領域上，這種改變卻仍屬緩慢，人們普遍會將評鑑標準視為評鑑時唯一最佳的規範，致力追求客觀、統一卻無形中限制了多元化評鑑的發展。我們可以了解，這個故事並不是要告訴我們標準答案的存在沒有用處，因為不論是標準答案或評鑑標準，代表的都是共同認定或普遍接納後的真理，是具有導正與監控品質的價值。只是我們在面對愈趨複雜與多元的教育情境時，一定要能以更開放而多元的心態去面對標準，要能更彈性地運用評鑑標準。畢竟從前面幾章的探討中也不難發現，評鑑標準的建構與內涵是不可能同時滿足不同背景與層次的需求，一套完美無缺的標準不容易存在，評鑑標準所陳述的現象都只能算是呈現真實情境的「近似值」。若持續用傳統上標準即是「標準答案」的心態看待評鑑標準，只是曲解了標準的價值，忽視標準的限制，缺乏彈性與創新的觀念，也只會使得標準存在的意義大打折扣。

　　綜觀本書各章的重點，從評鑑標準的定義到實務運用都加以探討，提供國內方興未艾的各種教育評鑑工作，在建構評鑑標準時能有更明確的參考依據。亦期待所有評鑑利害關係人皆能有正確運用評鑑標準的觀念，重視標準的功能與價值，但不過分膨脹標準的功效，充分發揮評鑑標準的存在意義，提升國內教育評鑑領域的專業成長。據此，以下綜合前述各章內容，簡要提出建構教育評鑑標準的五個建議與展望，分述如下：

一、確實釐清評鑑標準的意義，並了解其真實的應用價值

　　教育標準是一種用來評估學生學習內容及成就表現的規準或工具，也是對教育目標和結果間關聯性的說明。而評鑑標準也是一套評鑑時相互同

意的準則或工具，目的在提供對受評對象價值判斷的依據，以發揮預定之評鑑目的。教育標準的適用對象主要為學生學習的內容與表現，而評鑑標準的適用對象就比較是以方案、機構或人員為主。此外，評鑑標準比較屬於「概念性的架構」，是較上位的概念呈現，常用條列式的敘述句來表現，不同於偏向以行為目標來敘述的教育標準。而為了協助判斷評鑑標準的過程能客觀一致，評鑑效標就必須清楚的撰寫，以詳細說明下判斷的分界點或基準何在，將評鑑標準與評鑑效標整合成系統化的評鑑工具。至於評鑑指標，則就是評鑑標準具體化及操作型定義後的數量表現，也可適度解釋為「量化的評鑑標準」，和評鑑標準間具有具體與概念、量化與質化、客觀與主觀等本質上的差異。

在標準的建構過程中，首先一定要明確界定所建構的是屬於教育指標、教育標準、評鑑指標，或是評鑑標準。再依據其所屬性質規劃適當的架構與層次，並選用合適的建構方法，蒐集正確的資訊與資料，最後提出最佳的使用方式與建議。另一方面，使用者在實際使用上，也必須清楚了解所選用的標準是屬於何種意義與何種定位，並決定其他搭配運用的方式，常用的搭配像是實地訪視、觀察紀錄與資料檢閱等。避免過度膨脹評鑑標準的功能，忽略深入探究現象的重要，陷入以偏概全，求取速成與簡便，僅以評鑑標準或指標作為唯一評鑑依據的謬誤；或者是過分謹守評鑑標準的內容，不知如何彈性變通，因地制宜，限制了受評對象多元的發展。這些都是評鑑標準建構與運用上常會見到的迷思，喪失其真正的應用價值。

二、建構評鑑標準亦應含括建構完整的評鑑效標

評鑑效標目的在清楚訂出評鑑或衡量時的分界點何在，是人們判斷評鑑標準達成程度的基礎，能協助不同評鑑者進行明確且一致的價值判斷。國內目前在建構與設計評鑑標準時，基本上是以每一項標準的「內容」為建構重點，關切的是評鑑標準是否能涵蓋評鑑目標與整體內容，對於能協助判斷一致化與系統化的評鑑效標卻甚少著墨。王保進（2006a）曾探討美、澳二國校務評鑑之評鑑標準，認為其評鑑標準的設計已逐漸採取「標

竿」的形式，重視評鑑效標的整合性與系統化特性。相較於美、澳二國，我國評鑑標準的建構與呈現還是以「條列式」的方式為主，少有判斷品質優劣的評鑑效標，發展上相對較少。前述美國「全國師資培育認可委員會」（NCATE）的「師資培育機構專業認可標準」也是有發展評鑑效標的例子，在每一項標準下的各項要素都有發展評估等第，雖然評估結果皆簡單分成「不可接受」、「可接受」，以及「理想目標」三等第，不過，不同要素對各自評估等第的敘述並不太一致，每個要素會因應自身需求，發展出符合該要素的評鑑效標（評分等第）說明。

評鑑標準如果只是單純以條列式的方式呈現，評鑑過程中不論是評鑑委員或受評者等利害關係人，就容易因個人主觀的解讀而產生歧見，弱化評鑑標準的客觀性與整體性。如能適度的建構評鑑效標，清楚說明評估的基準，協助所有人能在有所依循的理性判斷下有系統的完成評鑑，也就能降低因對評鑑標準認知不同所產生的誤會。

三、專家建構為主要方式，但仍可彈性運用其他方法輔助之

評鑑標準的建構原則主要包括以正式而公開的程序進行、由專業團體或機構主持建構、強調協商與合作的機制、重視所有利害關係人之意見，以及以公正的審定或認可制度來評估。基於這些原則，再加上建構時「人的意念」與「合作取向」的理念，都顯示出專家建構可視為主要的建構方式，然後再搭配其他量化或質化技術為輔助。第五章曾依據評鑑標準偏質化的特性，將一些適合評鑑標準的建構方式歸納整合，統整成二個取向，分別是「專家意見取向」與「文獻資料分析取向」，並衍生出代表性的「專家團體法」以及「內容分析法」。包括專家團體模式、德懷術、內容分析法等，都是可參考運用的建構方法。

雖然專家建構是主要的方式，但毫無疑問的，建構過程一定要依領域性質與目標需求，選擇合適的搭配方法，或採用融合後的複合式方法來建構，不必特別拘泥於單一質化或量化方法，才能有效提升評鑑標準的效度與實用價值。國內、外諸多建構標準的經驗也告訴我們，唯有賴建構團隊

針對最適合的情境，規劃系統化的專家建構歷程，擷取質化與量化方法的優點，設計有效的回饋機制，才是最趨近於完美的建構方法。

四、選用適當的信度與效度評估方式

評鑑標準既然是推動評鑑時的重要工具，那麼，提升評鑑工具的信度與效度自然是重要的工作。古典測驗理論清楚定義了信度與效度，並發展出許多計算公式，信度是指測驗與評量結果的穩定性與一致性，可利用的計算方式包括：再測信度、複本信度、內部一致性信度，及評分者信度。效度則是測驗與量表的正確性與有效性，也就是指測驗能夠達到其目的有效程度。其種類包括：內容效度、效標關聯效度，及建構效度。評鑑標準在計算信度時，可用的方式就是將標準的建構結果會以條列式與題目式的方式呈現，並將評鑑效標設計成量表或問卷等連續性尺度的形式（例如：五等量表），如此可方便蒐集到受試者數量化的意見，就可以用來計算並分析標準的信度。至於效度的分析則因為較缺乏直接與標準化的估算方式，除了借用替代性的內容信度來計算外，專家判斷的邏輯方式，是分析內容效度最直接、有效，也是運用最廣的方法。

由於評鑑標準偏屬於質化的呈現方式，所以，其信度與效度的估計方式就不完全適合僅以量化的數字來表示，而應去尋求更深入標準的實質內涵與實際成效。五等量表可以使用，雙向細目等專家判斷方式也不能忽略，信度與效度要能符合評鑑標準的特性，以更廣義而多元的解釋來估計，兼顧量化與質化的分析，才能確保評鑑標準的建構結果是有效且可信賴的。

五、發展適合國內實務且具權威性的評鑑標準

究竟什麼樣的評鑑標準才可稱得上是「趨近」完善的一套標準，Husen 與 Tuijnman（1994）曾參考 Nuttall 的看法，提出選擇、發展與評估教育標準的規準，其實也就是衡量標準應注意的原則，分別是：

(一)標準必須有確定的目的或目標。

㈡標準必須切合教育系統的主要特徵，並符合當今政策議題或問題。

㈢標準具有診斷與判斷的功能。

㈣標準必須讓所有利害關係人能接受。

㈤標準最好是可計量與可觀察的行為測量，會優於抽象的知覺。

㈥標準必須是有效且可信的（即好的效度與信度）。

㈦標準最好具有一般性應用的價值。

㈧標準最好能夠協助相互間的比較。

㈨標準最好有實用性。

　　用上述的衡量規準來檢視標準完善與否是否真的足夠呢？其實，若回到前面標準建構的理念來看，單純一、二位學者所提出的衡量原則，如何能符合複雜、多元的教育情境？而既然我們認為彙集專家與眾人智慧是建構標準的較佳方式，那麼，衡量標準完善與否是不是也應該回歸此種理念。

　　許多國外標準發展的經驗告訴我們，標準的發展過程中從一開始的規劃設計階段到實務運用階段，都必須歷經不斷的討論與修正歷程。唯有持續對評鑑標準投入研究，有關評鑑標準的架構、內涵、實際應用等重要議題，才能夠獲得充分的討論，趨近完善的評鑑標準才可能誕生。國內目前已建構與發展出的各領域評鑑標準不在少數，不過，真正具權威性的「國家級」評鑑標準尚未出現。潘慧玲（2004a）曾檢閱國內教育評鑑研究之相關論文，發現許多研究取向皆集中於建構教育評鑑的指標與工具，反映出當前我國教育評鑑工具仍無法滿足各層級教育體系的需求，普遍希望建構評鑑指標以供教育行政與研究之參酌。我們並不是一定要追求所謂「放諸四海而皆準」的評鑑標準，但國家級評鑑標準的誕生卻可以為國內教育評鑑領域提供一個明確的指引，讓所有利害關係人皆能獲得客觀而可信的參考依據。在許多國家以及諸多領域中，仍然需要以眾人共同認同的方式，持續發展建構適合該地國情及文化差異的評鑑標準（Stufflebeam, 2004）。當教育各領域都能有適合的評鑑標準可供隨時使用與參考時，教育評鑑才會落實至生活之中，「評鑑的目的不是在證明，而是在尋求改進」這句大家朗朗上口的話才會真正實現。

參考書目

◆ 中文部分

王文科（1994）。**台灣地區國民中小學特殊教育發展指標之研究（ I ）——啟智教育部分**。教育部委託專案研究，未出版，台北市。

王文科、王智弘（2006）。**教育研究法**。台北：五南。

王世英（2007）。**參與OECD教育指標概覽發展之研究**。台北：國立教育資料館。

王石番（1989）。**傳播內容分析法**。台北：幼獅。

王如哲（2006）。從教學評鑑指標析論我國大學評鑑之改進。**教育研究月刊**，**142**，5-8。

王保進（1993）。**高等教育表現指標之研究**。國立政治大學教育系博士論文，未出版，台北市。

王保進（1997）。**教育革新大型研究——我國師資培育教育學程評鑑的可行模式之研究**。國科會專題研究計畫成果報告，未出版，台北市。

王保進（2003）。國民中小學校務評鑑現況與重要議題之省思。**教育資料與研究**，**50**，2-11。

王保進（2006a）。標竿取向的高等教育評鑑標準設計之研究。**教育研究月刊**，**142**，9-32。

王保進（2006b）。從專業評鑑機構發展檢視我國大學評鑑標準。**教育政策論壇**，**9**（1），43-70。

王保進、王麗芬（1998）。美國「全國師範教育認可審議會」（NCATE）認可模式對我國師資培育評鑑的啟示。**國民教育研究學報**，**4**，1-34。

王保進、王麗芬（1999）。師資培育機構自我評鑑現況與改進途徑之分析。**暨大學報**，**3**（2），13-42。

王麗芬（1998）。**大學校院教育學程自我評鑑模式之研究**。國立嘉義師範

學院國民教育研究所碩士論文，未出版，嘉義市。

王美芬（1997）。比較中美國小自然科課程國家標準。**國民教育，37**
（3），20-23。

王靜如（1999）。美國國家科學教育標準有關科學教學的探究。**屏師科學
教育，9**，24-30。

余民寧（2002）。**教育測驗與評量**。（第二版）。台北：心理。

李明、趙文璋（譯）（1981）。**社會指標導論──緣起、特性及分析**。台
北：明德基金會。

沈翠蓮（2001）。美國師資培育革新政策的省思──以教學與美國未來國
家委員會報告書為例。**教育研究資訊，9**（3），142-158。

吳佳芬（1999）。台灣地區國民小學師資培育評鑑規準之研究。**國民教育
研究，3**，175-208。

吳明清（1991）。**教育研究：基本觀念與方法之分析**。台北：五南。

吳明清（1997）。我國師資培育制度現代化的展望。**教育資料集刊，22**，
255-268。

吳政達（1995）。**階層分析法與模糊評估法在學前教育指標系統之應用**。
國立政治大學教育系碩士論文，未出版，台北市。

吳政達（1999）。**國民小學教師評鑑指標體系建構之研究**。國立政治大學
教育系博士論文，未出版，台北市。

吳清山（2000）。學校績效責任的理念與策略。**學校行政，6**，3-13。

吳清山、林天祐（1999）。教育名詞解釋：教育評鑑。**教育資料與研究，
29**，66。

吳清山、王湘栗（2004）。教育評鑑的概念與發展。**教育資料集刊，29**，
1-26。

林天祐（1997）。美國一九九○年代標準本位的教育政策。**國教月刊，43**
（5/6），15-20。

林天祐（2004）。校務評鑑專業化的探討。載於張明輝（主編），**教育政
策與教育革新**，320-338。台北：心理。

林生傳（1998）。教育學程的類型與其教學效能之分析研究。**教育學刊**，

14，1-39。

林劭仁（2001）。**我國高級中學後設評鑑指標之研究**。國立政治大學教育系博士論文，未出版，台北市。

林劭仁（2005）。藝術類大學通識教育評鑑指標之建構。**藝術評論，15**，313-340。

林瑞榮（2001）。內容分析法。載於中正大學教育研究所（主編），**教育學研究方法**，47-55。高雄：麗文。

姜禮華、徐木蘭（1993）。**民營製造業研發部門績效指標建立之研究**。台大商研所碩士論文，未出版，台北市。

孫志麟（1998）。**國民教育指標體系的建立與應用**。國立政治大學教育系博士論文，未出版，台北市。

孫志麟（2004）。**教育政策與評鑑研究——追求卓越**。台北：學富。

馬信行（1988）。國家發展指標之探索——以教育與經濟發展為主。**國立政治大學學報，58**，229-272。

馬信行（1990）。論教育評鑑指標之選擇。**現代教育，19**，39-54。

秦夢群（2000）。**教育行政——實務部分**。台北：五南。

教育部（2005）。**94 年度大學校院師資培育中心評鑑評鑑結果公布新聞稿**。http://www.edu.tw/EDU_WEB/EDU_MGT/HIGH-SCHOOL/EDU9202001/edu/news_tw.doc.

陳小娟（1994）。**企業環境管理績效評量指標建立之探討**。國立台灣大學商業研究所碩士論文，未出版，台北市。

陳文化（1983）。**如何建立公司標準與規格**。台北：作者。

陳明印（2000）。**國民小學社會科教科書評鑑規準及權重之建構**。國立台灣師範大學教育研究所博士論文，未出版，台北市。

陳靜芳、徐木蘭（1993）。**台灣地區民營遊樂區營運績效衡量構面之探討**。台大商研所碩士論文，未出版，台北市。

郭生玉（1990）。**心理與教育測驗**（第五版）。台北：精華書局。

郭昭佑（2000a）。**學校本位評鑑實踐與理念之研究**。國立政治大學教育系博士論文，未出版，台北市。

247

郭昭佑（2000b）。**學校本位評鑑**。台北：五南。

郭昭佑（2006）。當評鑑遇上教育——教育評鑑意涵探究。**教育行政與評鑑學刊**，**2**，19-42。

符碧真（1997）。師資培育機構訪評評析。載於陳漢強（主編），**大學評鑑**，**369-420**。台北：五南。

梁暖茱（2002）。**高級中等學校自我評鑑現況之研究**。國立台北科技大學技術與職業教育研究所碩士論文，未出版，台北市。

許籐繼（1995）。**台北市國民小學學校自我評鑑之研究**。國立台灣師範大學教育研究所碩士論文，未出版，台北市。

許韡穎（2002）。**特殊教育後設評鑑指標之建構**。國立高雄師範大學特殊教育學系碩士論文，未出版，高雄市。

葉玉珠（2006）。**創造力教學：過去、現在與未來**。台北：心理。

黃政傑（1994）。**亞太教育標準專案報告**。教育部教育研究委員會。

黃政傑（2000）。**課程評鑑**。台北：師大書苑。

黃曙東、蘇錦麗（2005）。後設評鑑研究：以 2001 年大學校院實施自我評鑑計畫成果報告書為例。**教育研究集刊**，**51**（2），31-65。

張果為（1978）。**經濟預測三種數量方法的特殊問題與其關連**。台北：台北市銀行經濟研究室。

張鈿富（2001）。教育指標理念簡介。載於簡茂發、李琪明（主編），**當代教育指標**，1-25。台北：學富。

張鈿富（2006）。建立學校教育品質機制。載於張鈿富（主編），**學校行政理念與創新**，21-40。台北：高等教育。

張德銳、李俊達（2002）。美國小學教師職前培育制度之研究。**台北市立師範學院學報**，**33**，19-34。

張德銳、吳武雄、許藤繼、李俊達、洪寶蓮、王美霞、陳偉泓、曾美蕙、常月如、曾政清、黃春木、白師舜、曾燦金（2004）。**中學教師教學專業發展系統**。台北：五南。

曾淑惠（1996）。**我國專科學校後設評鑑之研究**。國立台灣師範大學工業教育研究所博士論文，未出版，台北市。

曾淑惠（2002）。**教育方案評鑑**。台北：師大書苑。

曾淑惠（2004）。**教育評鑑模式**。台北：心理。

游家政（1994）。**國民小學後設評鑑標準之研究**。國立台灣師範大學教育研究所博士論文，未出版，台北市。

彭利源（2002）。**高級職業學校後設評鑑之研究——以台灣省高職學校為例**。國立台灣師範大學工業教育研究所碩士論文，未出版，台北市。

楊玉伊（2003）。**師資培育機構評鑑標準建構之研究**。台北市立師範學院國民教育研究所碩士論文，未出版，台北市。

楊瑩（2005）。**台灣地區大學評鑑之實施**。論文發表於淡江大學舉辦之「兩岸高等教育改革與發展」學術研討會，台北縣。

經濟部標準檢驗局（2006）。**國家標準與正字標記簡介**。http://www.bsmi.gov.tw/ upload/b01/CNS_cht950914-1.pdf.

蔡重成、吳泓怡、陳德敏、陳姿吟（2005）。運用國際教育品質指南探討台灣大學教育品質的評鑑標準。**品質月刊，41**（6），79-84。

潘慧玲（2002）。方案評鑑的緣起與概念。**教師天地，117**，26-31。

潘慧玲（2003）。教育評鑑之概念釐清與展望。**教育研究月刊，112**，22-30。

潘慧玲（2004a）。**邁向下一代的教育評鑑：回顧與前瞻**。論文發表於國立台灣師範大學教育研究中心舉辦之「教育評鑑回顧與展望」學術研討會，台北市。

潘慧玲（主編）（2004b）。**教育研究的取徑：概念與應用**。台北：高等教育。

劉維琪（2007）。系所評鑑的標準在哪裡？**評鑑雙月刊，8**，4-5。

廖泉文（1990）。**高等教育系統工程**。福建：廈門大學出版社。

廖雪雲（1994）。**企業綠色評鑑指標建立之研究**。國立台灣大學商研所碩士論文，未出版，台北市。

歐用生（1995）。內容分析法。載於簡茂發、黃光雄（主編），**教育研究法**。台北：師大書苑。

賴志峰（1997）。**台北市幼稚園後設評鑑之研究**。國立政治大學教育研究

所碩士論文,未出版,台北市。

鄭新輝(2002)。國中小校長評鑑系統的後設評鑑標準。**國立台北師範學院學報,15**,493-526。

謝金青(1997)。**國民小學學校效能評鑑指標與權重體系之建構**。國立政治大學教育系博士論文,未出版,台北市。

魏爾彰(1994)。**金融服務業新產品發展關鍵成功因素之探討**。台大商研所碩士論文,未出版,台北市。

穆慧儀(2003)。**國民中學後設評鑑之研究──以台北市為例**。國立台北師範學院國民教育研究所碩士論文,未出版,台北市。

譚以敬(2004)。學校自我評鑑之可行途徑。**中等教育,55**(2),16-27。

蘇慧雯(2003)。**台北市幼稚園後設評鑑之研究**。台北市立師範學院國民教育研究所碩士論文,未出版,台北市。

蘇錦麗(1995)。**大學學門評鑑試辦計畫成效評估之研究**。台北:師大書苑。

蘇錦麗(1997)。**高等教育評鑑理論與實際**。台北:五南。

蘇錦麗(2003)。談教育評鑑之專業性。**教育研究月刊,112**,31-38。

◆ **西文部分**

Adcock, E. P., Sipes, D., Lehman, K., & Miller, S. (1997). *Enacted practices evaluation model.* http://www.eric.ed.gov/contentdelivery/servlet/ERIC Servlet? accno = ED424281.

Adelman, I., & Morris, C. T. (1973). *Economic development & social equity in developing countries.* CA: Stanford University Press.

Anastasi, A., & Urbina, S. (1997). *Psychological testing.* N. J.: Prentice Hall.

Anderson, V. (1991). *Alternative economic indicators.* London: Routledge.

Ardovino. J., Hollingsworth. J., & Ybarra. S. (2000). *Multiple measures: Accurate ways to assess student achievement.* CA: The Corwin Press.

Aspinwall, K., Simkins, T., Wilkinson, J. F., & McAnley, M. J. (1992). *Managing Evaluation in Education.* New York: Routledge.

ANSI (2005). *Overview of the U. S. standardization system: Understanding the U. S. voluntary consensus standardization and conformity assessment infrastructure.* http://publicaa.ansi.org/sites/apdl/Documents/News%20and% 20Publications/Other%20Documents/US-Stdzn-System-FINAL.pdf

Ardovino. J., Hollingsworth. J., & Ybarra. S. (2000). *Multiple measures: Accurate ways to assess student achievement.* CA: The Corwin Press.

Bennett, J. (2003). *Evaluation methods in research.* London: Continuum.

Bottani, N., & Walberg, H. J. (1992). What are international educational indicators for? In OECD (Ed.), *The OECD international education indicators: A framework for analysis* (pp. 7-12). Paris: OECD.

Camara, W. J. (1997). Use and consequences of assessments in the U. S. A.: Professional, ethical, and legal issues. *European Journal of Psychological Assessment, 13*(2), 140-152.

Campbell, D. T., & Fiske, D. W. (1959). Convergent and discriminate validation by the multitrait-multimethod matrix. *Psychological Bulletin, 56,* 81-105.

Clark, P. A., Ayers, J. B., & Gephart ,W. J. (1988). *Improving programs for the preparation through program evaluation.* The paper presented at the annual meeting of the Eastern Educational Reasearch Association, Miami Beach, FL., Feb.24-27.

Clayton, M. J. (1997). Delphi: A technique to harness expert opinion for critical decision-making tasks in education. *Education Psychology, 17,* 373-386.

Cousins, J. B., Donohue, J. J., & Bloom, G. A. (1996). Collaborative evaluation in North America: Evaluators' self-reported opinions, practice, and consequences. *Evaluation Practice, 17*(3), 207-226.

Cousins, J. B., & Earl. L. M. (Eds.). (1995). *Participatory evaluation in education: Studies of evaluation use and organizational learning.* London: Falmer.

Cousins, J. B., & Whitmore, E. (1998). Framing participatory evaluation. *New Directions for Program Evaluation, 80,* 5-23.

Christy, W. K., McNeal, L., & Chesser, J. (2003). *Implementing New Accredita-*

tion Standards: One Program's Experience. http://www.eric.ed.gov/content-delivery/servlet/ERICServlet? accno=ED481984.

Darling-Hammond, L., & Falk, B. (1997). Using standards and assessments to support student learning. *Phi Delta Kappan, 79*(3), 1990-1999.

Dean, C. B., & Lauer, P. A. (2003). *Systematic evaluation for continuous improvement of teacher preparation: Cross-case analysis.* Aurora, CO: Mid-continent Research for Education and Learning. Retrieved September 8, 2004, http://www.mcrel.org/topics/productDetail.asp?productID=181.

Delbacq, A. L. (1975). *Group techniques for program planning: A guide to nominal group and Delphi processes.* N. J.: Scott, Foresman and Company.

Denzin, N. K. (1978). *The research act.* New York: McGraw-Hill.

Drake, S. M. (1998). *Creating integrated curriculum: Proven ways to increase student learning.* Thousand Oaks, CA: Corwin Press.

Ebel, R. L. (1965). *Measuring educational achievement.* Englewood Cliffs, NJ: Prentice-Hall.

Ellis, A. K. (2005). *Research on educational innovations (4th ed).* NY: Eye on Education.

Evaluation Research Society Standards Committee (1982). Evaluation research society standards for program evaluation. In P. H. Rossi (Eds.), *Standards for evaluation practice,* 7-20. San Francisco: Jossey-Bass.

Fetterman, D. M. (1994). Empowerment evaluation. *Evaluation Practice, 15*(1), 1-15.

Fetterman, D. M. (2001). *Foundation of empowerment evaluation.* Thousand Oaks, CA: Sage.

Fink, A. (1995). *Evaluation for education and psychology.* CA: Sage Publication.

Finn, C. Jr. (1987). *Elementary and secondary education indicators in brief.* Washington, D. C: Office of Educational Research and Improvement.

Garavalia, L., & Gredler, M. (2004). Teaching evaluation through modeling: Using the Delphi technique to assess problems in academic programs.

American Journal of Evaluation, 25(3), pp. 375-380.

Gould, R. B., Basarab, D. J., McGuire, C., Robinson, P. C., Walser, F. L., & Wigdor, A. K. (1995). *The development, validation, and applicability of the program Evaluation Standards: How to assess evaluation of educational programs*. ED403314.

Gredler, M. E. (1996). *Program evaluation.* NJ: Prentice-Hall.

Greene, J. G. (1987). Stakeholder participation and utilization in program evaluation. *Evaluation Review, 12*(2), 91-116.

Gronlund, N. E. (1976). *Measurement and evaluation in teaching* (3rd ed.). Englewood Cliffs, NJ: Prentice-Hall.

Gronlund, N. E. (1993). *How to make achievement tests and assessments* (5th ed.). Boston: Allyn & Bacon.

Gross, B. M., & Straussman, J. D. (1974). The social indicators movement. *Social Policy, 5*(3), pp. 43-54.

Grundy, S., & Bonser, S. (1997). Choosing to change: Teachers working with student outcome statements. *Curriculum Perspectives, 17*(1), 1-12.

Guthrie. J. W. (Ed.). (2003). *Encyclopedia of Education. 2nd.* The Macmillan Reference USA: NY.

Harbison, F., & Mayers, C. A. (1964). *Education, manpower, and economic growth: Strategies of human resource development.* NY: McGraw Hill.

Hargreaves, A., Earl, L., Moore, S., & Manning, S. (2001). *Learning to change-Teaching beyond subjects and standards.* CA: The Jossey-Bass.

Harlen, W., & Elliott, J. (1982). A Checklist for Planning or Reviewing an Evaluation. In R. McCormick, J. Bynner, P. Clift, M. James, & C. M. Brown (Eds.), *Calling Education to Account* (pp. 296-304). London: Open University.

House, E. R. (1993). *Professional evaluation.* Newbury Park, CA: Sage.

Husen, T., & Tuijnman, A. (1994). Monitoring standards in education: Why and how it came about. In A. C. Tuijnman & T. N. Postlethwaite (Eds.), *Monitoring the standards of education. Paper in honor of John P. Keeves.* British:

Pergamon.

Johnstone, J. N. (1981). *Indicators of education system.* Paris: UNESCO.

Joint Committee on Standard for Educational Evaluation (1994). *Program evaluation standard* (2nd ed). Thousand Oaks, CA: Sage.

Joint Committee on Standards for Educational Evaluation (2003). *The Student Evaluation Standards: How to improve evaluations of standards.* Corwin Thousand Oaks, CA: Press.

King, J., & Evans, K. (1991). Can we achieve outcome-based education? *Educational Leadership, 49*(2), 20-25.

Kohn, A. (2004). Challenging students-And how to have more of them. *Phi Delta Kappan, 86*(3), 184-194.

Lauer, P. A., & Dean, C. B. (2004). *Teacher quality toolkit.* Mid-continent Research for Education and Learning. http://www.eric.ed.gov/contentdelivery/servlet/ERIC Servlet?accno=ED484546

Lee, D., & Gavine, D. (2003). Goal-setting and self-assessment in year 7 students. *Educational Research, 45*(1), 49-59.

Levin, H. M. (1996). Empowerment evaluation and accelerated schools. In D. M. Fetterman, S. J. Kaftarian & A. Wandersman (Eds.), *Empowerment evaluation: Knowledge and tools for self-assessment and accountability.* Thousand Oaks, CA: Sage.

Lincoln, Y. S., & Guba, E. G. (1985). *Naturalistic inquiry.* Beverly Hills, CA: Sage.

Linney, J. A., & Wandersman, A. (1996). Empowering community groups with evaluation skills: The Prevention Plus Ⅲ Model. In D. M. Fetterman, S. J. Kaftarian & A. Wandersman (Eds.), *Empowerment evaluation: Knowledge and tools for self-assessment and accountability.* Thousand Oaks, CA: Sage.

Linstone, H. A., & Turoff, M. T. (1975). The *Delphi metho: techniques and applications.* London: Addison-Wesley.

Livingston, I. D. (1985). Standards, national: Monitoring. In T. Husen & T. N.

Postlethwaite (Eds.), *International encyclopedia of education*. Oxford: Pergamon Press.

Livingston, S. A., & Zeiky, M. J. (1982). *Passing scores: A manual for setting standards of performance on educational and occupational tests*. Princeton, NJ: Educational Testing Service.

Lunenburg, F., & Ornstein, A. (2000). *Educational Administration: Concepts and Practices*. Belmont Calif.: Wadsworth.

Madaus, G. F., & Kellaghan, T. (1992). Curiculum evaluation and assessment. In P. W. Jackson (Ed.), *Handbook of research on curriculum* (pp. 119-154). New York: Macmillan.

Madaus, G. F., Scriven, M. S., & Stufflebeam, D. L. (1983). *Evaluation models: Viewpoints on educational and human services education*. Boston: Kluwer-Nijhoff.

Malone, B. G., & Nelson, J. S. (2006). Standards-Based reform: Panacea for the Twenty-First Century? *Educational Horizons, 84*(2), 121-128.

Marzano, R. J., Pickering, D., & Mctighe, J. (1993). *Assessing student outcomes*. Alexandria, VA: Association for Supervision and Curriculum Development.

Mayston, D. J., & Jesson, D. J. (1991). Educational performance assessment: A new framework of analysis. *Policy and Politics, 19,* 99-108.

Miles, M. B., & Huberman, A. M. (1994). *Qualitative data analysis: A source-book of new methods* (2nd ed). Thousand Oaks, CA: Sage.

Mohr, L. B. (1992). *Impact analysis for program evaluation*. London: Sage Publications.

Murray, F. B. (2000). The role of accreditation reform in teacher education. *Educational Policy, 14*(1), 40-59.

Music Educators National Conference (1994). *National standards for arts education: What every young American should know and be able to do in the arts*. Virginia: Music Educators National Conference.

National Council on Education Standards and Testing (1992). *Raising Standards for American Education: A report to Congress, the Secretary of Education, the National Education Goals Panel, and the American people.* Washington, DC: US Government Printing Office.

NCATE (2006). Professional Standards for the Accreditation of Schools, College, and Departments of Education (2006ed). http://www.ncate.org/documents/standards/unit_stnds_2006.pdf.

NCATE (2007). NCATE handbook, pp. 37-39. Retrieved January 10, 2007, from http://www.ncate.org/documents/handbook/handbook.pdf.

Neufville, J. I. (1975). *Social indicators and public Policy: Interactive processes of design and application.* NY: Elsevier Scientific Publishing Company.

Noddings, N. (1997). Thinking about Standards. *Phi Delta Kappan, 79*(3), 184-189.

Nunnally, J. C., & Benstein, I. H. (1994). *Psychometric theory.* New York: McGraw-Hill.

Nuttal, D. (1992). The functions and limitations of international education indicators. In OECD (Ed.), *The OECD international education indicators: A framework for analysis,* 13-21. Paris: OECD.

Oakes, J. (1986). *Educational Indicators: A guide for policymakers.* Santa Monica, CA: Center for Policy Research in Education.

Odden, A. (1990). Educational indicators in the United States: The need for analysis. *Educational Researcher,* June-July, 24-29.

OECD. (2005). *Education at a glance: OECD indicators 2005.* Paris: Author.

Oja, S. N. (2003). *Action Research and self-study by supervisors, cooperating teacher, and school principals working with interns in school-university partnerships.* http://www.eric.ed.gov/contentdelivery/servlet/ERICServlet? accno =ED482200.

O'Sullivan, R. G. (2004). *Practicing evaluation: A collaborative approach.* Thousand Oaks, CA: Sage.

O'Sullivan, R. G., & O'Sullivan, J. M. (1998). Evaluation voices: Promoting evaluation from within programs through collaboration. *Evaluation and Program Planning, 21*(1), 21-29.

Parker, W. C. (1994). The standards are coming. *Educational Leadership, 51*(5), 84-85.

Patton, M. Q. (1997). *Utilization-focused evaluation* (3rd ed.). Thousand Oaks, CA: Sage.

Patton, M. Q. (2002). *Qualitative research and evaluation methods* (3rd ed.). Thousand Oaks, CA: Sage.

Phelan, A., & Luu, D. (2004). Learning differences in teacher education. *Journal of Canadian Association of Curriculum Studies, 2*(1), 175-176.

Plomp, T., Huijsman, H., & Hluyfhout, E. (1992). Monitoring in educational development projects: The development of a monitoring system. *Inter national Journal Educational Development, 12,* 66.

Ravitch, D. (1995). *National standards in American education: A citizen's guide.* Washington, D. C: The Brookings Institution.

Ramsden, P. (1991). A performance indicator of teaching quality in higher education: The course experience questionnaire. *Studies in High Education, 16,* 129-150.

Renkiewicz, N., Lewis, M., & Hamre, B. (1988). *Indicators and measures of successful community college.* Paper pesented at the 59th Annual CACC Convention, Sacramento.

Rothman, R., Slattery, J. B., Vranet, J. L., & Resnick. L. B. (2002). *Benchmarking and alignment of students and testing. CSE technical report.* http://www.eric. ed.gov/contentdelivery/servlet/ERICServlet? accno=ED466642.

Royse. D., Thyer. B. A., Padgett. D. K., & Logan. T. K. (2001). *Program evaluation: An introduction.* 3rd. CA: Brooks/Cole.

Samaras, A. P., Francis, S. L., Holt, Y. D., Jones, T. W., Martin, D. S., Thompson, J. L., & Tom, A. R. (1999). Lived experiences and reflections of joint NCATE-States reviews. *The Teacher Educator, 35*(1), 68-83.

Schalock, R. L., & Thornton, C. V. D. (1988). *Program evaluation: A field guide for administrators*. New York: Plenum Press.

Scriven, M. (1981). *Evaluation Thesaurus.* CA: Edge Press.

Scriven, M. (2001). Evaluation: Future tense. *American Journal of Evaluation, 22* (3), 301-307.

Scriven, M. (2004). *Key evaluation checklist.* Retrieved February 27, 2004, from http://www.wmich.edu/evalctr/checklists/kec.htm.

Siegel, D. F., & Hanson, R. A. (1994). *A Longitudinal evaluation model for teacher education program.* Paper presented at the annual meeting of the American Association of Colleges for Teacher Education. Chicago, Feb.16-19.

Smith, M. (1988). Educational indicators. *Phi Delta Kappa, 69,* 487-491.

Smith. M. F. (1999). Participatory evaluation: Not working or not tested? *American Journal of Evaluation, 20*(2), 295-308.

Smith, N. L. (1982). Introductory guidelines for designing evaluations of teacher education program. In S. M. Hord (Eds.) *Toward usable strategies for teacher education program education program evaluation* (pp. 101-130). Washington, DC: National Institute of Education.

Spady, W. (1994). *Outcomes based education: Critical issues and answers.* Arlington, VA: American Association of School Administrators.

Stake, R. E. (1983). Program evaluation, particularly responsive evaluation. In G. F. Madaus, M. Scriven & D. L. Stufflebeam (Eds.), *Evaluation models* (pp. 287-310). Boston: Kluwer-Nijhoff.

Stake, R. E. (2004). *Standards-based & responsive evaluation.* Thousand Oaks, CA: Sage Publication.

Steinmetz, A. (2000). The discrepancy evaluation model. In D. L. Stufflebeam, G. F. Madaus, & T. Kellaghan (Eds.), *Evaluation models: Viewpoints on educational and human services evaluation, second edition,* (pp. 127-143). Norwell, MA: Kluwer Academic Publishers.

Stufflebeam, D. L. (1981). Metaevaluation: Concept, Standards, and Uses. In R.

A. Berk (Eds.), *Educational Evaluation Methodology: The State of The Art* (pp. 146-163). Baltimore, MD: Johns Hopkins University.

Stufflebeam, D. L. (1990). Professional standards for educational evaluation. In H. J. Walberg & G. D. Haerteler, *The international encyclopedia of educational evaluation.* Pergamon Press.

Stufflebeam, D. L. (2000a). Foundational models for 21st century program evaluation. In D. L. Stufflebeam, G. F. Madaus & T. Kellaghan. (Eds.). *Evaluation models: Viewpoints on educational and human services evaluation.*(2nd) (pp. 33-83). Boston: Kluwer Academic Publishers.

Stufflebeam, D. L. (2000b). The CIPP model for evaluation. In D. L. Stufflebeam, G. F. Madaus & T. Kellaghan. (Eds.). *Evaluation models: Viewpoints on educational and human services evaluation* (2nd) (pp. 279-317). Boston: Kluwer Academic Publishers.

Stufflebeam, D. L. (2000c). Professional standards and principles for evaluations. In D. L. Stufflebeam , G. F. Madaus., & T. Kellaghan. (Eds.), *Evaluation models: Viewpoints on educational and human services evaluation* (2nd) (pp. 439-455). Boston: Kluwer Academic Publishers.

Stufflebeam, D. L. (2000d). The methodology of metaevaluation. In D. L. Stufflebeam, G. F. Madaus & T. Kellaghan (Eds.), *Evaluation models: Viewpoints on educational and human services evaluation, second edition* (2nd) (pp. 457-471). Norwell, MA: Kluwer Academic Publishers.

Stufflebeam, D. L. (2001). Evaluation checklists: Practical tools for guiding and judging evaluations. *American Journal of Evaluation, 22*(1), 71-79.

Stufflebeam, D. L. (2004). A note on the purposes, development, and applicability of the Joint Committee Evaluation Standards. *American Journal of Evaluation, 25*(1), pp. 99-102.

Stufflebeam, D. L., & Madaus, G. F. (2000). Program evaluation: A historical overview. In D. L. Stufflebeam, G. F. Madaus., & T. Kellaghan (Eds.), *Evaluation models: Viewpoints on educational and human services evaluation*

(2nd) (pp. 3-18). Boston: Kluwer Academic Publishers.

Stufflebeam, D. L., & Shinkfield, A. J. (1985). *Systematic evaluation.* Norwell, MA: Kluwer-Nijhoff.

Weber, R. P. (1985). *Basic content analysis.* CA: Sage Publication.

Wheelock, A. (1995). *Standard-based reform: What does it mean for the middle grades?* http://ra.terc.edu/cia/standards/standards-reform.

Wiggins, G. (1998). *Educative assessment: Designing assessments to inform and improve student performance.* San Francisco: Jossey-Bass Publishers.

Wilson, A., & Pitman, L. (2001). *Best practice handbook for Australian university libraries.* Australia: Department of Education, Training and Youth Affairs.

Wimmer, R. D., & Dominick, J. R. (2000). *Mass media research: An introduction* (6th ed.). CA: Wadsworth Publication.

Worthen, B. R., & Sanders, J. R. (1987). Educational evaluation: *Alternative approaches and practical guidelines.* White Plains, NY: Longman.

Worthen, B. R., Sanders, J. R., & Fitzpatrick, J. L. (1997). *Program evaluation: Alternative approaches and practical guidelines* (2nd ed). White Plains, NY: Longman.

國家圖書館出版品預行編目資料

教育評鑑：標準的發展與探索／林劭仁著.
  --初版.-- 臺北市：心理，2008.03
  面； 公分.--（教育行政；20）

  ISBN 978-986-191-127-4（平裝）

  1. 教育評鑑

520.38   97003061

教育行政 20　**教育評鑑：標準的發展與探索**

作　　者：林劭仁
執行編輯：林怡倩
總 編 輯：林敬堯
發 行 人：洪有義
出 版 者：心理出版社股份有限公司
社　　址：台北市和平東路一段 180 號 7 樓
總　　機：(02) 23671490　　傳　　真：(02) 23671457
郵　　撥：19293172　心理出版社股份有限公司
電子信箱：psychoco@ms15.hinet.net
網　　址：www.psy.com.tw
駐美代表：Lisa Wu　tel: 973 546-5845　fax: 973 546-7651
登 記 證：局版北市業字第 1372 號
電腦排版：臻圓打字印刷有限公司
印 刷 者：東縉彩色印刷有限公司
初版一刷：2008 年 3 月

ISBN 978-986-191-127-4